2017—2018学年广东省

"书香校园"

线上读书系列活动优秀读后感获奖文集

彭红光　蒋鸣涛　主编

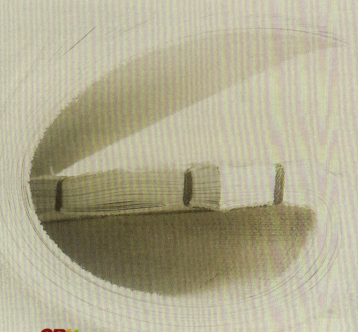

SPM
南方出版传媒
广东人民出版社
·广州·

图书在版编目（CIP）数据

2017—2018学年广东省"书香校园"线上读书系列活动优秀读后感获奖文集 / 彭红光，蒋鸣涛主编. —广州：广东人民出版社，2019.7

ISBN 978-7-218-13517-5

Ⅰ．①2…　Ⅱ．①彭…　②蒋…　Ⅲ．①读后感—中小学—选集

Ⅳ．①H194.5

中国版本图书馆CIP数据核字（2019）第077804号

2017—2018 XUENIAN GUANGDONGSHENG "SHUXIANG XIAOYUAN" XIANSHANG DUSHU XILIE HUODONG YOUXIU DUHOUGAN HUOJIANG WENJI

2017—2018学年广东省"书香校园"线上读书系列活动优秀读后感获奖文集

彭红光　蒋鸣涛　主编

出 版 人：肖风华

责任编辑：林小玲　曾白云　王　丹
装帧设计：奔流文化
责任技编：周　杰　吴彦斌

出版发行：广东人民出版社
地　　址：广东省广州市海珠区新港西路204号2号楼（邮政编码：510300）
电　　话：（020）85716809（总编室）
传　　真：（020）85716872
网　　址：http://www.gdpph.com
印　　刷：广州市浩诚印刷有限公司
开　　本：787mm×1092mm　1/16
印　　张：18.25　插　页：6　字　数：331千
版　　次：2019年7月第1版　2019年7月第1次印刷
定　　价：38.00元

如发现印装质量问题，影响阅读，请与出版社（020-85716808）联系调换。
售书热线：（020）85716826

广东省教育厅 "书香校园"
线上读书系列活动成果

2016—2017 学年、2017—2018 学年

 **"书香校园"线上读书系列活动介绍**

● 活动背景

　　为响应党和国家关于"开展全民阅读，建设书香社会"的号召，推动广东省中小学生全员阅读、快乐阅读，营造书香社会良好氛围，广东省教育厅于2016年12月9日正式发文，部署广东省教育厅"书香校园"线上读书系列活动。

● 活动内容

　　"读一本好书"，"写一篇读后感"，"请一批名家名师进校园"，"建设一批特色阅读空间"，"打造一批书香校园"。

● 活动目的

　　旨在通过搭建"互联网+图书馆（室）"新形态阅读方式，拓展多元阅读平台，提升学校图书馆（室）的育人功能，激发广大青少年学生的阅读兴趣，培养他们良好的阅读习惯，在校园形成爱读书、多读书、读好书的文明风尚，为促进全民阅读、加快建设书香社会做贡献。

● 活动单位

主办单位	广东省教育厅
领导小组	广东省"书香校园"线上读书系列活动领导小组
承办单位	广东省教育装备中心、广东新华发行集团

读一本好书 >>>

● 活动介绍

　　各市县组织开展系列读书活动，向学生推荐好书，学生在悦叮网上阅读自己喜爱的图书及听书、做阅读测评等。悦叮网以"学习党的十九大精神""社会主义核心价值观""优秀传统文化"等为主题开展读书活动，同时举办年度"十大好书"评选活动。投票总数累计超过1200万票。

悦叮网电子阅读

校园书屋朗读活动

数字听书

学生阅读

悦叮网线下阅读体验

写一篇读后感 >>>

● 活动介绍

每年在全省举办"优秀读后感"评选活动，学生作品可以直接上传到悦叮网上。全省各级教育部门及学校组织学生撰写读后感，进行线上互动分享，各级教育部门筛选本地区的优秀读后感，并参加省级评选活动。年度"优秀读后感"将结集出版。

学生写作比赛

● 活动成果

全省中小学生及教育部门通过悦叮网推荐优秀读后感，2016—2017学年合计推荐1.7万篇（最终评选出一等奖29名、二等奖60名、三等奖90名），2017—2018学年合计推荐2.3万篇（最终评选出一等奖50名、二等奖100名、三等奖200名）。

读后感征文比赛

为"优秀读后感"获奖学生代表颁奖

"优秀读后感"获奖学生代表在颁奖典礼上发言

请一批名家名师进校园 >>>

● 活动介绍

广东省教育厅会同广东新华发行集团邀请一大批名师名家走进校园与学生面对面交流，激励学生、滋养学生、教育学生、影响学生。学校可通过悦叮网进行名家预约。

2014年12月22日，林清玄在肇庆中学

2017年2月27日，林清玄在佛山市西南中学

2017年10月11日，刘同在广东实验中学顺德学校

2018年4月20日，六小龄童在广州市三元里小学

2018年6月4日，郁雨君在黄冈中学惠州学校

2018年4月28日，曹文轩在佛山市西南中学

2018年5月21日，安武林在茂名市江滨小学　　2018年5月8日，李泽鹏在韶关市曲江区马坝中学

● 活动成果

2013—2016年邀请周国平、麦家、安意如等名师名家22位，举办活动104场，参与师生近10万人次。

2016—2017学年邀请林清玄、刘同、饶雪漫等名师名家26位，举办活动170场，参与师生14.5万人次。

2017—2018学年邀请曹文轩、康震、六小龄童等名师名家23位，举办活动161场，参与师生14万人次。

建设一批特色阅读空间 >>>

● 活动介绍

悦叮网帮助各市县中小学校进行特色阅读空间改造，提供中小学图书馆（室）、校园书屋、阅读俱乐部、图书长廊、班级图书角（架）、智慧图书馆、教工书吧等的整体解决方案。

广东广雅中学广雅书屋　　广东实验中学格致书屋

● 活动成果

2017—2018学年，在全省开展智慧图书馆项目建设46个，校园渠道覆盖全省16个地区58个市县，共141家中小学校及大中专院校，总建设面积21991平方米，服务师生超过50万人。

广东理工学院校园书店

和平县实验初级中学致远书屋

执信中学琶洲实验学校聚源书屋　　　　　　智慧图书馆

打造一批书香校园 >>>

● 活动介绍

省教育厅协同悦叮网，着力在每个市县打造"书香校园"样板学校，树立阅读体系建设的典型，总结经验后推广建设；同时在全省范围举办"最美阅读空间""最美图书馆""阅读之星"等评选活动。

● 活动成果

2018年6月，由悦叮网承办的2017—2018学年广东省中小学"最美阅读空间"评选活动在全省开展，全省各中小学向悦叮网推荐参评"最美阅读空间"，具体形式可以是学校图书馆、校园书屋、阅读俱乐部、图书长廊、班级图书角（架）、智慧图书馆、教工书吧等。经活动专家指导委员会评审，确定了参加网络投票的阅读空间，线上投票总数累计204万票，最终排在前10名的当选年度"最美阅读空间"。

中小学图书馆（室）发展论坛 　　中小学"最美阅读空间"颁奖

"最美阅读空间" 信宜市职业技术学校

"最美阅读空间" 佛山市西南中学

"阅读之星"广州市启聪学校黄玉婷 　　"阅读之星"韶关市曲江区第一小学龙一鸣

"书香校园" 活动精彩视频

活动现场 >>>

六小龄童广州集贤小学活动现场

书香节蔡澜演讲

书香节蒋方舟演讲

书香节易中天演讲

书香节余秋雨演讲

名家寄语 >>>

安武林寄语

曹文轩寄语

常新港寄语

陈庆雯寄语

李牧雨寄语

李泽鹏寄语

林清玄寄语

麦小麦寄语

祁丽珠寄语

王立群寄语

王子龙寄语

午歌寄语

伍美珍寄语

薛涛寄语

郁雨君寄语

周树华周建华寄语

张一清寄语

书香校园活动 >>>

"书香校园"活动成果

书香节颁奖仪式花絮

优秀读后感评选

最美阅读空间评选

最喜爱图书评选

前言

为深入贯彻落实党的十九大精神和习近平新时代中国特色社会主义思想，落实立德树人根本任务，推动广东省中小学"书香校园"建设，营造良好的校园阅读氛围，全省各级教育部门和中小学校认真按照《广东省教育厅办公室关于2017—2018学年创建书香校园——线上读书系列活动安排的通知》要求，通过阅读平台悦叮网继续组织开展以"读一本好书""写一篇优秀读后感""请一批名家进校园""建设一批特色阅读空间""打造一批书香校园"等为主要内容的创建"书香校园"线上读书系列活动。本书是2017—2018学年创建"书香校园"线上读书系列活动中的"写一篇优秀读后感"的最新成果。

本次优秀读后感征文比赛采取逐级评选上报的方式进行。通过悦叮网及学校、各级教育部门评选推荐，共征集到读后感2.3万篇。广东省"书香校园"线上读书系列活动领导小组办公室聘请专家对读后感进行了初评和终评。初评评委由18位文学专业人员、出版社资深编辑和优秀语文老师担任。终评评委由10位资深名师名家、高校教授、省教育研究院研究员组成。最后评选出一等奖作品50篇、二等奖作品100篇、三等奖作品200篇。一等奖和二等奖作品共150篇结集出版，每篇作品均由评审专家进行精辟点评。

本书能顺利出版，要感谢各级教育部门、学校和老师们的大力支持，感谢同学们的积极参与，感谢广东新华发行集团的辛勤付出！

最后，祝贺所有获奖的同学！希望未来有更多学校、更多同学参与创建"书香校园"线上读书系列活动，有更多的优秀作品涌现出来。

目·录
CONTENTS

中国名著篇

高中组一等奖

高中组二等奖

外国名著篇

小学组一等奖

2017—2018学年广东省"书香校园"
线上读书系列活动优秀读后感获奖文集

中国名著篇

Zhongguo Mingzhu Pian

活着的意义

——读《活着》有感

茂名市茂南区露天矿小学　邓文婷

《活着》，余华的代表作之一，《活着》这部小说所讲述的，是一个荒诞却又真实的故事。

活着，就要善待身边的每一个人，每一件事，不要为自己找什么借口，因为"人是为活着本身而活着的，而不是为了活着之外的任何事物所活着"。

《活着》主要讲述了中国旧社会的一个地主少爷福贵悲惨的人生遭遇。福贵嗜赌如命，赌光了家业，一贫如洗。他的父亲而后去世，母亲则在穷困中患了重病，福贵进城求药，却在途中被国民党抓去当炮奴。经过几番波折回到家后，却发现母亲早已去世，妻子家珍含辛茹苦地养着两个儿女……

可是，此后更加悲惨的命运一次又一次降临到福贵身上，他的儿子因为在为县长的儿子抽血的过程中被抽干了血，最后没能挽救回来；女儿则因为难产而远离人世；妻子最后也因为软骨病而去世了……福贵的家人相继死去后，最后只剩一头老牛和他相依为命，孤独地活在世界上。

《活着》，主人公福贵这个人，说他不幸，他却度过了最为漫长和黑暗的一夜，乐观而坚强地活着；说他幸运，他又亲手埋葬了自己所有的亲人，只剩一头老牛陪伴着。我觉得，福贵的人生代表了他们那个时代绝大部分的中国人。现在的时代与福贵他们那个时代是截然不同的，福贵从身为地主的浮华到败家后遭压迫；从被国民党逼迫后去炮火连天的战地到遇到解放军回家团聚……

"少年去游荡，中年想掘藏，老年做和尚。"整本书都以老人福贵的叙述为主，作者和我都只是旁听者，听老人细细数来。正如作者余华所说，很少有人这么详细地讲述自己的一生。我想这大概是因为福贵这大半辈子都用在回忆过去了。一个人守着七个人的人生，所有发生了的事情都不断在脑海中放映。

活着，虽然充满了苦难，但路还得走下去。

活着，纵使担当诸多难以承纳的苦痛，但是依然要坚忍、顽强。这应当便是生命的力量吧。

余华在书中写道："活着的力量不是来自于叫喊，也不是来自于进攻，而是忍受，去忍受生命赋予人们的责任。"责任，是活着的意义，也许生命有些是无法预料，无法改变，但是更多的是需要去负责，去担当。

《活着》无疑是一部经典，它给我以深刻的反思，去思索活着的价值，去担当生命的责任。

《活着》让我明白，原来，活着便是最好的幸运，亦是最大的勇气。

我会记住，活着的意义，是责任……

（指导老师：吴美杰）

点　评

文章结构合理，语言简练平实，引人入胜。小作者感同身受，能够适当地引用书中的话，将深刻的道理娓娓道来，说理有据。（杨建国）

狼子野心？

——读《重返狼群》有感

华南师范大学附属小学六年级　傅祎莲

"狼来了！""狼来了！"跟大多数小孩一样，我年幼时对狼的恐惧全都来自于家喻户晓的童话《小红帽》《三只小猪》《狼来了》……但后来三年级暑假的时候我开始接触到西顿的动物小说，之后又看了沈石溪的《狼王梦》，一直到最近我翻开了李微漪写的《重返狼群》，狼在我心中的形象变得立体、变得有血有肉了。

自古以来，就有"狼子野心"的说法，狼在人们心中，一直都扮演着忘恩负义、心狠手辣的角色。但在《重返狼群》中，作者描写了"我"把一只名叫"格林"的幼狼养大并成功放归荒野的故事。在书中，小狼格林却把"我"当亲人看待——在"我"生病时在窗口守候着，在即将追随狼群重返荒野前又十分不舍地突然转身撞入"我"的怀抱，书中种种的细节彻底颠覆了我对狼的看法。现在，狼在我心中是怎样的存在呢？

首先，狼是充满智慧的。格林在幼年的时候就会善用周围环境，吃到放在一米高的桌子上的蜂蜜——当时仅31厘米高的它，乘"我"外出的时候会借助桌子旁边的报纸架爬上桌面去偷吃蜂蜜。狼群在围猎时懂得把牦牛群逼下悬崖，还会利用寒冷的天气保鲜食物。西顿动物小说里的狼王洛波真的可以说是无敌了，它带领着它的精英狼群，毁坏捕狼机，对下了毒药的猎物嗤之以鼻，巧妙地躲过了猎人的各种追击……

其次，狼是向往自由的。因为"我"开始是在城市里养着格林，为了安全起见，曾试着给它套上绳索，可它就是不愿被牵着走，跟"我"斗智斗勇。一开始是咬断绳子，后来即使被套上绳索，也是它在前面跑着，"我"只能扯着绳子在后面追着它跑。随着格林渐渐长大，"我"在想办法为它找安身之处时，去过一趟动物园，看到关着狼的笼里面的玻璃上全是抓痕，那笼子里面仅关着一只狼，而这只狼至死都没放弃朝着自由的方向奔跑。

最后，狼是有感情的。西顿笔下的狼王洛波能为白狼布兰卡殉情，威尼派克狼对救它的小男孩忠心耿耿。《重返狼群》的小狼格林就更不用说了，跟藏獒一起成长的日子里，在藏獒"黑虎"打架受伤后，整天喜欢往外奔跑的格林对它不离不弃，终日帮它舔伤口；碰上无法捕猎的草原领地狗的怀孕妻子，它还会主动分享食物。在"我"面前撒娇或闹脾气，把"我"当成狼妈妈。当它和"我"在草原迷路时，护食天性非常强烈的它会舍得把辛苦抓来的猎物分给"我"……

令人欣慰的是，书的最后，格林成为一只被成功放回自然的家养狼，这其中少不了"我"坚持不懈的精神，但这样的故事可能会成为一个传说。

格林的家乡若尔盖草原被称为"川西北高原的绿洲"，是我国三大湿地之一，本该生机勃勃的草原现在却一点点在衰退。近几十年来，由于人类对狼的捕杀，鼠兔这种繁殖能力极强的草原动物便没了天敌，在草原上横行霸道；再加上过度放牧，若尔盖草原被沉甸甸的担子压得喘不过气，草原狼如今也只剩2000只左右了……

掩上书后，我感觉心里仿佛被投上了一块石头，各种复杂的心情随水纹渐渐扩散，久久地回荡。放归荒野的格林一直在我脑海里自由地奔跑着……现在格林在哪儿呢？心中忍不住暗暗祈祷，但愿这只"我"费尽心思、历尽千辛万苦才放归狼群的小狼，千万不要被制成一块狼皮悬挂在某个商店的橱窗里啊！

点评

　　《重返狼群》是世界"狼文化"中的第一部由女性当事人自述的纪实体小说。小狼格林经历了十几次的死里逃生，狼妈自己也多次与死神擦肩，但在一次次死亡威胁下，狼妈依然咬牙坚持，没有退缩和心软，只为了还小狼自由的生活。而小狼对狼妈的重情重义的爱心，更颠覆了中国传统的恶狼文化，这是《重返狼群》中最动人心弦的部分。小作者阅读完作品，探讨了自己对狼的看法。全文语言流畅，思路清晰。

《让树转弯的方法》读后感

开平市西郊小学六年级　　何晓盈

　　《林清玄散文自选集》是我最爱阅读的书之一。里面的内容丰富多彩，文笔优美，读来耐人寻味。在这本书的多篇文章中，我最喜欢的是《让树转弯的方法》一文。

　　《让树转弯的方法》写了作者的儿子故意把一棵木瓜树扳倒，这事使作者十分生气，但听了儿子的解释又心生好奇。有一天，儿子请一些朋友来看这棵木瓜树，作者惊奇地发现木瓜树转了两个弯，呈N字形。此事使作者悟出了一个人生的道理。

　　掩卷沉思，细细品味，木瓜树转的两个弯同样使我深深震惊。那向光性和向上性使我敬佩，那刚毅、坚强的心使我感动！木瓜树转的两个弯就像我们人生中遇到的困难逆境，但只要它一息尚存，就会向上、向光明的地方生长。人也是一样，"人有时不免会灰心无助，也会有失败的时刻，只要培养了像万物那样峥嵘的风格，就不容易被外在的环境所击倒了。"木瓜树转弯的故事令我想起了一件记忆深刻的事。

有一次期中考试，我的语文成绩只得了80分。我灰心丧气，回到家后，我开始把自己锁在自己的世界里，开始怀疑自己的努力付出会不会有所回报，开始迷茫自己的坚持到底有没有用。还好，还好，我战胜了内心的负能量，看见黑暗的四周出现了一道亮丽的阳光。因为我看见了经历一场暴风雨后仍然傲然挺立的小草，看见了虽然多次跌落但仍然不屈向上爬行的蜗牛，我豁然开朗，动植物尚且如此顽强不屈，我又有何理由自甘堕落呢？我不再蜷缩在幽暗的角落，而是朝明亮的光线不懈前进。我知道人生中的逆境是不可避免的，就像行驶在人生海洋中的小船，难免会遇到狂风暴雨，这时候我们应该冷静从容，怀着坚定刚毅的初心，砥砺前行。于是，我重整旗鼓，找出失误原因，调整心态，更加认真刻苦学习，终于成绩不断提高。我庆幸自己当初没有选择放弃。

《让树转弯的方法》让我明白了：每个人都应该像植物那样拥有单纯与坚强的心志，不与堕落妥协，不和黑暗共生，而是向着阳光的方向奋勇前进！

（指导老师：许彩倩）

点评

小读者由书中木瓜树转弯的故事联系到自己生活中的曲折坎坷，还有对于身边动植物的细微观察，从而获得了点滴的人生感悟，克服了一道难关。文章结构清晰，议论和抒情交织在一起，颇有深度。

《珍珠鸟》读后感

梅州市梅江区龙坪小学四年级　黄书田

寒假里我读了不少书，其中印象最深的是冯骥才老师的作品，高年级的哥哥姐姐们应该都学过他的《挑山工》，我觉得他还有一篇《珍珠鸟》也写得很精彩。

《珍珠鸟》是一篇散文，讲述了人鸟之间相亲相爱的动人故事，开篇说作者养了一对珍珠鸟，这是一种天生怕人的鸟，于是作者用心把鸟笼挂在种满法国吊兰、茂密得像丛林的阳台上，添食加水都尽量不惊动它们。慢慢地，小鸟由怕人到近人、亲人、爱人，有一次竟趴在作者的肩上睡着了。故事在告诉我们：信赖，往往能创造一切的美好！

看了这篇文章，我联想到我和外公家养的小鸡之间的故事。外公家在有"山中山"之称的大埔，房前屋后养了一大群小鸡。我每次到他家，最爱玩的游戏就是扮老鹰捉小鸡，结果小鸡们一看到我就叽叽地抗议，东窜西窜四处逃散，我满头大汗捉了半天，却一只也没捉到，小鸡们都远远地躲开，表情里充满嘲笑和防备。可当外公给小鸡喂食时，小鸡们却像见了老朋友一样，老远就张开翅膀朝外公飞奔过去。瞧，外公伸手把它们拢过来，把玉米碎放在地上，小鸡们欢快地叫着，你争我夺。不一会儿满地的玉米碎就被抢光了。它们怎么就不怕外公呢？当时我就不明白，为什么我想跟小鸡做好朋友，它们却躲着我，外公没有特意去做什么，小鸡们却围着他转呢？读了这篇文章之后，我恍然大悟——外公真的就像冯骥才老师在《珍珠鸟》里写的一样：把小鸡们当朋友。

信赖，往往能创造一切的美好！是的，信赖可以无处不在，不但在人与人之间，也在人与动物之间。同学们，从今以后，让我们充满温情地和大自然的一草一木、一鸟一虫和谐相处，共建温暖家园，好吗？

（指导老师：曾惠玲）

点评

　　小作者由文中人鸟之间相亲相爱的动人故事，联想到自己与外公家养的小鸡之间的故事，并得出"信赖，能创造美好"的结论。文章结构清晰，语言流畅自然。

悲愤与惋惜
——读《史记·屈原贾生列传》有感

厚街镇中心小学　王琬滢

　　他博览群书、知书达理，有长远的目光；他有满腔热血去报国，辅佐两代君王，可最终官场失意，落得令人惋惜的下场；他从不与乱臣贼子同流合污，总是品性清高；他更有一颗爱兰之心，幽兰花香绕梁不息；他文采极好，诗歌造诣极高，我国的第一部浪漫主义诗歌，便是他所创……他就是芈姓屈氏，名平，字原、灵均，楚国人，生于公元前340年，楚武王熊通之子屈瑕的后代——屈原。

　　自古以来，忠臣或是有民族气节的人，都是满腔抱负，激扬文字，忧国忧民之人。有的人留下佳话，如班超、班昭、魏徵、上官婉儿等等。也有人未能有一展抱负，遗憾丹青，如班固、屈原、司马迁等等。美名流传，爱国赤子，令人感叹！可屈原又何尝不是呢？

　　屈原的一生，唯爱兰。自古以来，文人墨客都喜爱梅兰菊竹。兰乃花中君子，它不与世争俗，长在幽芳的山涧之中。世人赞美兰，用诗歌颂兰，如：王肃的"芝兰生于深谷，不以无人而不芳"等。屈原品性清高，立志为国打下一番事业，他不断地磨炼自己，他的爱国之心令人为之动容。他踏入了水火两热的朝堂，辅助君王左右，治国理国。他吸取前朝的经验，提出"选贤任能"的新政。因为立新政，才使楚国强大。他之所以在官场上有如此大的成就，离不开他的自我磨炼与自我提升和从小受到的良好教育。

　　屈原为人正直，是一位谏臣。直言相劝于君王，必定会困难重重，他追随于君王身后，指出君王之过错，他不能容忍君王的错而不改。他看不惯那些大臣们阿谀奉承，祸国殃民。可是，谁又明白他的一番苦心呢？即使他知道前方道路之艰辛，但他依然义无反顾地向前走去。他的忠贞，同样令人敬佩。

　　因为他的刚正不阿，导致楚怀王对他渐生不满，禁不住一些流言蜚语离间，疏远了忠臣，最终流放了屈原。

　　官场失意的他，明明可以游山玩水，好不快乐！但，他没有。被贬之后，屈原仍然心系庙堂，感叹民生多艰。难道这不代表了他爱国，忠贞不渝吗？如不入朝堂，种兰、爱兰、写兰，这样他不至于后来被流放；仅凭诗，他也可以令后人赞赏。但他，还是选择了朝堂，因为他有雄伟壮志！

"虽九死其犹未悔"，为了楚国，无论遇到多少困难，他都会勇往直前，付出一切！他的一生可悲可惜可叹！他的一生绚丽多彩，也充满了坎坷！可他的抱负，却空遗憾！楚怀王，又何曾真正赏识过他呢？屈原在听闻秦将白起攻破郢都之时，怀抱大石，跳入汨罗江！

屈子屈子，千古一人！屈原一生，感人肺腑，爱国之心和远大志向，让后人赏识敬佩！屈原，美名长流后世！

屈原一生令人悲叹和惋惜，端午时节，更让我们追忆古人。虽然不求每人都像屈原那样雄才伟略，但自强自立，爱家爱国之心，更应从我做起。回首昨天，我们应问心无愧；面对今天，我们更应脚踏实地；展望未来，我们必将斗志高昂！

（指导老师：叶映莲）

点评

作为一名小学生，选择《史记·屈原贾生列传》为写作对象，具有很大的挑战性。本文作者很好地完成了这一挑战，既准确把握到屈原的性格品行，又准确地传达出自己阅读中的心理情感，语言和思考的成熟超过了作者的年龄。（侯桂新）

《三体》的强大与软弱

华南师范大学附属小学四年级 夏明仕

"消灭人类暴政，世界属于三体！"书中这句有冲击力的话总是沉重地萦绕在我的心头。三体人真的会来吗？人类真的会被毁灭吗？宇宙中人类能与三体人共存吗？一连串的问题让我看完书后彻夜难眠。

这个寒假我读了一本史无前例的科幻小说，这本书是刘慈欣写的《三体》。这本书把中华文明五千年和宇宙文明一百五十亿年近乎完美地融合到了一起，写得出神入化，让我不忍释卷。

这本书讲述了一个关于外星文明的科幻故事。与其说是科幻故事，不如说是一个寓言："文化大革命"如火如荼地进行的同时，军方探寻外星文明的绝密计划"红岸工程"取得了突破性进展，但在按下发射键的那一刻，历经劫难的叶文洁——红岸发射部的科学家没有意识到，她彻底改变了人类的命运。

书中描写三体文明的科学力量仅用一只空的瓶子就足够消灭人类文明。但三体文明却是脆弱的，它还需要人类的力量——因三体人的母星有恶劣的天气，还有三颗太阳的影响，它们必须来到地球才能继续生存。在母星上的三体人活得连狗都不如，再强大的科学又有什么用呢？它们说人类科学微观上根本没有发展过，还说人类是虫子。可是，看似弱小的虫子真正被消灭过吗？没有。

把人类看作虫子的三体人似乎忘记了一个事实：虫子从来就没有被真正战胜过。无论是用各种毒剂、培养它们的天敌、毁掉虫卵、用火烧、用水淹……它们都依然存在并没有灭绝。

这本书让我明白，任何物质都有无坚不摧的一面，也有软弱不堪的一面。所以，不要因自己的强大而骄傲，也不要因自己的弱小而感到悲哀。因为，没有任何事物会是十全十美的。我继续在三维的现实世界里想象着四维的宇宙空间。

（指导老师：强丽雯）

点评

《三体》是刘慈欣创作的系列长篇科幻小说。作品讲述了地球人类文明和三体文明的信息交流、生死搏杀及两个文明在宇宙中的兴衰历程。小作者在概括文章内容的基础上，提出了明确的感发点，即"任何物质都有无坚不摧的一面，也有软弱不堪的一面。所以，不要因自己的强大而骄傲，也不要因自己的弱小而感到悲哀"。小作者领悟到了没有任何事物会是十全十美的。从这一点来看，小作者的领悟有一定的深度。

读《小青石》有感

罗定市泗纶镇中心小学六年级　许滢心

寒假的时候，我经常拿一些书或者是文章来读。我最喜欢的一篇文章是《小青石》，因为从文中我获得不少教益。

当我看到《小青石》这一篇时，好奇心驱使我一口气读完了这篇文章。读后，我明白了一个道理，就是为人民服务使人活得非常有意义。

小青石在河滩上过着平静而快乐的生活。起初，它觉得生活很安适，后来时间一长了，它对这种平淡的生活厌倦了。它想，如果能像水晶、玛瑙那样被人雕琢成发髻和纽扣，在人们头上闪闪发光，在人们胸前光彩夺目，跟着人们到处游玩，那该多有意思啊！后来，小青石和一些石块真的被建筑工人铲上了车，经过几番周折，加入了混凝土的队伍，被撒在路面上成为让人们行走的铺路石。这时它的思想上产生了一个飞跃，它认为水晶、玛瑙虽然是为人所用，但它们只是为少数的人服务。现在，自己已经变成了为千万人民服务的铺路石，这样的生活不是比水晶、玛瑙的贡献更大，更有意义吗？

《小青石》这篇文章使我联想到了在祖国各地的各行各业中，都有像小青石的人，他们像铺路的石子一样默默无闻地支持着大众的脚，在为人民服务。从小青石身上，我悟出了人生的道理，正如张海迪姐姐所说："人生最重要的是奉献，而不是索取。"这时，我不禁想起我们亲爱的老师，他们本来就能找到一份舒适的工作，可是为了给国家培育人才，他们选择了教育工作。他们十几年甚至几十年，反复地讲解着一些简单的知识，用自己全部的心血培养了一批批栋梁人才。虽然"霜雪"染满两鬓，皱纹爬上额头，但他们却感到了最大的满足。还有警察叔叔为了让我们过上安全的生活不惜和坏人做斗争，所以我觉得他们的精神十分地像小青石。

"支持着大众的脚，这样的生活最有意义。"小青石在伙伴面前总是这样夸耀自己。是啊，小青石，作为一颗小小的石子，它是平凡的，但它能为成千上万的人服务，又是一个多么平凡的英雄啊！

读完《小青石》，我的眼前仿佛出现了一条平坦的公路，小青石安静地躺在那里，用自己的身体支撑着大众的脚。我的耳边也似乎响起了小青石清脆的声音："支持着大众的脚，这样的生活最有意义。"是啊，为成千上万的人服务最有意义。这使我又想起了为社会做出贡献的人，他们为创造千千万万人的幸福生活而忘我工作，这不就像"支持着大众的脚"一样伟大吗？我觉得，从现在起，我就应该学好各门功课，将来在社会主义现代化建设中，当一颗小小的青石子。

（指导老师：黄雅）

点评

　　小青石的选择与小读者产生了共鸣，并让她想到了很多做出同样选择的人，这或许就是书对我们人生的帮助之一。

　　文章的结构严密，段落清晰，语言朴实自然。小作者能够很好地诠释阅读篇目的内涵，联系文中的小青石特有的含义，结合实际生活，感悟人生哲理。（杨建国）

爱是永恒的主题
——读《斑羚飞渡》有感

茂名市文东街小学　许志慧

　　在西双版纳的密林里，生活着一群美丽珍贵的动物：它们头顶着两只空心却结实的角，皮毛呈黄褐色，两边有白色斑纹。它们漫步在草地上，享受着生活的安逸。可是，有一天它们安逸、美好的生活被破坏了，突然到来的猎人和猎狗，打破了它们平静的生活，它们被迫走上了逃亡的道路。当它们被逼到悬崖边时，并没有四散逃去，而是上演了一幕动人心魄的壮举，老一辈的羚羊排着队，毅然走向死亡，用自己的生命架起逃亡的通道，为年轻一辈的羚羊换来生存的机会，换来了生的希望。

　　这群动物就是"动物小说大王"沈石溪老师写的《斑羚飞渡》中的一群斑羚。读完这篇文章，我的心久久不能平静，从文章中我感受到了一种深深的爱，这种爱超越了生命，甚至超越了时空。

我原以为，爱是快乐，却不曾想过，爱是一种责任。平静的日子里，对于斑羚来说，爱是一种快乐，斑羚们彼此嬉戏、玩耍。可当危险来临的时候，身材高大的镰刀头羊却毫不犹豫地选择了死亡。这就是责任，强者的责任，长辈的责任！在被需要的时候勇敢地站出来，把生存的希望留给弱者，留给下一代。

我原以为，爱是获得，却不曾想过，爱是一种付出。生活中，一个礼物，一张卡片，一束花，这是收获的爱。可却不曾想过，动物之间，爱不仅仅是获取，更是付出，是舍弃。一群老斑羚以生命为代价，延续着种族的繁衍。无私的付出，成就了爱的伟大。

我原以为，爱是相守，却不曾想过，爱是一种放手，谁不想阖家团圆？谁都知道相守相依是最美丽的画面。但在关键时刻，镰刀头羊孤零零地"走向那道绚丽的彩虹"却是一种放手，以后的日子里，相信那群逃脱的年轻斑羚永远也不会忘记镰刀头羊那潇洒的纵身一跃，永远也不会忘记长辈们的呵护与自我牺牲，也一定会撑起一片安全的生存空间。只有放手的爱，才会有坚强，才会有成长。

沈石溪老师说过一句话："动物小说折射的是人类社会。"我深以为然，不是吗？从那头独自走向百象冢的老战象，到偷偷溜回哨所前线的军犬黄狐，还有那只与金雕同归于尽的母狼紫岚，虽然写的都是动物，却无一例外，都折射出爱——爱是责任，爱是付出，爱是放手。我们在生活中也常常见到这样的爱，我们在生活中也需要这样的爱。

爱，需要我们用阅读与思考去反省，需要我们用行动与心灵去体悟。

（指导老师：张国玲）

点评

小作者能够很好地运用较长的句子，语义准确，行文雅致。文章能够围绕"爱"的主题从不同的角度表述和议论，有自己的见解。（杨建国）

《狼王梦》，爱的梦

潮州市潮安区东凤镇下张濬智学校　张程杭

一提到狼，我们就会把它与残暴、凶残、嗜血等词联想在一起，因为童话中的狼是个可恶的家伙，它吞掉过小红帽，欺负过小山羊，还吃过小白兔的爸爸、小花鹿的妈妈。可是，自从读了沈石溪的《狼王梦》，我看到了狼可贵的另一面，而且一直被深深震撼着……

让我们一起走进《狼王梦》中浩瀚的尕玛尔草原来了解狼吧。母狼紫岚在狂风骤雨的夜晚诞下了五只狼崽，它一直有个梦想：把自己的后代培养成狼王。可在残酷的现实前，它一次又一次失败，四只小公狼也相继死去。最后，它把全部希望寄托在狼孙上，为了狼孙的安全，它与金雕同归于尽。

小伙伴们，你们是不是也和我一样从《狼王梦》中感受到了母爱的无私与伟大？母狼紫岚可以为了自己的孩子，放弃自己的婚姻，不再重新找伴侣；可以为了自己的孩子，从一只受无数公狼爱慕的母狼变成了公狼连正眼都不想看一眼的丑狼，它也毫无怨言；可以为了狼孙的安全，与狡猾可怕的鹰中大王金雕玉石俱焚。成为狼王，不仅仅是紫岚的梦想，也是黑桑的梦想，更是黑仔、蓝魂儿、双毛的梦想，紫岚为了自己和大家的梦想，可以牺牲自己的一切，包括生命。紫岚用她的生命谱写了一首母爱之歌！

读着《狼王梦》，我不禁想起我的妈妈。我从小就有当音乐家的梦想，妈妈为了帮助我实现这个梦想，每星期六下午从东凤镇下张村开着摩托车送我到十公里外的庵埠镇学钢琴。妈妈刚生我那时因为坐月子时间不够现在经常头疼，怕吹风，但为了不耽误我的学琴进度，不管烈日炎炎还是寒风刺骨她都一直坚持接送我学琴，整整四年了，几乎没有间断。由于长期开摩托车，妈妈得了过敏性鼻炎，经常打喷嚏，双腿也常酸痛。不仅如此，每天晚上我在家练琴时，妈妈也是一直陪伴着我。不懂事的我却不理解妈妈的良苦用心，有时枯燥的练习曲让我厌烦得想偷懒，妈妈就会严厉地批评我，不懂事的我还甩脾气跟妈妈顶嘴。现在想想，妈妈帮我追梦的那份执着跟紫岚是何等地相似。不管是看似凶残的母狼还是看似严厉的妈妈，都深爱着自己的孩子。当今社会，许多母亲心中的梦想都是让自己的孩子有个美好的未来，母亲们和紫岚一样为了自己的孩子倾尽了一切，把辛酸苦累留给自己，把幸福快乐留给儿女。

小伙伴们，我建议大家好好读一读《狼王梦》这本书，它肯定会带给你们一种全新的感受。这是一个关于梦想的故事，一个执着奋进的故事，一个饱含母爱的故事。狼王梦，爱的梦！

（指导老师：张立斌）

这篇读后感行文流畅，紧扣生活，有感而发，写出了自己最真实的感受。

二等奖

读《笑猫日记之樱花巷的秘密》有感

罗定第一小学　蔡少凤

　　高尔基说过："书籍是人类进步的阶梯。"一有空，我就会看书，看书已经成为我生活中不可缺少的一部分。

　　在这个快乐无比的暑假里，我看了一本非常有趣的书——《笑猫日记之樱花巷的秘密》。读完之后，我的心久久不能平静，感悟颇多。

　　这本书讲述的是：在一个落叶飘飞的深秋，樱花巷里那些枝丫干枯的樱花树竟然在一夜之间花开满树，使得往日宁静的小巷变得热闹非凡。看着樱花树下熙熙攘攘的赏花的人群，看着被迫到"起跑线加油站"喝"智慧汤"、扎"聪明针"的孩子们，以及疯狂抢购天价"状元作文本"的家长们，笑猫好像跌进了一个奇怪的梦里……是蜜儿那副神奇的眼镜和万年龟的隐身术，让笑猫和球球老老鼠推开了一扇探寻真相的大门。

　　当我读到"'妈妈，为什么你总拿丁文涛和我比？'安琪儿不高兴了"时，我想起似曾相识的那一幕。记得那一次，我期中考试成绩排名第三，其实对我来说已经很不错了，但当我把这个消息告诉爸爸的时候，爸爸不但没有夸我，还冷冷地说："才第三，你看李叔叔的女儿，人家排第一呀！"我听了，像被泼了冷水一样，低声说："爸爸，你为什么总拿我跟别人比？"爸爸不客气地说："如果你努力学习，成绩好，怕什么跟别人比？……"

　　由于和安琪儿有相同的经历，我特别心疼安琪儿。她的妈妈是她最亲的人，却又是最不懂她的人；是最爱她的人，却又是最不知道怎么爱她的人。她的妈妈就像我的爸爸，常常以爱的名义做着伤害孩子的事。所以，我想对爸爸说："你不是为了我好，而是为了满足自己的虚荣心。"

读完这本《笑猫日记之樱花巷的秘密》，我想对所有的父母说，孩子"笨"，是有办法让他变聪明的；但是，笨不是一种病，喝药扎针，是不可能变聪明的，一味地批评打压，只会适得其反。你要和孩子一起分析原因，找到方法，更要多关心孩子，多鼓励孩子，才能让孩子拥有快乐的童年、美好的人生。

（指导老师：张展）

点评

拿自己家的孩子和别人家的孩子"比"一"比"，这是人之常情，是避免不了的，关键是为什么比、比什么、怎么比。家长们有没有认真地思考过这个问题呢？本文的作者通过《樱花巷的秘密》引出了这个话题，又由这个话题引出了对"爸爸"的批评——"你不是为了我好，而是为了满足自己的虚荣心"，然后再向深引一层，表达了希望不被一味打压，得到关心、鼓励的愿望，道理一层一层自然地推进，能令人接受，还有点小感动。（郑文富）

做新时代好少年
——读《走进新时代》有感

阳江职业技术学院附属学校六年级　冯婷婷

"中国梦是历史的、现实的，也是未来的；是我们这一代的，更是青年一代的。"读罢《走进新时代——十九大精神学生读本》，我被这句话深深地打动了：我为我是中国青少年而骄傲！

未来属于我们。我们生长在祖国发展最好的时期，有宽大的舞台追逐梦想。共筑中国梦，是多么光荣、多么幸福的事啊！作为青少年，我们必须要深刻领悟到："少年智则国智，少年富则国富，少年强则国强，少年独立则国独立，少年自由则国自由，少年进步则国进步，少年胜于欧洲，则国胜于欧洲，少年雄于地球，则国雄于地球。"身为中国新时代新少年，我们理应努力奋斗，只有我们努力了，才能让中国这头苏醒的雄狮永远屹立在世界东方！

习近平总书记指出，实现中华民族伟大复兴是近代以来中华民族最伟大的梦想。是啊，民族伟大复兴是我们将要描绘的伟大蓝图，这也是我们中国历代伟人、泱泱中华梦寐以求的目标。毛泽东于1957年11月17日在莫斯科大学礼堂对3000多名中国留学生、实习生说："世界是你们的，也是我们的，但归根结底是你们的。青年人朝气蓬勃，正值兴旺时期，好像早上八九点钟的太阳。希望寄托在你们身上。"这个演讲不仅是毛泽东对留苏学子的殷切期盼，更是为全体青少年指明了方向。

作为一名新时代少年，正是人生好年华，认真学习是必不可少的。只有学习才能让我们增长知识，扩充知识面，了解新时代的世事；它还能使我们的意志变得坚强，乐于助人，遇事不急躁，久而久之，可以塑造我们健康的身心和高尚的品格；学习会慢慢转变我们对事物的思考，使你面对困难不再畏惧；再者就是，学习能不断提高自身的思考能力，在成熟的思维下做出正确的选择；最重要的是，我们对待问题的眼光在学习中会变得独特、敏锐，在生活的一些事物选择中，总是能脱颖而出，朝着最好的方向发展。

我们不仅要学好新思想，还要提高自身修养。"谏不入，悦复谏。号泣随，挞无怨。亲有疾，药先尝。昼夜侍，不离床。"没错，这段话告诉了我们要有感恩之心，古人常云"百善孝为先"，人人皆知：父母情，情深似海；父母恩，恩重如山。父爱和母爱是人世间最圣洁、最广博、最深沉的爱，它是我们得到的第一件馈赠。由此，人类产生了第一个善念——孝念。面对父母无私的爱，我们怎能不感恩、孝顺呢？所以，当父母长辈为你一点一滴付出时，请涌泉相报！

一名优秀的新少年不仅要孝顺父母，我们还要时刻关心新闻新事、常关注国家政治和了解中国发展历程，这对于我们新少年的成长有很大的帮助。学而不思则罔，思而不学则殆！在学习过程中我们还要多思，尝试着从国家角度思考问题，这样有助于我们增长知识。

党和国家把希望寄托在青年一代，作为新时代新少年，我们要承担起中国社会主义现代化建设的重任。从现在开始，让我们乘风破浪，扬帆起航吧！

（指导老师：林良娜）

点 评

小作者首先以铿锵有力的笔调阐述了身为新时代青少年所肩负的重任，再以明朗的思路表达了努力的方向。文章线条清晰，观点正确，是一篇意义深刻的读后感。

纸灯笼漂在温暖河中央
——读《青铜葵花》有感

东莞市南城阳光第一小学五年级　侯宇棋

每个人的心中央，都应有一盏温暖而明亮的纸灯笼。——题记

船靠岸了，那个女孩深情地向大家挥手告别，转身上岸。她的背后，是令人心安的温暖、友善的目光。

《青铜葵花》，一部出自曹文轩笔下的感人小说。小说里的主人公葵花和哑巴青铜，自然令人喜爱，可你有没有注意到那些平凡却十分温暖的角色？

还记得《纸灯笼》那一篇章吗？在葵花和青铜的奶奶病倒了的时候，他们家里穷，没钱给奶奶治病，葵花决定去江南捡银杏挣钱救回奶奶的命。走喽！葵花在素不相识的、同是捡银杏的姐姐婶婶的帮助下，赶上最后一艘去江南的船。途中，每个人都尽心尽力地帮助葵花：走得急，葵花既没带吃的，也没带盖的，大家便将吃的拿出来给她吃，姐姐婶婶们都愿意让她睡进她们的被窝；没有口袋，她们给……她们什么都愿意给。到了江南，捡银杏时，大家见到哪里的银杏多就赶紧叫葵花过来捡。卖银杏时，几个婶子帮她卖得比自己的还用心。回到大麦地时，大家都依依不舍地与葵花道别，对她千叮咛万嘱咐。

船上的姐姐婶婶们，与葵花素未相识，却如亲人一般来照顾葵花。她们的友善，温暖了葵花漂泊在外的数个日日夜夜，也温暖着读者的心。这些可

亲可敬的人啊，她们的友善发自淳朴的内心，很好地诠释了什么叫作"不是亲人，胜似亲人"。她们让我想到了身边的另一些人——一个阿姨，下雨天看到陌生的孩子没带伞在雨中走，便撑着手中的伞给孩子遮雨；一个医生，抱着准备做手术的小女孩，陪她看动画片，安慰她；一个大哥哥，在公园里发现一个孤独的爷爷，主动和爷爷攀谈，想让他开心些……来自陌生人的关怀，总是格外温暖。我们，要尽量对别人友善些，去关怀别人、帮助别人，我为人人，人人为我。

这一章的结尾，是青铜提着明亮的纸灯笼来岸边接葵花。葵花身后那送别的目光就像那纸灯笼发出的光晕，这些友善的陌生人，更是葵花记忆中一盏盏明亮的纸灯笼，漂在心中的温暖河中。

愿每个人心中都有温暖人心的纸灯笼。

（指导老师：李戍童）

点评

　　文章首尾呼应，采用抒情、议论、叙述相结合的方式，阐明作者的观点：要尽量做个友善的人。情感充沛。

《绿狗山庄》读后感

梅州市梅江区龙坪小学　黄嘉楠

　　寒假期间，我看了杨红樱的《绿狗山庄》，这本书使我百感交集。

　　《绿狗山庄》是一本极富有童趣和教育意义的书。主要讲述了在群山深处，有一栋神秘的红别墅，在那里，地包天和小白以及九十八只狗被一位自私自利的艺术家囚禁着，于是笑猫和球球老老鼠想尽千方百计，终于救出了所有的狗。

　　看完后，我的眼眶盛满了泪水。那位艺术家竟然为了自己的利益，为了完成他的一百件绿狗雕塑，剥夺了一百只狗的快乐和自由，将一百只狗的毛漂染成绿色，还残忍地给这些狗做手术，把钢丝埋进它们的耳朵里，硬使它们的耳朵支棱起来，这是多么残忍的事情啊！再想想，动物也是有血有肉的生灵，我们为什么要这样无情地折磨它们呢？正如文中球球老老鼠说的："作为艺术家，追求独特的艺术个性是没错的，但是如果把这种追求建立在牺牲别人的自由、幸福和快乐的基础上，哪怕牺牲的是狗的自由、狗的幸福、狗的快乐，那也是一种不可挽回的罪过。"在现实生活中，也有许多把自己的快乐建立在别人的痛苦上的人。比如：在学校里，一些顽皮的同学总是不怀好意，搞一些恶作剧，使你在同学面前抬不起来，还总是拿你的缺点来取笑你。使别人伤心、痛苦，就是恶作剧者的快乐吗？我想不是的。俗话说："赠人玫瑰，手有余香。"只有帮助别人，让别人感到快乐了，那才是真正的快乐。正如所说："独乐乐不如众乐乐。"我们不也是要做一个这样的人吗？只有这样的人，才会是真正快乐的人！

在人生的道路上，如果有人需要帮助，我们应该伸出援助之手，而不是在旁边看着别人的痛苦，幸灾乐祸，只有别人快乐了，你才会真正快乐起来。

（指导老师：朱爱珠）

点评

语言生动形象，行文流畅，情感表达细腻。采用抒情、议论、叙述相结合的方式，阐明作者的观点：对于需要帮助的人，要乐于伸出援助之手。

读《青铜葵花》有感

广州市番禺区市桥沙墟一小学　黄诗韵

一个特别的机缘，七岁城市女孩葵花和乡村男孩青铜成了兄妹。他们一起生活，一起长大。但十二岁那年，葵花被命运召回了她的城市，男孩青铜从此常常遥望着芦荡的尽头，遥望着葵花所在的地方……

　　读完了《青铜葵花》这本书，我的心里像打翻了五味瓶，任泪水在脸上肆虐，冲击那早已近乎麻痹的神经。书中各种各样真挚的情感深深地打动了我。字里行间透露出的兄妹情、父子情、母女情……都让我的思绪陷入沉思，久久不能平静。列夫·托尔斯泰说："幸福的家庭都是相似的，不幸的家庭各有各的不幸。"但有时不幸的环境却能催生出坚韧的人生。在《青铜葵花》一书中，青铜一家人在艰苦的境遇中没有退缩，努力地活下去，并且在艰难困苦中，努力寻找人生快乐的点滴。

　　这本书给我印象最深的就是《纸灯笼》这一章。这一章主要写葵花为了给重病的奶奶挣医药费，便和大人们一起出门捡银杏来挣钱，她的手已经磨出了伤痕，而当时葵花却只有这样一个念头：作为这个家的一员，一定要帮到奶奶！不管有多难，都要坚持下去！就这样，葵花挣到了一些钱。夜晚回家时，在桥头那，哥哥青铜正提着一盏纸灯笼在等待妹妹的归来，寒风在吹着，他小小的身体在风中哆嗦着。这是一个多么温情的哥哥啊！尽管葵花很累，但是看到哥哥，她的心立马温暖起来。是呀！艰苦的日子里，只有这份亲情，才能滋润苦涩的生活。甜蜜，仍旧是有的。在生活的磨炼下，这兄妹俩领略到生活的多变，也显得更成熟。岁月维艰，爱弥珍贵，正是人性的至爱成为支撑人们战胜苦难的力量。

　　小说的另一位主人公——青铜，火灾使他失去了说话的能力，在无言的世界里成长，然而他对人、对事、对生活、对自然都心存感激。身体的缺陷更磨炼了他正直善良、坚韧刚强、天真坦荡的品质和个性。青铜虽然生活在贫困家庭，却能创造自己的幸福人生，因为他懂得品味生活中的酸甜苦辣，能够读懂爱的真谛。他们经常要面临很多大大小小的困难，甚至灾难，可是这些困难、挫折却成了他们前进的动力，他们的毅力更加坚定，人心更加团结。只有像这样在欢乐和痛苦中体验生活的人，才是真正懂得生活的人。

　　在生活中多一点磨砺，才能够拥有更绚烂的人生，才能够有更广阔的见识，才能够有更丰满的体会，不是吗？这本书的字里行间无不充盈着感人肺腑、震撼人心的人间真情，我想，这种真情在滋润着每一位读者的眼睛，震撼着每一位读者的心灵。那荡气回肠的文字，那催人泪下的情节，那动人心弦的故事使我无限向往，我好像就是大麦地的一个孩子，安静地坐在田野上，吹着凉爽的风，摇摆着小脚丫，静静看着这片"人生"的田野……凡是不能兼爱欢乐与痛苦的人，便是既不爱欢乐也不爱痛苦的人。凡是能体味欢乐与痛苦的人，方能懂得人生的价值。让我们做一个像青铜和葵花那样的人，直面苦难，把我们的爱献给所有人，让所有人都能体会到爱的珍贵。

点评

作者能够从书中明理：做一个像青铜和葵花那样的人，直面苦难，把我们的爱献给所有人，让所有人都能体会到爱的珍贵。

《青铜葵花》是曹文轩创作的长篇小说，该书主要讲述了一个乡村男孩青铜和城市女孩葵花的感人故事。作品对苦难、对美好、对大爱的细腻描写和咏叹宛如一股温暖清澈的春水，湿润和纯净着小作者的眼睛和心灵，牵引小作者联系自己的经历，领悟到了"人性的至爱是支撑人们战胜苦难的力量"。值得完善之处是小作者在引用原文的内容方面可以更加简洁。但瑕不掩瑜，总的来看，全文语言简明流畅，写得有真情实感。

插上想象的翅膀，让梦想点亮人生

——读《未来时光机》有感

梅州市梅县区松口镇中心小学五年级　胡楚悦

本学期，我积极参加"悦叮网"线上线下的阅读活动，受益匪浅。最近，在梁老师的推荐下，我先后阅读了《未来时光机》《樱花巷的秘密》《我有惊喜送给你》等三本书。我如饥似渴，反复阅读。其中，我最喜欢林哲璋哥哥写的《未来时光机》。因为林哲璋哥哥的作品里有一种独具匠心的、能够让我获得想象力的童话思维，让我爱不释手，越读越想读。

《未来时光机》一书想象丰富，图文并茂，内容生动有趣。我认真阅读了书中《未来时光机》《小熊森林·多美丽鸭》《小维的神奇外衣》《蓝色粗布衬衫》《美腿选美》等文章。我从中知道了：阿水爱读科幻故事，常读到忘了功课。后来，他被拉进抽屉里，坐上了时光机，参观了二百年前生活的方式、都市的样貌和生态的环境……鸭妈妈孵出了一窝小鸭，只有一只长得美丽。美丽鸭很爱美，不断练习飞行，也帮忙储存粮食、照顾鸭蛋，并带领同伴们击退了蛇的攻击，立了大功，动物们都称她"多美丽鸭"……小维有一件上帝给的"神奇外衣"，但这外衣是有故障的。小维每天都忙着修理，并在爸爸妈妈的鼓励和帮助下，让外衣恢复了神奇的法力……我还认识了过敏的古奇狗、日光城市的雨燕妈妈、神奇的双胞胎……啊，想象是那么神奇，那么美丽，那么生动，那么丰富。我多想插上想象的翅膀，让自己的思维更活跃，从"无"中看出"有"，从"虚"中看出"实"。总之，美丽的神奇的故事立刻会在你的想象中展开。

前天晚上，天气炎热，我躺在床上再次阅读了《未来时光机》。读着读着，我进入了甜蜜的梦乡。突然间，我制造出一种既上得天又入得海、速度飞快的"时光机"。我给时光机装上了"心理测试仪"和"梦想实现仪"，它便运转自如，发挥出巨大的作用。一会儿，我驾驶着时光机，冲进云霄，骑着雪白的飞马，在天空中自由地翱翔，用柔软的白云修补千疮百孔的臭氧层，使全球的气温恢复正常；一会儿，我驾驶着时光机，一头扎进清凉的海水里，跟着大白鲸一起遨游在广阔的海洋，并把整个海洋的白色垃圾全都捞起来；一会儿，我驾驶着时光机，来到埃及神秘的金字塔，骑着沙漠之舟——骆驼，找到法老王生前埋下的宝藏，揭开它那神秘的面纱，好好保护它的惊人宝藏，不让那些可恶的盗墓者偷走；一会儿，我驾驶着时光机，来到远古时代，和猿猴一起居住，和猿猴一起寻找食物……我发明的时光机可以说是无所不能。啊！梦想是多么的美妙，梦想是多么的神奇！假如能实现自己的梦想，我一定要让人们远离痛苦，远离疾病，远离战争，让人们过上更加美好的生活。

爱因斯坦认为："想象力比知识更重要，因为知识是有限的，而想象概括着世界上的一切，推动着进步，并且是知识进化的源泉。"阅读了林哲璋哥哥写的《未来时光机》，我也觉得想象力对孩子们非常重要。我多想插上想象的翅膀，自由自在、无拘无束地飞翔；我多想插上想象的翅膀，为梦想而努力前行，无论会有多少考验，无论会有多少苦难，无论会有多少艰险；我多想插上想象的翅膀，踏上追梦的旅程，不断努力，让梦想点亮人生，让梦想更加出彩。我相信：每一个闪亮的梦想，终将汇聚成为耀眼的"中国梦"！

（指导老师：梁国军）

《木偶的森林》读后感

佛山市高明区荷城街道西安实验小学六年级　　黎铭仪

　　《木偶的森林》是王一梅阿姨写的一本童话故事书，我花了一个星期才把这本书看完。

　　这本书主要讲述了一棵叫罗里的小榆树的故事。罗里原来快乐地生活在森林里，并且学会了说话，学会了魔法。可是一个寒冷的冬天，罗里被木匠砍下来做成了木偶，来到了城市。想要回到森林的罗里内心越来越冷漠。他决定报复人们肆意砍伐的行为，便招募各种流落大城市的动物成立了马戏团，并用魔法控制了他们。但在最后，朋友们用热情和爱温暖了罗里，而罗里也回到了他的故乡——大森林。

　　看完这本书的最后一行，我轻轻地合上书，心里无限感慨。这本书的故事画面浮现我的脑海里：罗里躺在冰冷的溪水中，他的心里空荡荡的，冰冷的水渗进入了他的心里，四周一片冰凉，罗里心里也一片冰凉。这种冰冷的感觉在冰冻的日子里慢慢转变成另外两种东西，那就是悲伤和仇恨。

　　罗里多么可怜啊，离开了他赖以生存的大森林，离开了与他感情至深的小伙伴们，他的心有多痛苦啊。本来，在这个世界上，动物植物都是我们的朋友，可我们人类的贪婪、破坏，正在慢慢地断绝它们生存的后路。

　　沙尘暴、雾霾、泥石流等自然灾害，都是因我们的破坏而造成的。如今这个时代，科学技术在不断地进步，但用技术开采出来的资源却在急剧减少。享福的是我们，吃苦的却是动植物们。由于森林环境被破坏，森林空气被污染，有些动物不得不背井离乡，去一个陌生而恐怖的地方觅食，最后伤痕累累，甚至死亡。东北虎、金丝猴、大熊猫……这些动物濒临灭绝无不与人类对大自然的肆意掠夺有着直接的关系。

我看过一篇报道：在某次的森林火灾中，一只熊紧紧地抱着一棵已经被火烧死的树，脸旁似乎有泪痕，救火人员怎么劝也劝不了熊离开，最后无奈，只能把树砍下来，把熊抱走。这片森林的护林人员说，这只熊把那棵树当成了自己的挚友，每天都会把吃的放在树下，都会用爪子抚摸着树干，熊与树坐在一起时，就像挚友之间在交谈甚欢。这次的火灾，就是因为森林周边有人在吸烟，烟头不小心掉进干草堆而酿成了这场火灾，才导致熊失去了它的挚友。熊与树都有如此深厚的友谊，它们并没有对对方不敬，为什么我们人类与动物就不能和谐相处呢？

读完《木偶的森林》，我想大声地对人们说：我们人类和动物、植物共同属于一个家园，它们是我们的兄弟姐妹，是我们在同一片蓝天下生活的亲人。如果我们现在再不尽力地去保护它们，那么将来我们的孩子只能在博物馆里才能看到今天的动物，我们的孩子只能在图书里才能看到现在的花草树木。任何降临在动物植物身上的灾难，终将会降临在人类身上。醒醒吧，让我们和动物、植物和谐相处吧！

（指导老师：罗玉倩）

点评

儿童文学作家王一梅的作品一向很具文学水准，本文作者选题有眼光。在品评中，感情充沛，引用恰当，言语自然贴切，表述完整清晰，层次分明，联想力丰富。（侯桂新）

《孩子们的秘密乐园》读后感

德庆县莫村镇中心小学六年级　李一茜

我在"悦叮网"看到了一本叫《孩子们的秘密乐园》的书，它是当代著名童书作家杨红樱女士的代表作之一。读了这本书，我常常回想起书中的人物：西瓜小丑，笑猫，万年龟，球球老老鼠。

这本书讲了在春节里的一天，一个马戏团来到了翠湖公园，从此这个沉寂的冬天终于热闹起来了！可是马戏团里没有动物明星，没有空中飞人，亲爱的西瓜小丑也不能登台表演，所有的节目都让孩子们好失望。在笑猫和万年龟的帮助下，西瓜小丑在楠木林组建了一个酷极了的马戏班。从此，南木林变成了一座藏满了故事的神秘森林，变成了一个永远只属于孩子们的秘密乐园。

看了这本书之后，我对未来的梦想更加有活力了。记得那一次，我是四年级的小学生，那时候我和小伙伴就已经充满了梦想，而我们的梦想就是能够站上舞台，尽情地在舞台上跳舞，老天爷非常好心，学校要在六一儿童节时举行一个艺术演出，我和小伙伴们听了非常开心，就向老师报名表演跳舞，在练舞的过程中，我们站上舞台的欲望大大减少了。因为大家都觉得我们无论表演得怎样，只要能够站上舞台就行了，但是那时候大家并没有想到我们连站上舞台的资格也没有，跳得一团糟！

过了两三年，我已经读六年级了，渐渐地也淡忘了这个梦想。

就在这一阵子，我在"悦叮网"读完这本书后，刚好又有一个艺术节表演，所以我和我的小伙伴们就报了名，每天每夜不停地练，哪个动作不行就练到行为止，哪个动作不会，就上网学，模仿，一次不行，两次，三次。如此循环，我们终于学会。我们表演结束后，全场响起了热烈的掌声。那时候我就想："我的梦想实现了。"

看完这本书，我懂得了：如果你有梦想，就一定要去实现，就算梦想离你很遥远，但是至少你曾经努力过，无论遇到了多大的困难，你曾经和战友一起哭，一起笑，一起度过种种磨难。

《孩子们的秘密乐园》这本书犹如温暖童年的"心灵鸡汤"，犹如陪伴你成长的"心情宝典"，犹如你实现梦想最初的起航。

（指导老师：冼洁贞）

点评

一个已经淡忘的梦想，这个梦想曾经因为年少无知，不知奋力争取而轻易破碎。现在一本书让小作者懂得了"有梦想，就一定要去实现"的道理，并且唤醒了曾经的梦想，最终通过努力实现了梦想。这个故事非常真实，它的理性价值在于：阅读让无知的人懂得了道理。小作者没有因为要写一篇读后感而扭曲了生活原貌，这种真纯令人怜爱。（郑文富）

友谊最珍贵

——读《穿越西游玄奘》有感

东莞市南城阳光第一小学六年级　罗开宇

　　我不信佛，也不信神。在我接触《穿越西游玄奘》这本书之前，对于在这大千世界之中究竟什么最珍贵这个问题，我一直感到很迷惑。但现在合上这本书，我想我终于找到了答案。

　　这本书主要是讲一个21世纪的少年清江水无意中穿越到初唐时期，并与取经途中的玄奘法师相遇从而成为好朋友并一起前往天竺的故事。然而快到天竺时玄奘不幸被水贼抓走，即使是在他被抓住时，他也还在担心清江水同伴的安危，甚至在他即将被杀死的那一刻，他惦记的仍不是自己的生命，而是自己遇难后在这个陌生的世界无所依靠的清江水。最后，他的精神打动了上天，恒河边的刑场上，就在处刑的大刀落下的那个瞬间，飞沙走石，河水泛滥化成的巨大山洪吞没了歹人，玄奘终于成功逃出并与清江水汇合，几经周折取得了真经。

　　这本书虽然是关于求取佛经的故事，却并不是让你信神信佛。我从这本书里读出了同伴之间的真情，真正的好朋友是互相体谅和关心的，越在危难时刻越要互相支持，不能轻易抛下同伴而自己却逃之夭夭。只顾自己利益而轻易牺牲朋友的人，即使自己得以活命，最终也必定会受到良心的谴责。因此，如果你问我什么最珍贵，我一定会毫不犹豫地回答："友谊最珍贵！"

　　是的，友谊能给人信心，给人温暖，给人勇气和力量……在前行的道路上，是友谊给我温暖和力量。记得有一次，我的数学考得很差，在放学路上，我的情绪很低落，因为我已经好几次考得不理想了。我怨自己为什么这么不争气，为什么明明很努力，却是这样的结果，我以后还能考好吗？同路的好朋友小婧仿佛看出了我的心思，语重心长地对我说："小开，你可不能灰心啊，失败乃成功之母，你一定要继续努力，说不定你离成功只剩下一小步了呢！"听着她暖心的话语，我心里的小火苗又熊熊燃烧了起来。之后，我把更多的精力投入到数学上，在下一次测验时，我果然考好了。在遇到困难时，是友谊给了我温暖。

　　一个能够与自己的朋友相互支持、相互鼓励、相互理解的人，一个拥有同伴意识的人才是一个和谐美好的社会所需要的，正所谓"我为人人，人人为我"。我相信，一个人对他人、对同伴付出的真心，终有一天也会收到相应的回报。

是的，朋友，不是用来抛弃的，而是用来珍惜的，因为——友谊最珍贵！

（指导老师：廖映兰）

点评

小作者选择切入的角度很精准恰当，从故事内容简介到联系生活实际的部分，通篇都围绕着友谊的珍贵性而抒发议论情感，首尾都与标题互相呼应，结构紧凑。

《青铜葵花》读后感

东风东路小学六年级　潘子熙

最近，我读了一本书，是作家曹文轩写的《青铜葵花》。它讲述了一名下乡知青的女儿葵花，在父亲身故后住在大麦地村的哑巴青铜家，与青铜成了兄妹一样的朋友，并随后发生了一系列有欢乐也有悲伤的故事。

这本书给我印象最深的是青铜与葵花之间的那种兄妹情谊：当葵花的父亲不幸身故后，村里决定找户人家领养葵花。青铜的家虽然很穷，但青铜依然坚持要家里领养葵花，最后他成了葵花的哥哥。因为青铜是个哑巴，不能上学，所以他很向往上学。也正因为这样，青铜让家里供葵花读书。学校拍照要钱，葵花想拍照但怕拖累了青铜一家，没去拍，可青铜知道后发动全家攒钱为葵花拍了照；马戏团来表演了，青铜和葵花找了一块石墩，站上去看马戏。可野蛮的隔壁村孩子欺负他们，青铜为了不影响葵花看戏，自己去应付那些孩子。为了让葵花能更好地观看，青铜还背起葵花，自己却一点马戏也没看到……青铜为了葵花付出了很多很多，同样的，葵花也用自己的行动去回报青铜一家：青铜牺牲了自己的读书机会去供她上学，她便带着对青铜的感激，学习成绩年年第一名，还主动教青铜识字；大麦地洪水暴发后，青铜一家没钱，只能暂时盖个小棚子。为了节省写作业所需的油灯的费用，葵花找借口去同学家玩，其实是去她家写作业；葵花还为了青铜生病的奶奶，想放弃上学省下钱给奶奶治病，后又独自一人到遥远的江南去捡银杏换钱……青铜和葵花，他们虽在乡下生活，但跟所有的孩子一样，有烦恼的时候，也有快乐的时候。他们就像葵花父亲所雕刻的雕塑"青铜葵花"，与书名《青铜葵花》一样，都是一体的——你为她付出了什么，她也会用自己的行动去回报你。我很喜欢这对兄妹，也很向往他们之间的情谊。

当然，青铜一家人的善良、守信、纯朴也是必不可少的，整个大麦地都是如此。正是这样，葵花才能拥有虽然清贫却快乐的生活。

在生活中，我也有朋友，我们一起学习一起玩耍：当我遇到学习上的困难时，她会帮助我；当她在生活上有烦心的事儿时，我会安慰她；我的数学并不好，总是不停地向她问问题，她也会耐心告诉我解题思路；小狗因为一些原因被送走了，她很不开心，我会为她开解，让她露出微笑……我们互帮互助，取长补短，共同进步。

我们每个人生活的经历、感受、教育都有所不同，但是，像植物渴望温暖的阳光一样，我们都渴望交流、沟通与理解，甚至是像伯牙与钟子期对对方真诚的欣赏。而青铜与葵花，他们虽然一个来自乡下，一个来自城市，但依旧阻挡不了他们的相遇。

每个人，都需要一个像青铜一样负责任、善良的朋友，都需要一个像葵花一样善解人意、待人真诚的朋友。

（指导老师：刘艳）

读后感
——谈对社会主义核心价值观的一点理解

普宁市流沙第二小学六年级　邱奕楠

社会主义核心价值观听起来好像很深奥。其实，它的基本内容可以用24

个字来表述，那就是富强、民主、文明、和谐，自由、平等、公正、法治，爱国、敬业、诚信、友善。通过这次读书活动，我清楚地了解到它的内容很明确、很具体，就体现在现实生活里，和我们每个人都息息相关。作为新时代的小学生，我们是祖国未来的希望，我们更应该懂得社会主义核心价值观，并在现实生活中引领我们的思想。

通过这次读书活动，我认识了大好河山的磅礴、巍峨；了解了我国历史的屈辱、悲愤……中华五千年文明走出了多少爱国英雄啊！是他们的存在，创造出了多彩的中国文明。望古代，岳飞，精忠报国，一颗忠心传唱百年；"孔融让梨""程门立雪""千里送鹅毛"，传承五千年华夏文明。看近代，谭嗣同，我自横刀向天笑，一颗丹心流芳千古。古代的人们，爱着自己的国家，难道不是我们学习的榜样吗？看现代，袁隆平，试验千次，终于培育出高产杂交水稻；杨利伟，飞上太空，为中国铺就了上太空的第一条路线；钱学森，经历千辛万苦回到中国，到了天安门高声呐喊："祖国，我回来了！"他们都是中华好儿女，我们应该要做得比他们更棒！

通过这次读书活动，我才真正意识到，我应该做到的是：作为一个孩子应当孝顺父母；作为一个学生应该努力学习；作为一个公民必须热爱祖国。要让我们中华民族继续屹立在世界之林，我们这一代人应该勇敢地承担起肩负的责任，只有用今天的辛勤汗水，才能汇集明天的辉煌价值。祖国，您是希望，您是信念，您是我们一切拼搏、进取的依托。祖国，您在新时代太阳的照耀下，一定会更加欣欣向荣、生机勃勃！作为一名新时代的中华少年，就是要自觉地践行社会主义核心价值观，用核心价值观指导规划自己的人生，用国家梦、民族梦引领自己，奋勇前行！

（指导老师：詹晓娜）

点｜评

　　小作者能够从短短的24字方针中品读出深刻的道理，并联系具体的人物举例说明，说服力强，语言流畅，饱含对生活的热情。（杨建国）

读《棒喝与广长舌》有感

江门市新会圭峰小学六年级　邱永滔

古人言：一日为师，终身为父！这句话将对老师的敬重、感恩之情写得入木三分。林清玄的《桃花心木》令人受益无穷，今日我读了他的《棒喝与广长舌》，深深地体会到老师对学生的良苦用心和学生对自己老师的无限敬重。

文中说到林清玄在少年时期，因难以管教被送去了一所以严厉著称的学校里接受教育。在那里他遇到两位至今令他记忆犹新的老师：一位是用"武力"解决问题的郑人贵老师，他称之为"棒喝"；一位是慈祥的王雨苍老师，他称之为"广长舌"，"广长舌"用关怀鼓励鞭策学生，将颓废的林清玄挽救回来。

看完后，我内心浪涛翻腾，我又一次体会到老师对我的循循善诱和老师的兢兢业业。"春蚕到死丝方尽，蜡炬成灰泪始干。"老师将生命投入到教育事业，教书育人从来不求回报，似乎老去的老师脸上的皱纹是一个个曾经的学生一样，只是默默地奉献自己。当有一天学生们回来探望他们，对老师当年的教导有方夸赞时，他们从不会骄傲，只是静静听着，还不忘添上一句："那是你们自己努力的结果，我只是领进门而已，你们的路还很长，不要骄傲。"啊！老师一直都是这么无私、这么谦虚。

生活中也会有像林清玄遇到的老师，他们代表着好老师的两种极端：一位极端严厉，把人逼到绝境从而激起向前冲的力量，就像老师的一次次重罚让你认识到错误的严重，告诉你是时候改变学习态度。一位无限慈悲，用循循善诱和春风化雨，把颓废的学生从低谷中引导出来重新找回信心，振作起来，鼓励你使你充满力量。

无论是"棒喝"还是"广长舌"，都是老师的良苦用心，而我，作为当代学生，不应该辜负老师的本意，努力学习。

感谢生命中的老师……

（指导老师：曾志华）

点评

文章线索明朗，主题突出，情感真挚，能体会到小作者对于两种不同类型的老师的认识及感恩之情。

梦想与行动的力量
——读《愿我的世界总有你的二分之一》有感

开平长沙街道办事处梁金山小学五年级　谭一言

　　因着爸爸的一个睡前故事，我关注起了一本励志自传——《愿我的世界总有你的二分之一》。这本书深受广大读者的喜爱，我也瞬间对它着了迷。我数度被兄弟俩的拼劲感动得热泪盈眶，也常常被他们的幽默对话逗得捧腹大笑。里面的情节时而让我百思不得其解，时而又让我茅塞顿开。总而言之，这是一本名副其实的好书！

　　《愿我的世界总有你的二分之一》这本书的作者是北京大学的双胞胎学子——苑子文和苑子豪。内容主要围绕双胞胎兄弟在高考前度过的那段折磨人而又刻骨铭心的时光，来描写了他们从领先到落后，从逆风而行到梦想成真，从人生最低谷走向成长巅峰的励志故事。

　　读完这本书，总感觉有一种莫名其妙的东西在打动着我，不是因为他们考上了北大，也不是因为他们有多帅气，而是因为他们那种积极乐观、奋力拼搏、勇往直前、不离不弃的精神！大哥子文那种谦让、坚持、刻苦、温柔是无人能及的，小弟的争强好胜、幽默睿智、知错能改也值得我们去学习。读他们的故事，我深受鼓舞，并且也暗暗立下了人生的远大目标——考上北京大学！我觉得梦想是会发光的，因此无论身处多么漆黑的角落，我们也能风雨兼程，勇往直前！但我也明白单靠有梦想是远远不够的，必须要有行动的力量！行动就是子文那种即使落后了也要奋起直追！行动就是子豪那种即使骤然遇逆也要执着追求！我如他们美好般地相信，只要有梦想并付诸行动，必会离目标越来越近！

《愿我的世界总有你的二分之一》真是一本好书，我受益匪浅！它鞭策小小年纪的我开始学着思考自己的人生，从而有了远大的目标并为之奋斗！

捧起它，我觉得自己离梦想更近了……

（指导老师：曹小玲）

点评

文章的开头引人入胜，语言清新自然，感情强烈，结尾给人以余音绕梁的感觉，令人遐想。（杨建国）

《蓝鲸的眼睛》读后感

潮州市绵德小学　田梓纯

读完《蓝鲸的眼睛》这个故事，我浮想联翩。

蓝鲸的眼睛是灵魂之光。失明的人得到它，就可以重见光明。一个勇敢而冒失的年轻人，为了让一个失明的女孩能够重见光明，就将蓝鲸的眼睛取出来送给了那个女孩。蓝鲸失去了宝贵的眼睛，痛苦、愤怒涌上了它的心头。于是，它疯狂地报复渔民们。女孩得到了那只眼睛，她的眼睛亮了，但当女孩知道那是宝贵的蓝鲸的眼睛时，她选择了放弃好不容易得到的光明，把眼睛还给蓝鲸。她一直坐在海边，希望蓝鲸能来寻找自己的眼睛。年轻人为了平息蓝鲸的愤怒，独自一人乘船出海，以自己的鲜血和生命，抚慰了心灵受伤的蓝鲸。蓝鲸的灵魂得到了升华，它将眼睛留给了女孩，而那个年轻人却再也回不来了。

读了这篇感人的童话，也许有人会认为那个年轻人是自作自受，因为那都是他的错。但我却不这么认为，他之所以会取蓝鲸的眼睛，是为了帮助一个女孩重见光明。当蓝鲸报复渔民的时候，年轻人完全可以一走了之，但他没有，他选择了用自己的生命来抚慰蓝鲸受伤的心，用自己的生命来解除蓝鲸对渔民们的报复。这种无私奉献的精神是非常值得我们学习的。

年轻人在为女孩寻找光明的时候，同时也伤害了另一个生命。每个人都有做错的时候，谁都会犯下大大小小的各种过错。当我们面对由于自己的错误造成的后果时，大多数人都会选择逃避，而只有很少的人会去承担。年轻人是勇敢的，他用生命偿还了自己的过错。单从这一点看，年轻人就值得我们尊敬。

在生活中，当有人犯了错，我们不能一味地指责他，而要试着用宽广的心胸去包容他，多站在他的立场、角度去思考。我们自己犯了错误时要大胆地面对，勇敢地承担，并及时地改正。

读了《蓝鲸的眼睛》这个故事，我内心深有感触。

（指导老师：罗翠珍）

点评

　　文章篇幅不长，但引人入胜，开篇简洁入题，中间紧扣文题，结尾照应开头，结构精当。文章语言简约，概括故事简洁准确，表达感悟精辟精准。难能可贵的是，小作者的感悟所体现出的独立思考的意识，如何对待自己的错误以及如何对待别人的过错，小作者在文章中做出了自己的回答，这样的思考是值得肯定的。

坚持
——读《斗破苍穹》有感

珠海市唐国安纪念学校　王沐川

　　"坚持就是胜利！"这是一句常常在大家耳边响起的格言，但有一天，我在一部书中找到了这句话真正的做法，《斗破苍穹》中的萧炎就是了！

　　"天蚕土豆"所作《斗破苍穹》写的是主人公萧炎的光荣史。萧炎，《斗破苍穹》的主人公，萧家历史上空前绝后的斗气修炼天才。但在12岁那年，出现了一场意外，萧炎沦为废材。但经过药老的"栽培"，萧炎重新成为家族年轻一辈中的佼佼者，他却并不满足于此。为了一雪退婚带来的耻辱，萧炎来到了魔兽山脉，在药老的帮助下，进一步提升自己的修为。在魔兽山脉，他结识了小医仙，后来他又结识了冰皇海波东、美杜莎女王等人。事毕，萧炎上"云岚宗"挑战纳兰嫣然，也是兑现那"三年之约"；后又经历了一些事情，回到迦南，经历了一番磨难，前往那谜团重重的中州。灭恶人，行善事，三十年河东，三十年河西，莫欺少年穷！总算是结束了，萧炎的血是热的，安静的生活，并不适合他的骨子。

萧炎的可贵之处，我觉得并不是他一路上屠杀了多少恶人，干过多少好事，也不是他修为多么高深，多么有魅力、多么高大上，而是他那颗坚持的心。他坚持地相信，自己的信仰、向往、爱情与生命；不管他在什么地方，处于怎样的情况下，他依然会坚持地走下去，每次被打到重伤，头破血流，他还是会站起来，继续战斗。不管路上有多少艰难险阻，他都一直坚持地相信那道在他心中最微弱、渺小但又最璀璨、多彩的希望之光！

当然，他的坚持也是因为有兄弟、妻子、孩子和使命等因素，但在一个幻想中的残酷、杀戮、弱肉强食的世界里，坚持这样的品质又有谁做到，谁能拥有呢？！萧炎他做到了。

"坚持就是胜利！"这句话不是白来的，萧炎成功地坚持了下来，坚持他的使命、责任和真心，他真正地做到了问心无愧，所以，他成功了。《斗破苍穹》结局的时候，五帝破空，光辉无限，而萧炎便是那五帝中的领袖。没有一个人可以不耕地就吃上香米，也没有一个人可以不付出汗水就得到荣誉。萧炎付出了，他也收获了，若世界上的人都像萧炎这样良性循环的话，岂不天下太平国泰民安了吗？

没错，大家都觉得，也知道，坚持很难，但也很容易。其实，人生就像一场说长不长、说短不短的考试，有人交白卷，也有人向命运交了一份满意的答卷；试卷上的每一题都很容易，也都很难，而坚持只是在你人生道路上的一道选择题罢了。有些事是必须坚持的，有些事是不能坚持的，当然有些事是可坚持也可不坚持的，最后者是坚持选择题中最难的，因为你不知道选择后会怎样，结局是好还是坏，如意还是不如意。世界上已经没有先知了，唯一会预言的"玛雅族"也灭绝了，人只能依靠前代长辈的教育传承和自己的自我判断、感觉来进行选择；而且，人在自身情绪与荷尔蒙被刺激的时候，自身的理性被感性压制，就会做出一些非理性、非自愿的事，所以能够把一件事坚持到底的人真的很可贵，这种人才一定要好好珍惜。然而，坚持也很简单，"世上无难事，只怕有心人"，这是我们伟大的毛泽东爷爷说的人生格言，坚持选择题的解题答案就是：只要你决定下定决心坚持某件事，老天爷就是仁慈的，他会支持你的，所以，你的未来是否美好取决于你每一个细节的选择、坚持，坚持其实很简单，就看你的决心到底强不强。

决心坚持的人不多，但也不是特别少，有一个故事，也许很多人都听过，但我还是要说：1999年的阿里巴巴创办者马云，对梦想从不放弃。他曾经想考重点小学，但却失败了；考重点中学也失败了；考大学更是考了三年才考上；想念哈佛大学也没有成功。但他有坚持不懈、勇往直前的精神，俗话说"宝剑锋从磨砺出，梅花香自苦寒来"，他通过自己的努力，最终成功了。他说："梦想，要脚踏实地，和眼泪是息息相关的。"马云这个人，长相并不是太好，但他是个大富豪，钱在他眼中只是尘土一般，但谁又知道他的背后付出了多少汗水呢？！

坚持，不一定会胜利，但不坚持就绝对不会胜利！

（指导老师：梁华群）

点评

　　读《斗破苍穹》，作者把注意力放在了感受"坚持就是胜利！"方面，这说明作者是在读书，而不是"看着玩"。作者的态度提升了读物在他心中的地位，这是一种很常见的阅读现象。本文的优点更在于，作者不仅抓住了"坚持就是胜利！"这个道理，而且更深入地讲到了"坚持也很简单，就看你的决心到底强不强"这一层。"坚持也很简单"这句话，比"坚持就是胜利"更有感染力。（郑文富）

动物是人类的好朋友
——读《忠诚的流浪狗》有感

佛山市禅城区东鄱小学五年级　肖潇

　　银杏树上的叶子绿了、黄了、落了，银杏树下的"金子"，永远在等候从学校里走出来的四个男孩……读完了杨红樱阿姨写的"淘气包马小跳"系列作品之《忠诚的流浪狗》，这一画面久久萦绕在我脑海中。

这四个男孩就是马小跳、唐飞、张达和毛超，而"金子"是一只金毛犬。四个小伙伴相约去"试驾"越野型平衡车，却目睹了一场车祸：一只金毛犬被一辆摩托车撞伤，摩托车逃跑了。四个小伙伴把遗弃在路边的狗狗送回家，狗狗的主人却认定是他们撞伤了狗狗。背负着重重质疑和深深的冤屈，马小跳他们勇敢地担负起救治狗狗、照顾狗狗的责任。三个月后，小狗的病治好了，真正的"罪犯"也抓住了。真相大白，四个受尽冤屈的男孩洗刷了自己的冤屈，他们和金毛狗也成了好朋友。

我深深地为四个男孩的善心、爱心和责任心感动不已。尽管狗不是他们撞的，尽管狗已经被主人嫌弃，尽管大家都对他们产生误解，他们却是那么义无反顾地救治并照顾狗狗。男孩有情，狗狗亦有爱，难怪银杏树下的"金子"，永远在等候从学校里走出来的四个男孩……

跟马小跳他们比起来，我真的是很惭愧。那是去年的暑假，我回到了乡下，我和小伙伴们到村边的树林玩。"叽叽喳喳……"鸟儿们欢快地唱着歌，时而扑打着翅膀，时而在树枝上歇脚。真可爱，如果能把它们抓回家，那该多好！说干就干，我们找来一个箩筐，用一根小木棍架了起来，并在里面撒了一些玉米。万事俱备，只等麻雀。可是，等了好久，还不见自投罗网的麻雀。怎么办呢？只能打了，我们在草地上找来了好几把小石子，对准树上的鸟儿，一阵"发射"。小麻雀们吓得到处乱窜，一会儿工夫，就不知飞去哪了……现在想想，真是后悔，麻雀也是有生命的，如果当时真被我们打中，那可能就会受伤或者是没命了。

是的，动物是人类的好朋友，我们应该善待它们。如果都像《忠诚的流浪狗》中的马小跳他们对待"金子"那样用心用情，那么，我们的世界就会更和谐，我们的地球家园也一定会更美好。

（指导老师：余少莉）

点评

小作者颇有写作天赋，文字功底较强，描写细腻生动，自然逼真，情感真挚。相对于正文，标题稍显一般。（侯桂新）

读《学会看病》有感

郁南县连滩镇中心小学六年级　谢凯琪

前几天我读了《学会看病》这篇文章，深受感触。

文章里面讲的是一对母子。儿子感冒了，妈妈让他独自去看病的一件事。

最令我难忘的是那位母亲的行为：为了孩子的将来，孩子生病时，让他自己去看病。让孩子们都知道父母不可能陪伴孩子一辈子，让孩子们学会独立，自食其力。父母多么用心良苦啊！平时，我们都会觉得，我们生病了，大人肯定会带我们去看。许多家长也会这样，无论多大的孩子，都会跟着去。读完之后，我想到了去年暑假的一件事。

那天妈妈正要出去买些生活用品，还有一些书籍。从家到购物中心有一段路程必须得坐公交车。那时我正惬意地坐在沙发上面看漫画书。妈妈在开门的那一刹那停止了，仿佛在思考着什么。妈妈走过来对沉浸在漫画书中的我说："我今天忘了一件事没做，要不你帮妈妈去做吧。"妈妈见我迟迟没有回答，便锁紧了眉头："你是不是这点小忙都不帮我？"我立马解释："妈妈，我不是这个意思。"我从便签本里面撕了一小页，把妈妈说的要买的东西都记下来，方便到时候容易找。说实话我还是第一次去买生活用品，平时家里面大大小小的事都是妈妈张罗的。我看着那个空白的小纸条上渐渐地写满了一大堆生活用品的名称。准备下楼时，妈妈往背包里塞了几百块钱，说："要是钱不够的话就退几样东西，快去快回吧！"我拍着胸口说："不就是去商场买东西嘛，用不着你操心了，你就放心在家里做你的事。"出了门口妈妈还在喋喋不休。我第一次带这么多钱出去买东西，还真有点担心。下楼后我抬头往上一看，妈妈还在阳台上望着我。我第一次独自购物还是完成了。

妈妈让我去做这件事就是想锻炼我的独立能力。我明白了：孩子是不能靠父母一辈子的，生活中很多事情还是要自己面对。

（指导老师：刘锦潮）

点评

这篇读后感，把写作的重心落在了写自己的生活感受上。这段生活事实，写得很自然。特别是"我"从便签本里面撕一页纸把要买的东西记下来这个细节让人感受到作者确实是受了书中道理的教育，而主动去学会独立，学会自食其力的。作者用自己的方式把"读"和"感（行）"融合在了一起，这样的读后感，读起来真切、实在。（郑文富）

《爱是不自私》读后感

广宁县南街第二小学五年级　谢欣彤

在寒假期间，我读了《爱是不自私》这本书。这本书写得非常感人，让我受益匪浅。

这本书主要讲述了一个叫尚宇的男孩子的故事，因爸爸的去世，尚宇变成了一个爱用打架来解决问题的孩子，他的妈妈也整日以泪洗面。但自从尚宇加入了儿童义工队后，他变成了一个有爱心、爱学习的好孩子，还学会了分享爱，而他的妈妈也因参加了儿童义工队并在帮助别人的过程中感受到了快乐和生活的美好，不再忧郁，重新变得开朗、自信。

读完这本书，我明白了：分享爱能让别人快乐，而自己会更快乐！就像我们常说的："赠人玫瑰，手有余香。"在我们的日常生活中，我们会遇到各种困难，因此，我们会需要他人的帮助；但同时，我们也要学会帮助他人。其实，帮助他人就是在帮助自己。例如当我国一些地区发生地震、泥石流等自然灾害时，许多爱心人士都会伸出援手来帮助那些需要帮助的人，出钱出力，不求回报地给灾民们送温暖。

我们学校曾经有个学生叫作陈秀怡，她因感冒发烧不幸感染了脑病毒，处于半昏迷状态，急需一大笔钱进行治疗。是我们学校的老师和同学发扬"一方有难，八方支援"的精神，慷慨解囊，奉上一份爱心，帮助陈秀怡同学战胜了病魔，使她感受到集体的温暖，并重获新生。

《爱是不自私》告诉我们：分享并不需要太多太多，即使只是一个微不足道的帮助，都必定能让受助者收获喜悦和感动。让我们一起创造爱的世界，从我做起，分享爱、传递爱吧！

（指导老师：杨慧敏）

点评

本文观点明确，"分享爱能让别人快乐，而自己会更快乐"。作者对道理感受真切、深刻，学校的师生慷慨解囊帮助生病同学战胜病魔的爱心故事，非常好地传达了作者的感受，诠释了这个道理。（郑文富）

善待动物就是善待自己
——读《愤怒的象群》有感

罗定第一小学　姚卓莹

我轻轻地合上著名作家沈石溪的《愤怒的象群》，此刻，我的内心是复杂的：为被杀的成年公象感到痛心，为被象蹄踏死的岩温扁感到悲哀，为团结一心的象群所感动……

那是暑假的一天，我和同学相约到图书馆里看书。热爱读书的我，一进门，眼睛就在书群中寻找着自己喜欢的"目标"。突然，"沈石溪"三个字映入了我的眼帘，我最喜欢他的作品了！《愤怒的象群》就像一块磁石，把我深深地吸引住了，我翻开了它，迫切地去寻找它的精华，去挖掘它的"宝藏"，去品读里面的故事……

这本书讲述了一个名叫岩温扁的青年，因为心存歹念，残杀了一头健壮的大公象，拔掉了象牙，然后埋葬了它。可是这却引起了象群的愤怒，村庄因此被大象群包围住，直到村里将岩温扁交了出来。最终，大象们把岩温扁带回了森林。被贪婪蒙蔽双眼的岩温扁受到了制裁——被象蹄踏死，躺在了那头大公象的身旁。

读了这个故事，我陷入了深深的沉思。无知的人啊！只是为了自己的利益而去杀害大象，夺取象牙，真是太无耻了！大象是地球上的动物，我们人类和动物生活在同一个家园，本就应该和谐相处！然而，动物生存的权力，却被猎人们残酷地剥夺了。其实，动物是有灵性的，动物们的心情我们也不难理解，人类杀害了它们的同类，它们怎会无动于衷呢？

想着想着，我不禁脸红了——我想起了那次掏小燕子，想起了钓小青蛙，还想起了夏天去捉知了……这些行为都伤害了动物啊！

看看当今的社会，人与动物之间的关系已经岌岌可危了，尤其是现在有许多不法分子，非法捕杀珍稀动物，让世界上动物的种类、数量一天天减少，导致动物们伤害或袭击人类。

再想想现在的人类，因为随意排放废水、废气，乱伐树木，捕杀野生动物，已经遭到了大自然的报复，生态平衡遭到了破坏，每年都会遭受洪水、旱灾、地震、海啸……这难道不是大自然对人类发出的严重警告吗？

《愤怒的象群》让我明白了：在生活中，我们只有善待别人，别人才会善待我们。我们应该善待这些大自然送给我们的朋友——动物，因为善待动物，就是善待自己！

（指导老师：张展）

点评

一本书让小读者开始思考"善待"的命题，并最终明白了善待的辩证性，可贺。

小作者由一个简单的故事讨论到环境保护的社会命题，并进一步深入到善待他人的问题上，有着深刻的立意，也带给了读者许多思考。（杨建国）

美丽的草房子
——读《草房子》有感

佛山市鸿业小学五年级　曾天朗

曹文轩曾经说过："美的力量绝不亚于思想的力量。一个再深刻的思想都有可能变为常识，只有一个东西是永不衰老的，那就是美。"而《草房子》的美，就像铺在房顶的茅草一样，经久不朽。

近段时间，我读了曹文轩爷爷写的《草房子》。这本书写得朴实而生动，它把农村孩子们的天真、善良和坚强真实地展现在我的眼前，令我深深沉浸在书中的世界。其中令我最敬佩和感动的人，绝对是这本书第一个出场的小主人公——秃鹤。

秃鹤原名叫陆鹤，因为长了个光滑锃亮的秃头，所以经常被同学们嘲笑，被村里人戏弄，甚至被老师排斥在会操之外。一开始，秃鹤无法正视自己的缺陷，也不能坦然对待他人的眼光，只能用搅乱学校广播操比赛的方式，来报复人们对他的侮辱和轻视。但这种幼稚的行为，反而让同学们更加冷淡他，疏远他，这使秃鹤陷入了深深的自责。一次，学校举行文艺汇演，其中有一场重头戏《屠桥》，戏中角色"伪军连长——杨大秃瓢"的演员临场退出，秃鹤勇敢地承担起了这个角色。舞台上，秃鹤把光头伪军连长演得活灵活现，只见他脚蹬大皮靴，一只脚踩在凳子上，从桌上操起一把茶壶，喝得水直往脖子里乱流，然后脑袋一歪，眼珠子瞪得鼓鼓的："我杨大秃瓢，走马到屠桥……"在掌声中，在欢笑中，秃鹤赢得了同学们的认可和赞赏。陆鹤的秃头折射了孩子纯真的人性，此时他的光头是美的，是油麻地小学的一道好风景。

秃鹤在失败和挫折中，没有放弃，没有沉沦，通过自己的努力在表演中成长起来，这深深地感动了我。记得有一次，我不小心把头撞了一个大包，回到学校我一直遮遮掩掩，怕同学们笑话我，最后我终于鼓起勇气和同学们讲话，没想到不但没有听到嘲笑，反而得到了很多的关心和帮助。虽然我的挫折和秃鹤相比，算不了什么，但我也从秃鹤的故事中学会了：我们不能决定自己的外表，却能改变自己的心态。只有坚强地面对自己的缺陷，勇于走出生活的困境，才能展现自身的价值，赢得宝贵的尊严。

感谢你，秃鹤，不对，应该是陆鹤，是你让我更加深刻地认识了，什么是自信，什么是勇气。

《草房子》用无数感人的故事、生动鲜明的人物为我展现了一幅幅动人的画面。《草房子》是美的，她的美朴实而厚重，正像铺在房顶的茅草一样，是经久不朽的。

（指导老师：何惠玲）

点评

　　本文重点写《草房子》的"美"，这种"美"其实指的是天真、善良和坚强。作者先引用作家曹文轩有关"美的力量"的著名论述，接着以作品中主人公秃鹤的经历阐释"美"的内涵，再结合个人经历加以印证。文章首尾照应，结构完整，体现出作者有很好的写作意识。（侯桂新）

《朝花夕拾》读后感

沙堆镇中心小学　　曾颖怡

　　《朝花夕拾》是鲁迅所写的唯一一部回忆散文集，原名《旧事重提》。《朝花夕拾》一向得到读者的极高评价。

　　《朝花夕拾》，正同于它另类的名字一样，这本脍炙人口的巨作，是鲁迅先生在风烛残年的岁月里写下的。老了，累了，回味起童年时的点点滴滴，心中还是会有当初的味道，想必还别有一番滋味吧。清晨绽放的鲜花有了晨曦会显得更加娇嫩，到了夕阳西下时去摘取，失去了刚刚盛开时的娇艳与芳菲，晚霞的照射却使它平添了一种风韵，那若有若无的清香在风的导送下，让人浮想联翩。像是在尝一道佳肴，细细咀嚼，幼年时童真的味道留在心头，慢慢漾开。

　　鲁迅的作品可以说是独一无二的。他的作品既不遮遮掩掩，又不追求满是好词佳句的华丽，却更能吸引读者，仿佛在给你讲故事一样。比如范爱农的眼球白多黑少，看人总像在藐视；又比如"却仍然看见满床摆着一个'大'字"。这就是鲁迅在描写人外貌特征和习性时的特别手法。它可以生动地表现出一个人的特点，又增加了幽默感。不管是对他人的赞扬或批评以及对他人的各种看法，鲁迅都毫不掩饰地写出来了。因此，我比较喜欢他的文章，例如《阿长与山海经》。内容大概是这样的：长妈妈是我的保姆，起先，我很讨厌她，特别是她的切切察察，而且她睡相极不好，但她也懂得许多有趣的礼节，是我不耐烦的。之后，她给我讲"长毛"欺压百姓的残忍故事，她伟大的神力让我敬佩。然后，在我极度渴望着《山海经》时，阿长为我买来了。我又一次对她敬佩。最后，她辞了人世，我默默为她祈祷。本文由"我"一次一次对她态度的转变，突出了阿长的朴实。《朝花夕拾》十分耐人寻味，它反映着封建社会的种种陋习：有人吃血馒头，吃人肉。人们的迷信、古板、缠足、互相欺诈等都受到了鲁迅强烈的批判，也让我不由得为那些人们感到悲哀。鲁迅先生是一派大作家，他的童年并不乏味。他是乡下人，却能和城里人一样去读书。少了乡下孩子的粗犷，多了一份知书达理。少了城里孩子的娇气，多了一种大度气派。他怀念在百草园无忧无虑的日子，与小虫子们为伍，仿佛这样的童年才够味儿。

趁大人们一愣神，以神不知鬼不觉的神速钻进百草园。油蛉在这里低唱，蟋蟀也会来伴奏，鲁迅的童年似乎是在一首大自然圆舞曲中度过的。

枯燥、乏味，是对鲁迅先生在三味书斋学习生活的最好诠释。稍稍偷懒一会儿，也会被寿镜吾老先生的一句"人都到哪里去了？"喊回来，整天除了读书还是读书，闲来无趣。

从书卷里散透出的天真烂漫，不经意间似乎也把我感染了，或许鲁迅的文章真有什么魔力吧，他用一个孩子处世不深的目光探射了我的心，引起了我的共鸣。有人说：要看一个人是不是真的会写文章，最主要还是看他的文章里有没有感情。老师也曾说过：只有情感才能把文章变得有血有肉。我不得不承认鲁迅确实厉害，他的一切话语虽然平淡朴实，但炽热的情感却展露无遗。他希望与大自然真正地拥抱在一起，憧憬在山水间流连，向往与小虫子们打成一片。

读着读着，仿若年迈的老人顿时变成了一个活力四射的小孩子，身上散发着阳光般的气息。小的时候，自己也曾拥有过那样的光辉事迹。喜欢坐在河岸边看着鸭子从身前游过，掰着手指头细数"一只，两只……"；喜欢奔跑在林间小道，抛开心中的不愉快，尽情去笑，不用管礼数是否得当；还喜欢躲在一个隐秘的地方，看着同伴进进出出找自己的忙碌身影，最后因为自己躲的技术太高超，同伴无奈，只得向我低头认输。想到这里，心中有种窃喜的感觉，说不上来是什么。好像是一个小小的"阴谋"得逞了，又像是躲过了一场小小的"灾难"。我们的童年渐行渐远，留下的是一个美丽的回忆。让我们在《朝花夕拾》中，去领略一下鲁迅的童年，慢慢体会其中的幸福童年味儿吧。

《朝花夕拾》是对逝去岁月的回忆，有真挚的情怀，有无奈的感伤。欢快的时候我感到有沁人心脾的馨香袭来；郁闷不乐的时候，我感到无名的寂寞前来吞噬。这一切，确实是能真切地感受得到的。

> **点评**
>
> 作者文笔优美，叙事流畅，能够对鲁迅先生经典名篇做出思路清晰的分析，读后体会真诚感人。

人性之美
——《草房子》读后感

东莞市石龙镇中心小学六年级　周琪翔

在这个暑假里，我读了一本书，这本书的名字叫《草房子》。

一片金黄色的麦地，古朴的草房子，带着苦味的艾叶地……那里就是油麻地。在那里生活着一群可爱的孩子：顽皮、聪明的桑桑，秃顶的陆鹤，以及不幸的杜小康。他们是那么纯真、善良，每个人身上都散发出光芒四射的人性之美，不断地冲击着我的心灵。

执着、倔强的美。陆鹤是个秃顶的孩子，常常被人戏弄，起外号叫"秃鹤"。陆鹤十分苦恼，孤独，常常坐在河边偷偷地哭泣，想尽办法掩盖自己的缺陷。但他从不放弃对自己尊严的守护，勇敢地承担了学校参加汇演的秃头角色，并出色地完成了任务，让同学和老师对他刮目相看。他也明白了，只有付出，才能让大家改变对他的看法，只要心灵美，再丑陋的形象也会散发出动人的光芒。

在陆鹤身上，我懂得了尊严的伤害并不是不成功的理由，只有自己尊重自己，才是最好的解药；每个人身上都有闪光点，只要我们善于发现别人的美，欣赏别人，别人也会尊重我们。

勇于承担、坚韧无比的美。杜小康家曾经是油麻地最富有的人家，全家人生活在高大阔气的红门里，但是一夜之间，父亲病了，为了给父亲治病，他的家里变得一贫如洗，学习成绩名列前茅的他，不得不辍学在家，和父亲一起到离家很远的大芦荡里去放鸭。当他们的鸭终于下蛋的时候，又不小心把鸭放进了别人家的鱼塘，吃光了人家的小鱼苗，鸭子和船统统被扣留了，他们的希望又一次破灭了。但杜小康并没有自己怜悯自己，更没有让别人来怜悯自己。他用稚嫩的肩膀毅然地挑起了家庭的重担，在学校门口摆起了小摊，让每个人都看到了他坚韧之后的美丽与优雅。

杜小康的故事告诉我，富有的时候，不能浪费，不能高傲自大；贫穷的时候，也不要自卑，尽自己所能，克服种种困难，想尽一切办法渡过难关。

成长的美。这一切看似平常的往事深深地触动了主人公桑桑的心，在他的心里埋下了爱的种子，他再也不会抢了陆鹤的帽子挂在高高的旗杆上，再也不会把父母的蚊帐拿去捕鱼……他帮细马放羊，陪孤单的秦大奶奶聊天，卖掉心爱的鸽子，把钱借给杜小康当做生意的本钱，忍着病痛的折磨坚持上学，最终战胜了病魔，考上了中学。

这就是人性之美散发出来的独特力量，《草房子》用这些最纯真的爱告诉我们：每个人的一生都不是一帆风顺的，都充满了酸甜苦辣，苦难和幸福犹如白昼和黑夜一样，永远与我们相伴，当苦难来临的时候，我们不能逃避，要满怀希望，微笑着去面对。

（指导老师：黄慧贤）

点评

作者会阅读，擅分析，视角独具一格，逻辑清晰，有理有据，言辞畅达。能够从不同人物身上看到不同的"人性之美"，说明作者善于发现和学习。（侯桂新）

读《谁的青春不迷茫》有感

云浮市郁南县宋桂镇中心小学　朱玮玥

"你觉得孤独就对了，那是让你认识自己的机会。你觉得不被理解就对了，那是让你认清朋友的机会。你觉得黑暗就对了，那是让你发现光芒的机会。你觉得无助就对了，那样你才能知道谁是你的贵人。你觉得迷茫就对了，谁的青春不迷茫。"这段话出自刘同写的《谁的青春不迷茫》，书中讲述了刘同的奋斗过程，还有朋友之情，他写到和自己的朋友一起努力，一起追逐梦想以及在这一过程中友情的变化。

每次想起这些为梦想而奋斗的人，我总是万分激动，思考自己的青春、梦想以及人生。

我知道成长不易，也曾经感到迷茫，我不知道我该做些什么，我想我们正处于青春的时候，或许，我们应该去做一些事情，但是，我又会问自己，你要做什么事？你的方向在哪儿？你能做些什么？但我知道现在我们正是读书的时候，我们要加油努力，奋发向上，多思考，多交流，吸取别人的经验教训，以及对未来抱有无限的希望和保持无限的动力，这样，当我们找到梦想时，我们就已经为实现梦想打下了牢固的基础。当我沮丧时，我懂得，所有的事情，只要我们尽自己最大的能力去做好，努力过、奋斗过，不论结果如何，我们都不会后悔。生活中或许会有很多迷茫、诸多不顺，但这都不能阻挡我们前进的步伐。

正是《谁的青春不迷茫》告诉了我，成长期间会有笑有泪，有成功亦有失败……这本书的作者刘同在北漂十年的奋斗过程中也迷茫过，但他以榜样的力量告诉我，在青春中迷失不可怕，可怕的是坚持不了，所以，向前吧，只要向前，就会有光亮在前方。

所以，当我怀揣着梦想在青春的道路上前进时，我想，就算跌倒了，我也会再站起来，因为我明白"成长的每次低头都是对自己的肯定"，失败乃成功之母。然而人生的选择和挑战也会越来越多，而我需要做的就是走好每一步，做最真实的自己，不让自己后悔，不给自己留下遗憾。

时间在流逝，不知道青春这一首曲子在何时已经悄然奏响，也不知道青春的时光还有多少，但我清楚从现在开始，我们应该为自己的梦想奋斗，努力！一件事只要你坚持得足够久，坚持就会慢慢变成习惯。青春就应该奋斗，虽然会迷茫，但也要最真实的自己，找到方向，为梦想努力！

（指导老师：林映羽）

点评

　　《谁的青春不迷茫》讲述的是奋斗小青年刘同十年逆袭人生的故事，是写给那些都市中焦躁不安、困惑迷茫的年轻人的一部作品。一个人，十年光阴；一座城，瞬息万变。在结构上，小作者在开头概括式地提示"读"，从中引出"感"，在着重抒写感受后，结尾又回扣"读"。综观全文，小作者叙述原文比较简要，读后感的重点落在了联系实际发表感想上，字里行间流露出的是发自内心深处的感受。

万古人间四月天

龙门县龙城第一中学九年级　陈曦

一位身着白衣的女子，手捧一本闲书，煎着一壶茶，坐在古城的亭台上，细细品鉴着小桥流水，古城风韵。看似亲近，实则恍惚，似乎我们之间隔着一席屏风，可望而不可即……

这大概就是我对林徽因最初的影像吧。

没有谁真正了解她，能走近她身边，已是莫大的恩赐。作者白女士不过也是在她灵魂边缘走了一遭，想抬手轻轻触碰已成剪影的灵魂，哪想到，原本的近在咫尺原来依然是一水之隔，不远不近，却永不可及。

林徽因是一支莲，一支纯净清白的莲。或许在江南温柔的湖水、带着潮湿却温润的空气里长大，始终带有属于江南女子的婉约罢，她给人的感受，依然如莲花一般，行走于喧嚣尘世，却依然独善其身，清白淡然。

最为人津津乐道的不过是林徽因的三段风花雪月，这又给林徽因平添神秘的色彩。

作者倒也是性情中人，唯独对徐志摩和林徽因的故事颇有感触。

在浪漫的康桥，两人才初次相见，却不妨碍他们坠入爱河。十六岁的林徽因虽是小家碧玉的模样，但比她年长七岁的徐志摩却清楚地知道，就是她了，那个他所向往的爱情的模样。

两人乘着微风漫步康桥，偎依着读书写诗，时不时相视一笑，在湿润的雨季，两个飘零寂寞的灵魂烤着火取暖，初恋的美好是林徽因这样的女子都无法放手的吧。可是我又错了，她不但放手了，还很干脆，像是没有爱过那般义无反顾。很讶异她为何这么做，却又很清楚，像她这样骄傲的女子，绝不会和已有家室的男子走下去，她不是不爱，只是她从不会让自己太狼狈，即使很爱，也要在能抽离的时刻义无反顾。

多数世人无法理解，也有如张幼仪那般怨，为什么得到了还不珍惜，可林徽因，她是一个爱得清醒的女子，纵然她那时只不过还是碧玉年华，却清楚地明白自己与徐志摩的不可能，在最爱的时候义无反顾地转身，世人看到了在康桥掩面而泣的徐志摩，却没有看到转过身早已泪流满面的林徽因。

像林徽因这样的女子，她习惯了活得清清白白，骨子里向往浪漫，却没有陆小曼那样的勇气和决绝，那样无惧世人的眼光，所以她选择了梁思成。与其说她选择了梁思成，倒不如说她选择了安稳的生活，选择了双脚踩着鹅卵石、脸颊感受得到阳光的温暖的真实感。

她一生最精彩最毫无保留的，不是这些儿女情长，细水长流，而应当是她最感兴趣的古建筑学。当一个人受够了无休止的疼痛和煎熬，总会想找一个舒展筋骨、绽放自己的领域，聪慧的林徽因，她用浪漫的诗文和独特的见解剖析了中国古代建筑，和梁思成一起开创了中国建筑学的先河。

即使战火弥漫，病卧床榻，她唯一没有放弃的便是令她感到安稳、承载着使命的建筑事业。或许她在我们眼里，就应该是诗情画意、纤弱柔情的，是在小城里写写诗作作画的女子，可她偏偏不是。她可以在康桥浪漫写诗听雨，也可以背着箩筐攀爬云梯测量雕石；她可以在香山悠闲诵读诗文，也可以拖着带病的身子编写中国古建筑目录；她可以是含苞待放的花蕾，也可以是久久绽放、花期无限的那支特别的莲。

她很神秘，却又很真实。

她向往烟火世事，便涉足喧嚣，她出手挽救濒危灭绝的景泰蓝传统工艺，又让我看到了揭开面纱的她，这样的她，我觉得真实而可靠，比起开始的仰头而望更多了分尘世的味道。

比起爱情，绽放在建筑事业上的林徽因更令我神往，她的不同，不只是做一支清白纯净的莲，更是对喜欢的事情的执着，对传统工艺建筑的执念。

"一身诗意千寻瀑，万古人间四月天"，用这首诗形容她最贴切不过，她的一生没什么大起大落，却在人生转角处懂得割舍，活得清醒，活得恰好。

你是人间的四月天，是爱，是暖，是希望！

（指导老师：罗彩红）

旷古才情数东坡，绝妙功夫在诗外

——读林语堂《苏东坡传》有感

广东实验中学八年级　　黄菁洋

　　一位是民国大师，一位是北宋文豪——当林语堂遇上苏东坡，这将会是怎样的一种风云际会啊！所以在拿起林语堂所著《苏东坡传》的那一刻，我心里充满了期待。

　　果然，这是一本奇书。书中珍藏着一位千古奇才和他的绝妙故事，让人叹为观止。

　　林大师的笔墨分明带着别具一格的民国流派气息。他的语言平实、直白，却又娓娓道来，如流水行云般清澈流畅，毫无枯燥乏味的违和感。同时，他的热情、他基于做学问而构建作品的方式，为这部人物传奇注入了丰富的内涵。我惊讶于他对资料收集、整理和归纳的翔实、全面与逻辑性，一个有血有肉、才情四射的东坡大学士的鲜活形象就此跃然纸上，让人啧啧称奇，欲罢不能。

　　我相信，这才是一个真实的苏东坡，因为他是被大师用心刻画的，所有的情节和细节都有来由，经得起岁月的推敲。他集诗人、词人、画家、书法家、散文家、美食家和政治家于一身，他留存于世的，不仅仅是万千优美的诗篇和书画文赋，更有散播于大江南北的无数趣闻轶事和造福祉于民众的烙印。"人生如逆旅，我亦是行人"，便是东坡学士对自己的完美写照。

　　我相信，没有人会反对，宋代有一位大才子，"我行日夜向江海，枫叶芦花秋兴长"，大家第一个会想到的一定是苏东坡——如同唐代，首先会想到李白一样。"李苏"便是唐诗宋词世界里的绝代双骄。

李白，或是下水捉月，或是骑鲸飞升，或是粲花之论，或是力士脱靴、贵妃捧砚，无不带有浓浓的仙气和浪漫色彩。

而东坡则不然，他的豪放自有不同一般的才情，"一点浩然气，千里快哉风"。文，则可优雅流畅而不失严谨，位居"唐宋八大家"；诗，则"苏黄"闪耀，开流行先河，广为传颂；词，则"苏辛"扬名，于婉约风气中开创"豪放"一派，为词坛注入生机；书，则独树一帜，有"苏体"流芳；画，则大家风范，"淡妆浓抹总相宜"。他修的湖堤叫苏堤，造福一方，遂成苏杭十八景之首；他因陋就简研究出的一道美食叫"东坡肉"，传为美谈；他还有个也许是杜撰的妹妹苏小妹，但我情愿相信他们之间的有趣故事是真实而有原型的；他还常常和佛印调笑嬉闹，两人曾相互调侃道："狗啃河上（和尚）骨"，"水流东坡湿（诗）"，快乐如童子；他关注国计民生，常和王安石、司马光碰撞政见火花，从而让我们认识到宋代社会发展进步的风起云涌……所以，如果说太白是活在天上的飘逸仙翁，那么东坡就更像人间烟火里的乐天智者，他更真实，更可亲，他可与我们互道"但愿人长久，千里共婵娟"。

太白的仙气自然不能复制，而东坡的魅力更是无法克隆。东坡用儒家的精神入世，用道家的精神出世，用佛家的精神超脱，完美诠释着儒释道三家融合的趋势，是最精彩的北宋文人，没有之一。我最敬佩他的旷达、豪迈与乐观，"荷尽已无擎雨盖，菊残犹有傲霜枝"，他不像陶渊明般把出世作为无法实现人生抱负的末选，也不像辛弃疾一样拿起又放下、放下又拿起。在东坡的眼中，世上没有坏人，一切都很美好，不管是流放还是牢狱，似乎都不能成为击倒他的箭矢。谪居黄州，他兴修水利，救助弃婴，清除恶俗。囊中羞涩时，就买来最便宜的猪肉，潜心研究如何炮制舌尖上最好的风味，于是世上多了一道美食——"东坡肉"；发配岭南，他推广农具，改革税制，虽在蛮荒之地艰难生息，也因有佳果可尝，便能一笑置之，"日啖荔枝三百颗，不辞长作岭南人"了；被贬海南，他教书育人，开化百姓，可谓"身行万里半天下，僧卧一庵初白头"。一窗暖阳，一念心安。虽屡遭逆境，而"任性逍遥，随缘放旷"，笑看风云，初心不变……

感谢林语堂！你让我知道了原来有一样喜爱的东西是多么的重要，尤其是喜爱一个人。因为喜爱，我们才会设法深入地去了解他，探究其最真实的一面。你更让我懂得：原来好的人物传记是可以这样写的，必须用心、用情，付出真诚。

感谢苏东坡！旷古才情，唯有东坡！明月几时有，把酒问青天。你的超脱、你的豁达、你追求的勇气、你所达到的无上境界，都让人敬仰；你的经历丰富了我们的精神生活，并一直激励着我们。

你更让我们学会了一个道理：绝妙功夫在诗外。我们在大千世界里的一切尝试、我们对周遭的细微观察、我们之于各门类各科目的追寻探索，甚至于对琴棋书画、歌舞词赋的或轻尝浅试或深入钻研，都可以成为开阔我们眼界的知识源泉，让我们的生命得到滋润，并最终变得如诗般美丽动人！

正是："天涯何处无芳草"，"江山如画，一时多少豪杰"，数"千古风流人物"，还看东坡啊！

（指导老师：李欢）

点　评

本文以酣畅淋漓的笔墨，描述了自己阅读《苏东坡传》后的所思所感。作者在阅读中深深地投入自己的情感，因此能够贴近作品的主人公，深入他的精神世界，对他的遭遇和人生态度有贴切准确的理解。此外，作者同时注意到《苏东坡传》的作者林语堂，对他的写作方式有准确概括。全文文气贯通，语言流畅，表达精炼，情感浓烈，考虑到作者只是一名初二女生，可谓难得的佳作。（侯桂新）

也请你足够相信
——读《雪幕的后面》有感

陆丰市金厢中学　黄雪君

生活总会遇到不幸，艰苦磨炼也从来不会少，但请你相信：温暖的人心不曾离去，它们可以让你在世上，更加坚强勇敢地生活。无论是熟人的帮助，还是陌生人的举手之劳，那些温暖我们的一直都在。——题记读完常新港的小说《雪幕的后面》，透过那片雪幕垂挂的天空，穿过那一双双挂满泪花的眼睛，我们看到的，是人世间忠贞不变的友情与信义，还有那充满温情的暖意。我相信，支撑张中扬一家人坚持下去的，不仅仅是帮他们渡过难关的三十块钱，更是男主人给予的这份不曾改变过的信任和温暖。

犹记得电影《这个杀手不太冷》中，小孩问：生活是否永远艰辛，还是只有童年如此？大人告诉她：总是如此。

就像故事一开始，程婶的理想因猪得瘟疫死去而破灭，黄癞子因相依为命的狗失去而绝食，刘林爸爸因文革批斗而自杀……似乎生活总喜欢给人们来一点考验，总喜欢让有理想有热情的人失去希望。曾想改变世界的人，现在却一直妥协让步，不免让人感到无力。

这样的时候，我还想到北大，想到卢新宁女士在北大那段著名的演讲："我唯一的害怕，是你们已经不相信了——不相信规则能战胜潜规则……"是的，现实中遇到了这种种困境，还怎么鼓起对生活的信心？

可是读了这个故事，我看到了人性的闪光点，生活总会遇到不幸，艰苦磨炼也从来不会少，可我也相信：现实很残酷，但世界有时很温柔。

来自甘肃身患重度残疾的考生魏祥，年幼时父亲因患重症去世，留下母子相依为命。身残志坚的魏祥，2017年参加高考，取得了648分的优异成绩！他有个梦想：带妈妈一起去清华读书。听起来就像天方夜谭，可清华大学一听他的故事，却破例同意，第一时间留言回复。清华的回信，则在温情之外，透着殷殷期许：即使你踏着荆棘，有泪可挥，仍然不应该失去相信。

魏祥可以相信什么呢？相信社会所能赋予的最大善意；相信人心之暖；还有相信时代不会辜负奋斗者。

不是追逐热点，是真正被感动。不幸的人生，各有各的悲苦。但万幸的是，无论是张中扬一家还是魏祥在经历疾病和困顿后，依然选择了坚强和努力，活成了让我们都尊敬和崇拜的样子。而我更相信，他们身边肯定都有给予他们帮助和支持的人。

还记得成都地铁上，一位行动不便、坐轮椅的乘客上车后，轮椅随着地铁晃动不能停稳，旁边一位小伙子看出他的为难，用手勾住轮椅，脚尖顶住轮子，几个站过去了，小伙子一直没放手。

还记得南京一对小情侣修鞋认识了老爷爷，看爷爷辛苦，天天吃完午饭给爷爷带饭，陪他聊天解闷，风雨无阻。这样的"狗粮"，吃着也觉得温柔。

也还记得那个在冬夜中帮我修车的大叔，他的背影真帅气；那个在旅途中帮我拿行李的大哥，他的笑容真的很亮眼；那个在雨夜候车室递给我温水的大妈，她的手掌真的真的很暖……

请看看吧，我们身边的人处处为我们传达着简单却感人至深的温暖，真是温暖而响亮！这世界的温柔，就像阳光，哪里有裂缝，哪里有缺口，哪里就有光芒和温暖。你的每一次负重前行，都有世界的温柔善意如影随形。而，年轻的我们，历经生活磨砺的我们，在任何时候，都需要足够相信，都需要足够的信仰。

冰心赠葛洛的一首诗中说："爱在左，情在右，在生命的两旁，随时撒种，随时开花，将这一径长途点缀得花香弥漫，使得穿花拂叶的行人，踏着荆棘，不觉痛苦，有泪可挥，不觉悲凉。"对于你来说，来路或许不易，命运或许不公，人生或许悲苦，但无论是生活困顿，抑或身体抱恙，都会有"爱"与"情"相伴。有了这一份爱和暖意相伴，相信未来的你，也会穿花拂叶，除却一身困顿，成就自己的不同凡响。

感谢《雪幕的后面》，这不仅仅是一篇"鸡汤文"，更是让我们学会了相信！

（指导老师：张瑞芬）

点 评

作为小说的背景年代，苦难笼罩着许多人的心灵。但作者却在雪幕后读到了"人性的闪光点"，善意地面对生活，将作品内容与现实生活相结合，感受深刻，有独特的自我思考。

壮哉山河
——读《行者无疆》有感

东华初级中学（生态校区）八年级　李亦凡

初读此书，是在北欧一辆飞驰的列车上。

我们乘坐的是一辆由芬兰首都赫尔辛基出发，开往于北极圈拉普兰地区的夜班火车。发车的时间远未到，一大清早，我兴奋地跑到站台张望，每一节车厢外观都不一样，洁净纯白的雪做底色，麋鹿、猫头鹰、大雁化身美丽的花纹点缀车身。它轻捷地穿梭在芬兰首都和极北之地的山河之间，河流伴它同行，松林向它致意，无数向往远方的旅行者乘坐着它在铁轨上做着甜美的梦，感受着北欧的魅力。我在心底默念塔朗吉的诗："去什么地方呢？这么晚了，美丽的火车，孤独的火车？"

今天的目的地是挪威，去看看那挪威的森林，挪威的极光。

在车上读到了《行者无疆》里的一句话："在人烟稀少的地球极地，时常会有璀璨壮丽千变万化的美丽光带划过夜空，神秘、梦幻，极光，它是极地一道奇异的风景，吸引了无数渴慕的目光。"

尽管内心已早有准备，但当真真正正地看到这光带时还是不由自主地发出了惊叹，画笔都很难描绘出那在严寒的北极空气中嬉戏无常、变化莫测的炫目之光，跳跃、律动、翻转……如流星般划过璀璨的夜空，美之极矣，真是不得不感叹这景色的壮丽。但是，自然如果仅仅停留在"景色之美"的层面上，那实在太肤浅了，更使我入迷的是那种伫立大地、沧桑寂然的孤独之感，破而后立，回肠荡气的快感油然而生，那么大的风雪，从森林的极深远处席卷而来，从渺远古旧的历史深处怒吼而来，终于找回久违的感觉——山河。

不错，这便是整本书的主旨，山河，余秋雨先生想着论证人与山河的关系，这个问题很大，很缥缈，很虚幻。是这样的，世界上真正的大问题都鸿蒙难解，过于清晰的回答只是一种逻辑安慰，不过没关系，这并不妨碍我们从字里行间中寻找属于个人的一种精神状态。

人们依赖于山河，或者说依赖于"山"与"河"，大河文明视野开阔，通达远近，崇尚流变，这一点，早已被历史证明。由这样的文明产生的机敏、应时、锐进、开通等品质也就是所谓的"智"；与此相对比，山地文明则会以敦厚淳朴、安然自足、万古不移的形态给我们带来定力，这就是所谓的"仁"。"仁者乐山，智者乐水"这话很有道理，正如此书所讲："水的哲学是不舍昼夜，山的哲学是不知日月。"尤其是在这挪威，这北欧，山傍于水，给人的感觉更是巧妙，空灵，深邃，五感上的冲击转化成了寂寞，萧索，这，正是山河的本来面目。

令人遗憾，国人的思想观实在是被社会的现实深深毒害，缺乏一种浪漫的天真，这就使得人们难于品味自然的美学。美，不是华灯初放、簇簇璀璨，也不是霓虹闪烁、人影憧憧，整个城市都浮在表面。周国平先生说得好："物质的繁荣反衬的是精神的空虚，尘世的幸福带来的是幻灭之感。"随着对社会慢慢地接触，经常会听到有人怨叹社会阴暗，生活不顺意，每每听至此不禁哑然失笑，那些压迫着我们的事业与荣誉，对于这无限的世界又算得了什么？他们正是把自己框入物质的桎梏中才始终放不下。

突然想起关于古希腊最早的哲学家泰勒斯的一则广为流传的故事：有一回，泰勒斯走在路上，抬头仰望天上的星辰，思考着哲学，如此入迷，竟然不小心掉进了路旁的一口井里。这情景被一个姑娘看见了，便嘲笑他只顾看天而忘了地上的事情，姑娘的嘲笑也许不无道理，不过，我想泰勒斯一定会回答她说："人类如此渺小，与这星辰日月相比又算得了什么？忙于地上的碎事而忘了看天看地看山河更是一种可笑的无知。"

且不说人间琐事，再宏伟的史诗也留不住，只剩下与之相关的无言山河。陆游说："细雨骑驴入剑门。"剑门是权力地图的千古雄关，但消解它的只是雨，只是驴。

顾炎武说，"常将《汉书》挂牛角"，煌煌汉代，也就那么晃荡在牛角上了，那牛，正走在深秋黄昏的山道间。

陆游、顾炎武他们在旅行中让人间的事变小，变轻，变软，这颇合余秋雨先生写此书的用意：历史是山河铸造的，连山河都可以随脚而过，那历史就更不在话下了。

也许有那么一天，你突然觉得世事不够好，悲怆太多，突然开始嫉恨无聊的社会斗争，那就来看看这本《行者无疆》吧，将此书带在身上，开始一段天人之间的旅程，一步也不停滞，一步也不重复，一路繁花，一路云霓。记住，千万不要负了这驼铃沙海，枯枝夕阳，也不要负了这旷野大风，霜雪千里，更不要负了这无穷无尽无边无际的山河。

我们这片土地，由于承载太多战鼓马蹄、仁义道德的惶惶之声而十分自满，却也终于为脚下山河传来的一种神秘而轻柔的声音让出了空间。

孟浩然真乃豪士也，在览山之时发出如此感叹："人事有代谢，往来成古今。江山留胜迹，我辈复登临！"

我从来不相信那些高谈阔论，只愿观察山河大地的脸色和眼神。

山河，壮哉！

这是一篇视野开阔、才情飞扬、思考独到的文章。视野开阔体现在小作者将自己的旅行和阅读联系在一起，将读书与读山河读人生联系起来，文章有大格局大气象。才情飞扬体现在文章优美的语言，更体现在作者广博的阅读，对经典句子的引用信手拈来，用得恰到好处，实属难得。思考独到体现在作者对《行者无疆》中的观点有吸纳，但更有自己的思考和看法，"我从来不相信那些高谈阔论，只愿观察山河大地的脸色和眼神"，是的，在山河大地的睿智和博大面前，我们人类是何其的渺小！

常读常新的《红岩》

——《红岩》读后感

广东实验中学七年级　许舒越

初遇《红岩》，是在小学一年级的一天。

我在图书馆里发现一本落满灰的书，我拭去灰尘，看见封面上赫然写着"红岩"两个字，心中不免一阵疑惑：红岩，红色的岩石？正因不解，所以便翻看起来。

翻开书的扉页，写着一行字，大意是说这是一本必读书目还是名著什么的，早已记不清了，只记得那行字成功挑起了我的好奇心。一本写石头的书怎么那么有名呢？我在心中默默地想，决定探个究竟。

于是接着往后翻，尽是些不认识的字，只弄明白书中有一群好人（共产党员），一个叫许云什么的人，还有一个叫江什么琴、人称江姐的女人是他们的"头儿"。还有一群坏人（国民党员和特务），一个叫毛人凤的家伙是他们的一个"小头目"，他们真正的幕后老板是个被人称作"老头子"、叫什么介石的一个坏家伙。

然后这群好人居然给那群坏人关进了坏人去的地方——监狱。那些坏人居然还打人，杀人，而且打的杀的还全是好人！

当时幼小的我根本不知道，也无法理解，那些革命先烈们，为了胜利的曙光，为了祖国的黎明，为了我们今天的生活，承受了多少苦难，付出了多少心血，又付出了多少代价。

囫囵翻完这本书，心中甚是不解：难道共产党员是坏人？不可能。那为什么好人会被关进监狱里去呢？终是无解。

再次遇到《红岩》，已经是三年以后了。

班上在举行传阅书籍的活动，传到我手中的，是一本《红岩》。因为要做读书报告，而一年级时根本没看出什么名堂，只好重头读起。

我本不愿去阅读这样一本"红色经典"。一是因为觉得名字看起来就没趣儿，二是因为有看过的同学告诉我，这本书有些血腥，三是觉得可能是本讲抗日的书，毫无兴趣。于是我任由它在我的抽屉里静躺了数日，最终迫于读书报告的压力开始阅读。

就这样，《红岩》带着历史的沉重感再次进入我的世界，在我眼前以文字的方式缓缓讲述了一段所有人都不应该忘记的顽强抗争历史。

没想到事情就此一发不可收拾了。

我简直像是爱上了这本书，反反复复，颠来倒去，看了许多遍，还想再看几次，再看几次。并不是因为我有暴力倾向，看来寻刺激，而是因为这本书告诉了我一些我不知道的人，我不知道的事。这些伟大的人做了许多伟大的事，正是这些伟大的人和事构筑起了新中国的未来。

就是因为《红岩》，我在四年级的那个春天，在真正意义上明白了，为什么人们总说，我们现在的幸福生活来之不易。

再度遇见《红岩》，又是三年之后。

我买来了《红岩》，怀着一颗敬仰的心去阅读。

因为我知道，不仅书中有那么多英雄人物，就连《红岩》的作者，罗广斌和杨益言也曾是被关在集中营里的政治犯。

对于每一个政治犯来说，在集中营里的日子都是不堪回首的，无论是自己所受过的严酷的美国刑法；还是眼睁睁地看着战友一个个被带走，然后遍体鳞伤地回来，甚至是永远回不来了，这些对于他们来说都是心底最深的痛。

而罗广斌和杨益言却把这一切写了下来，自然是要承受更大的痛苦。可他们愿意，因为他们的书让世人了解到了国民党特务那些滔天的罪行，惨无人道的刑法，还给了那些惨死的人们一个公道。

这何尝又不是一种高尚精神的体现呢？

有人问我，最喜欢书中的哪个人物。我沉默一阵，对他说，不应该用喜欢，而应该用敬佩。对于我来说，我最敬佩的人自然是华子良了。

多少年来，他装疯卖傻，不与组织联系，才躲过了阴险的特务。在最危急的时刻，发挥了他的作用。

他按照罗世文同志临死前的嘱咐，找到了齐晓轩，成功和白公馆的党组织接上了头。在特务面前他假装疯癫，冰冷无情；实则内心冷静，波澜不惊，如此才得以让特务对他一百个放心，他才得以和监狱外的地下党接上头。

可以说，如果没有华子良，或者他没有假装疯癫，那白公馆的地下党和监狱外的地下党自然没那么容易取得联系，越狱自然也可能会失败。所以，我最敬佩的人物是华子良。

猛然间，思绪回到了初遇《红岩》的那一天，厚厚的黑灰积在书的封面上，待我囫囵翻完两手早已变黑。显而易见，已经许久没人碰过这本书了。

《红岩》从历史中向我们走来，渴望让我们了解那一段谁都不应忘却的历史，却又被我们无情地封存在历史中。

其实不只是《红岩》，还有许许多多的"红色经典"从历史中走来，等待我们去翻阅、去了解。

且让我们怀着一颗敬仰的心，走近它们，走近那些尘封已久的"红色历史"。

（指导老师：丁之境）

点评

　　《红岩》是以描写重庆解放前夕严酷的地下斗争，特别是狱中斗争为主要内容的长篇小说。小作者叙述了自己三次阅读《红岩》并逐步深化的过程，展示了和平年代的年青一代破解与革命传统文化的时代隔膜的心路转变历程。该读后感的观点鲜明，感想深刻，语言清新质朴，层次清楚。

请保持对生活的热忱

——读《千万个明天》有感

阳江市实验学校七年级　余家惠

你可曾在尘寰的苦难中趑趄而行，秉持着最后一丝信念孤独无望地徘徊着？你可曾为了那千万个明天而迈出坚定的一步，为了迎接那黎明的曙光勇敢地推开明天的一扇窗？

女孩海瑟薇满怀着对带有神秘色彩的大海的期待同父母来到泰国攀牙海湾度假，那澄碧的天空、湛蓝的大海让海瑟薇恍若置身于仙境中。当海瑟薇还沉醉在这趟旅程的喜悦中时，一场灾难却悄然而至——突如其来的强烈海潮贪婪地舔舐过海滩，所有的美丽在那一瞬化作雾霭，沉重地蒙在每个人的心上，而海瑟薇的父亲，永远，永远地消逝在浪花的残沫中……在失去父亲的日子里，海瑟薇与悲痛欲绝的母亲相依为命，错失与坚守，无望与希望，无奈与承受，逃避与担当，交错成海瑟薇苦涩的心绪。

然而明天的阳光依旧灿烂，明天的世界还有温暖，海瑟薇守望着未来，怀抱着希望，她的忧伤，渐淡渐远，她的坚韧，却愈发清晰。海瑟薇在经历了种种苦痛后，卸下了曾经的脆弱，她成长着，不再彷徨。

海瑟薇的明天，让我陷入了沉思。海瑟薇失去了父亲，她曾痛哭过，彷徨过，失意过，甚至永远都不愿再触及内心最柔软的部分，但生活的脚步未曾停歇，她还拥有那可恨又可爱的千万个明天，有何理由不让眼泪凝结成信念为生命注入希望呢？

明天，一个多么美好的概念！在感受过海瑟薇的坚强后，我的心久久无法平静。不知从何时起，曾经少不更事的我变得多愁善感，我时常会为生活中的琐事而焦躁不安，甚至感到前途渺茫，迷惘和恐惧会占据我的心灵。也许是因为偶尔的成绩不理想，也许是因为父母和老师的一句善意的苛责，也许是因为某件事不能完成得很好，我都会像笼中困兽一般，想极力挣脱束缚，逃避现实。蓦然回首，却发现那个脸上总挂着无忧无虑笑容的我，已在迷途上渐行渐远。我时常在想：为什么生活中要有那么多的不幸？为什么我总是不能成为心目中更完美的自己？为什么每一个明天都让我感到窒息？说真的，我厌恶生活中的不幸，更厌恶这样的自己！现在，我明白了：豁达与迷惘，欢欣与痛苦，这是生活，亦是自我成长的过程。

明天的阳光，很暖。比起逃避，如今的我，更愿意勇敢地推开明天的一扇窗，让笑容溢满我的脸庞，让明天的阳光洒满我的双颊。我开始敞开心扉，去接纳那个不完美的自己。我试着坚强，告诉自己唯有信念是宝贵的，我的未来不是不可及的梦。我会以一颗炽热的心，热忱地拥抱明天，让明天的美好漫过心间。

推开明天的一扇窗，你会发现，生命的多彩远远高于它的浑噩。无论生活有多么不堪，请记住，你还拥有千万个明天，那可恨又可爱的千万个明天。那么，请保持对生活的热忱吧！

（指导老师：刘湘兰）

点评

作者用细腻生动的语言写出了自己对《千万个明天》这本书的阅读感悟，联系自身实际，感悟深刻，表达了作者对生活与未来充满积极乐观情绪的思想，读来振奋人心。

作者紧抓着"明天"这个概念来写读后感，由海瑟薇的千万个明天联系到自己的千万个明天，由"我"恐惧明天到期待明天，后半段的直抒胸臆很打动人。

走，去旅行！
——读毕淑敏《愿你与这世界温暖相拥》有感

珠海市九洲中学　禹闻野

不久前，有人向我念起，儿时就渴望去一趟天山，去看一看那飞泻如银链般的雪水、蜿蜒无尽的翠绿森林和灿若云霞的牧场黄昏。只是十几年来，仍未曾实现。我仅付之一笑，不置可否。

那一天，翻开毕淑敏的书，那纯净的文字，却引得我浮想联翩。

旅行是既不安全也不舒适的，但它能带给我们流光溢彩、繁花似锦的世界。当我走过的路渐渐漫远，当我双眸注视过的东西渐渐繁多，当我闻过的气味渐渐五花八门起来，我就不由自主地宽容起来，接纳世界的不同与丰富。

我小时候爬过黄山。下山时，赏景是一种奢侈。拄着一根孤零零的拐杖，一瘸一拐地往下挪。后来遇见一位和善的伯伯，在地上对我写了一个大大的字——好，这给了我莫大的勇气，支撑着我走完最后那段艰难疲惫的路。到了山脚后，满满的都是喜悦与成就感。

长大后去了鼓浪屿。蓝得让人忘记自己存在的大海，翻卷的浪花如羊群一般柔美。朝霞和晚霞，若万点碎金缀满天边，瑰丽如火。海风洗去一切浮躁，一切都是安静和缓慢的。多少人慕名前来，只为享受片刻宁静与安闲。

游览过阿尔卑斯山。万年积雪的山峰，不含一点杂质的白雪。山下，有蜿蜒的河流，零散的木屋，如茵的绿草养育了肥壮的牛羊，蓝蓝的天空飘着朵朵白云。看着这一切，仿佛自己也变成了一只怡然自得的羊，与这里的人们一样安逸、幸福地活着。

旅行让我知道，在我没有降生的那些岁月，大自然盛大的恩典和严酷的惩罚。旅行中我也知道了人不可以骄傲，天地何其寂寥，峰峦何其高耸，海洋何其阔大。

终于，我来到了天山。傍晚时分，因排队长龙长时间不肯挪动脚步，我突发奇想，独自一人走上西线栈道，趁这余晖普照，赏一番天地壮景。晚风夹杂着冷湿气扑面而来，木扶手下便是万丈悬崖，令人不寒而栗。天门山并不比周围的山高多少，站在山顶上，没有感到一览众山小的豪情壮志，却深刻体会到了内心的孤独与苍茫的意境。群山连绵起伏，参天古木织起深绿外衣披在其上，满眼都是绿色，幽深的峡谷让人不敢往下看，它好像张着血盆大口，下一秒就会用这噬人的绿将你一口吞进无尽的空洞……突然，有一种不属于我的力量迅速从肩膀传遍全身，我猛地转过身——原来一位好心的游客，提醒我别愣在那了。哎，虚惊一场！不过这恰好打断了我不切实际的想入非非，开始了认真的思索。

人站在山顶上，大多会产生一种崇高的敬意，有时还会感到些许害怕，这和那自然界的伟大力量是有很大关系的。登上山顶就算征服了这座山的想法是可笑的，置身山间，人会非常深刻地意识到自我与自然相比，是多么渺小。无论个人干出多么惊天动地的壮举，与这亘古屹立的崇山峻岭相比，都不过是沧海一粟，所以人更应做的，不是一味索取和妄想征服自然，而是尊重自然，敬畏自然。

可这些，都已经是回忆了。

你有多少天没有仰望过星空？还能找到北斗星的位置吗？有多少天没有到公园中玩耍，看到盛开的花朵，闻到芬芳了？你有多少天没有听到纯净的流水声，也就是干净的大海和深山的小溪发出的声响？

很多人都会说，很久很久了。

我也是。

当世界高速运转，面对巨大的学习压力或工作压力，有几个人会想到抬头看一看漫天繁星，向流星许个心愿？去旅行的愿望，看远方的冲动，许多都封锁在心灵深处了吧？

电脑屏幕上出现最多的景色，

是大自然，尤以绿色为多。

草地或是森林，

还有盛开的天真烂漫的花。

为什么不把电脑屏幕上的大自然换成真的风景，迈开双腿去旅行？

旅行，

不但指身体空间移动，

更是心灵的飞翔之途。

我们需要在大自然中尽情遨游，回归自我！去旅行，不一定要去远方，在周围的小公园，寻一处静谧角落，听一听鸟儿的歌声，闻一闻花朵的清香，看一看蝴蝶的彩衣，就是一场心灵的旅行！

每次去海边跑步，跑着跑着，就会有那么一瞬间，忘却了一切世俗喧嚣，感觉四肢变得轻盈，腾空跃起，飞向了蓝色的天际和金色的太阳。那种与自然融为一体的感觉，很自由，很快乐！

我们走很远的路，

花了很多时间，

然后成为自己。

旅行的最终目的就是回归自然，找回本真。不要让青春年岁里美好的希冀变成了每个午夜梦回的美好梦想，抽出点时间，来一场说走就走的旅行，相信你我会有很大收获！

走，去旅行！

（指导老师：王欢）

点 评

沉浸在书中的感觉，是人被书感染升华成了"新的自己"；跳出书的感觉，是"新的自己"引领着自己向高处、深处、广处走。本文中，作者并没有像常规的读后感那样先引出观点，再联系现实写感悟，而是一次次择取书中原句，即时感应，即时联想，那恐怕是因为在阅读中，书中的境界、生活的境界与思想境界，"三界"已经交融。这种沉浸在书中的感觉，真好。（郑文富）

人间有味，最是清欢
——读《人生最美是清欢》有感

乐昌市新时代学校八年级　张灯蓉

在复杂的世界里做一个简单的人，以清净心看世界，以欢喜心过生活。——题记

记得寒假去图书馆借书时，一眼就看到了《人生最美是清欢》这本书。书的装帧虽然不是很华丽，却处处都透着一种清新淡雅、古香古色的感觉。

翻开书页，林清玄的每一字一句都是从生活的点点滴滴、从自己人生的每一份体会中感悟出来的，明明是最普通的生活小事，却能从他的笔触中感受到诗情画意与温柔从容。书中开头引用了苏轼的一阕词：

细雨斜风作晓寒，淡烟疏柳媚晴滩。入淮清洛渐漫漫。

雪沫乳花浮午盏，蓼茸蒿笋试春盘。人间有味是清欢。

清欢，到底什么是清欢呢？林清玄认为：清欢，不同于"人生在世不称意，明朝散发弄扁舟"的自我放逐；不同于"人生得意须尽欢，莫使金樽空对月"的尽情欢乐；也不同于"人生不相见，动如参与商"的那种无奈。当一个人感觉到野菜的清香胜过了山珍海味，或者看出路边的石子比钻石更有魅力，或者聆听林间鸟鸣比提笼遛鸟更令人感兴趣，或者体会到静静地品一壶茶比吃一顿喧闹的晚宴更能清洗心灵……他就懂得了人生的"清欢"。

可现在的人，反倒以清为苦，以浊为欢。

林清玄说，现在的人的欢乐，是到油烟爆起、卫生堪虑的啤酒屋去吃炒蟋蟀，是到昏天黑地、不见天日的卡拉OK去乱唱一气，是到乡村野店、胡乱搭成的土鸡山庄去豪饮一番……以这些污浊的放逸的生活为欢乐，想起来难免是可悲的事。

清欢，不是来自别处，正是来自对平静的疏淡的简朴的生活的一种热爱。晴天徒步行走，感受阳光的温暖，风的和煦；闲暇时品一品茶，感受茶叶的清香，让心静一静；到周末骑骑自行车，感受大自然的味道，领略一路风景……可在如今这个加速前进的时代，大多数人的心都是浮躁的，他们利欲熏心，急功近利，贪得无厌，"清欢"之人愈来愈少。那些为追名逐利、拼命奔波而错过身边很多美好幸福事物的人，让人不免为之叹惋。

在这个喧嚣浮躁的世界里，其实生活的好与坏并不一定和富贵、贫穷有关，而是你用何种心态去面对和体会你所拥有的生活；你快乐与否，在于你是否守得住自己内心的小天地，能否不为世俗流言所迫，不为物欲横流所动。

"人生最美是清欢"，心若开阔，万事皆明。愿我们在这个复杂的世界里做一个简单的人，以清净的心看世界，以欢喜心过生活，不浮不躁，不慌不忙，淡定从容地过好这一生。

（指导老师：黄斯娟）

点评

很喜欢这篇读后感，评价、感受与原文有机结合，行文流畅，语言优美。

初中组

二等奖

饮食人生
——读《雅舍谈吃》有感

潮安区松昌实验学校八年级　蔡睿昕

尝天下美食，品百味人生。——题记

读梁实秋先生的《雅舍谈吃》，仿佛在书页之间吃透八大菜系，尝遍960万平方公里的山珍，试遍300万平方公里的海味。

读罢，我就笑着想："梁老一生忙碌于食事，不觉得腻吗？"于是我也回忆起我自己的食事。

先前我在珠海一家颇有名气的馆子吃过这么一道菜：窗花般的饺子皮轻掩着如月光一般剔透的虾仁，并夹着一小株西洋菜，配以高汤。轻轻咬开，仿佛剥开春日里最嫩的笋衣，而虾仁的鲜甜与微弹则让我像是驾驭着海上的波涛。

这是极其精致的一餐，而我也吃过极其简朴而又不失讲究的一餐。

打完球，冲完澡。我下了12只白菜水饺，任它们在沸水之间起伏。煮完，取来一只碗，倒入一勺9度米醋，加一小勺酱油和一筷尖辣椒末，与白糖拌匀。

一碗水饺，合着自调的醋，我吃得津津有味。那天电视播着《舌尖上的中国》，可内容我早已忘得一干二净，那顿饺子的滋味却是常常萦绕舌尖。

想到这里，我便明白了梁实秋先生的意思：人生就是"食事"，生活即是一顿顿家常、一餐餐山珍构成。早晨的一小盅燕窝是一种人生，寒夜的一大杯冬菜泡水也是一种人生。就像我们再熟悉不过的首富马化腾，他大可选择早上吃燕窝，可他却选择了十分简朴的早餐：喝粥。并且他还将此归功于家乡人的习惯："我们潮州人都一样，早上都是喝粥。"事实上，这种习惯便是他节俭的人生观的一处体现。

而生活中的起伏，不过是酸甜与苦辣的变化，但无论如何都能够给予我们满足感，给予我们前行的力量。

一册《雅舍谈吃》，看似食饱酒足之言，实则阐述了一种人生观：一饮一食，一荤一素，即是人生！

（指导老师：魏少娜）

点 评

从字里行间能体会到小作者对于饮食文化与生活的独特体会。作者用自己的触角，写出自己独特的心理感受。行文如流水，巧妙地表达自己的情感。

执着坚守，忠贞报国
——读《苏武传》有感

阳江市实验学校八年级　陈景倩

十九年的执着，十九年的追求，十九年的坚守。——题记

十九年，天地苍茫，芸芸众生中又有多少个十九年，然而，苏武却贡献他十九年的岁月书写着一卷民族不屈的历史。

全文重点记述了苏武留胡十九年备受艰辛而坚持民族气节的事迹。面对卫律的软硬兼施，苏武以正气凛然的怒斥将其喝退；匈奴企图用艰苦的生活条件来消磨苏武的斗志，然而苏武以不可磨灭的爱国精神再一次粉碎了匈奴的险恶用心；在故友李陵劝降下，苏武以可贵的气节将他那尚未泯灭的爱国之情、羞恶之心唤醒……

　　"留匈奴凡十九岁，始以强壮出，及还，须发尽白"，人生不过百年，十九年，又谈何之长！苏武"强壮出"，出使时正当壮年，回归故国却已是"须发尽白"，幸而虽历尽磨难，但终是完成了使者的使命，维护了国家的尊严，保持了民族气节，荣归故里！这便是苏武的十九年。

　　人的一生，青春，弹指一挥。十九个春秋，几度风云变幻，苏武用他的执着，用他的忠贞，用他那如烈火般熊熊燃烧的热情，挽回了祖国的尊严，民族的尊严！

　　那么我们的青春呢？我们早已度过那天真烂漫的豆蔻年华，步入了风华正茂的青春时代。在我们仅度过的青春中，有多少人在温柔梦乡中沉醉？有多少人在虚度年华中沉沦？又有多少人在困难与磨难中跪倒？可有人想过，若苏武在他十九年的青春中，为享受安定，贪图安逸，害怕困难，跪倒在威胁利诱面前，那么，再多的十九年也是毫无意义的浪费！

　　习近平总书记曾说过："奋斗本身就是一种幸福，只有奋斗的人生才能称得上幸福的人生。"的确，不同于苏武所在的历史时代的残酷，在我们如今这么辉煌的中国新时代，我们又能凭借怎样的理由，不去拼搏，不去奋斗？一个民族的伟大复兴，不是一个人、少数人能完成的，它需要千千万万个普通的人，却又如苏武般有着不普通的精神的人去参与，去创造。习总书记平时多次表明："在参与创造伟大时代的同时，也是在创造自己美好的人生，祖国是你个人成就的放大器，借时代之力才有机会实现自我突破。"我们每个人都有自己的梦想，而新时代就是实现梦想的时代！

　　苏武，不仅仅是历史名人，还是一座精神丰碑，我们应传承他那至高的品格——传承他的坚毅，传承他的勇敢，传承他那爱国的忠贞之心。活着，不是降临于世间潇洒走一回，也不是只做生命的过客。活着，就要充满力量！不要再荒废青春了，让我们在当下的新中国、新时代，绽放属于自己的千万光辉！让我们用仅剩的青春去创造一个光辉绚烂的不悔年华吧！

（指导老师：林珊珊）

点评

　　文章词雅文练，意义深长。作者对苏武的形象有着独到的深刻见解，并且联系习近平主席新时代的思想得出：新时代就是实现梦想的时代，我们要为之奋斗不止。文章与时俱进，富有时代气息。

固传统之根，树文化之本

——《百科全书之民俗文化》读后有感

云浮市邓发纪念中学七年级　何宓忻

　　人们常说，"中国文化博大精深"，可其实，并不是所有人都会真正去了解中国文化的内涵。中国文化上下五千年，当中蕴含着古代人民劳动与智慧的结晶，是中国人立世之根。

　　悠远博大的中国文化里，最基本的是中国的节日文化。中国传统节日，诸如春节、元宵节、清明节等由来已久、内涵丰富。传统节日中，也蕴含着许多饮食文化，如最基本的春节吃水饺。吃水饺取"更岁交子"之意，子为"子时"，交与"饺"谐音，有"喜庆团圆"和"吉祥如意"的意思。再如元宵节吃汤圆，取与"团圆"字音相近，有团圆之意，象征全家人团团圆圆、和睦幸福。人们也以此怀念离别的亲人，寄托了人们对未来生活的美好愿望。多姿多彩又意义深刻的种种文化，给这些本淡然无味的传统节日抹了一把色彩，让人们对这些悠远的传统节日又多了几分敬佩。

　　华夏民族发展到如今，一些习俗已经约定俗成，流遍家家户户大街小巷，是中国人民不能丢弃的瑰宝。每一个传统节日都蕴含着华夏民族对未来生活的美好愿望，代表着古时人民智慧的结晶。多少诗句是在佳节时有感而发，如在重阳节时，岑参创作的《行军九日思长安故园》；又有多少名画描绘着佳节时人民的活动……这些都是传统节日宝贵的证明。传统文化是中国人民的根，是中国流动不息的血脉！我们不能遗忘传统文化，要理解它当中蕴含的内涵，保护传统文化。

　　传统节日中繁琐的仪式在节奏越来越快的当下慢慢被淡化，每念起此事我都叹息不已。可随着"情人节""圣诞节"一类的"洋"节的兴起，越来越多的中国人更热忱于过从外国传入的节日，反而遗忘与不重视传统节日。甚至有人毫不在乎地说："传统节日也太无聊了，还是外国节日更有意思，更自由。"可是，作为中国人，在各地遍地宣传、大张旗鼓地过外国节日，却在过自己本土的节日时得过且过，泱泱大国千年文化何存？当圣诞节到来时，满街都挂着"圣诞老人"，放着"圣诞快乐"。但当清明节到来时，大街上人群满满吃喝玩乐，不愿去祭祖祭拜英灵。无数人们感叹着年味不浓了，春节不像从前那般有意思了，可是在追求仪式感的同时，大家却不愿和家里老人们一起贴春联包饺子，各个抱着手机刷。推开中国传统节日的人们啊，请苏醒吧，去欣赏我们中国的传统文化，去理解中国传统文化的内涵，做一个有表有里的中国人！

中国文化上下五千年，当中蕴含着古代人民智慧的结晶，是中国人的根。重视并保护中国的传统文化，是每个中国人应尽的义务。传统节日是中国历史长河中一颗颗璀璨的明珠，我们不能丢弃民族文化的根本。

点评

本文关注到了当下中国人不重视中国传统节日的问题，并从多个角度进行了分析，这是非常有现实意义的。读后感要直面现实，不仅在善于发现问题，还要善于分析问题，本文作者能够指出很多中国人不爱过中国节日，是因为在他们心目中中国节日不如外国节日有意思，这是有一定见地的。这个问题，该如何解决呢？（郑文富）

五味杂陈的回忆录

茂名市第一中学附属学校九年级　李明睿

一个人做到只剩了回忆的时候，生涯大概总要算是无聊了罢，但有时竟会连回忆都没有……　——题记

《朝花夕拾》，顾名思义，"朝"表示早晨，这里指早年时候；"夕"表示傍晚，这里指晚年时期。书名的意思是早晨盛开的鲜花，傍晚的时候摘取或捡起，这里指鲁迅先生在晚年回忆童年时期、少年时期、青年时期的人和事。

我不了解为什么鲁迅把"旧事重提"改成了"朝花夕拾"，但不得不说，这夕拾的朝花，已不仅仅是旧事，反倒是新事、喜事、伤心事。

采一束映着朝颜的花，我细细地品，品出了一言难尽的人生五味。

酸

的确，看鲁迅的文本有点酸，什么酸？心酸。例如《父亲的病》，作者不从正面写家道衰败的颓唐，而是通过父亲口里说的絮絮的话写出。作者左右奔波瞻前顾后的疲态，表面上是祥和安平，但心里却按捺不住。到篇尾，衍太太唆使作者大叫父亲，却成为遗留给作者的"最大的错处"。这一故事感人肺腑，其中又不乏暗中对衍太太这个自私多言使坏形象的嘲讽。

甜

不说阿长与鲁迅过年时行礼的温馨，也不说看社戏、看五猖会时的快活热闹，单提起百草园"油蛉在低唱，蟋蟀们在这里弹琴"的童趣，一切心里感受的天真烂漫，一切体味的亲切柔情，又似乎搭上了独特的鲁氏桥，进入了甜美的童年故乡。

苦

无意间成了所谓"名人""正人君子"的仇敌是苦，阿长、父亲的逝世是苦，永别的藤野先生是苦，跳进旧国内的"大染缸"而不得解脱更是苦。革命苦，百姓苦，苦了鲁迅，也苦出了这本在暴虐、阴暗、乌烟瘴气中趟过的《朝花夕拾》。

辣

辣——鲁迅的本色。辛辣的笔风，自然会有其笔尖直指的人群。像《二十四孝图》，是一本讲中国古代二十四个孝子故事的书，配有图画，主要目的是宣扬封建的孝道。鲁迅先生从自己小时候阅读《二十四孝图》的感受入手，重点描写了在阅读《老莱娱亲》和《郭巨埋儿》两个故事时所引起的强烈反感，形象地揭露了封建孝道的虚伪和残酷，揭示了旧中国儿童可怜的悲惨处境。作品也对当时反对白话文、提倡复古的倾向予以了尖锐的抨击。

咸

咸，泪水的味道。朴实感人的散文，就足以催人泪下。旧事的点滴，是《朝花夕拾》可歌可泣的盐分，染咸的是回忆，溅起的是读者深思的心灵。

"这种感觉，恐怕是怀抱者不乏其人，而且由来已久的，不过大抵不敢毅然删改，笔之于书……"

看过的回忆录，大也是风花月残、捕风捉影的闲情逸致，倒没见过这夕拾的朝花也别有风味，也是，百味不离其宗，朝花夕拾一样艳。

（指导老师：杨思婷）

齐天大圣地上行者
——读《西游记》有感

惠阳一中九年级　李善雅

　　磐石育灵根，心随日月生。上可入天，谓大圣，一棒将天宫闹翻颠覆，一战功成名扬。下可行地，跪一人为师，今生护他始终一途平九九八十一难，长路漫漫，战无不胜，攻无不克，道一声立地成佛，这世间便没了魔。

　　还记得那水帘飞溅老树青藤，那百万天兵纵横捭阖，那佛祖指间铁丸铜汁五指峰，那女儿国鸳鸯罗帐，那铁棒醉舞妖魔，那七十二变幻乱迷浊。

　　孙悟空的身手不凡，世人皆知，他本可以一个跟头越山千纵，腾空万里，却为何，要拜那唐三藏为师，为上报四重恩，愿穷尽一生护他一万八千里求经平安，"万丈高楼平地起"……不论道路是迷雾重重扑朔迷离，是荆棘遍野坎坷难行，是天寒地冻寸步难前，又或是七月流火铄石流金，都无捷径可行，若非脚踏实地，成功便只是虚言。

　　谁叫悟空身手不凡，十万雷霆轰动乾坤却不能将他禁锢，"我要这山断不了来路，我要这水挡不住归途，我要天地都为我让步"这句歌词完美地诠释了齐天大圣，他棒尖一点便是一片山崩地裂，他腾云驾雾驭电驰风，他这种目上无尘目下空的气概给我带来了挥之不去的敬羡，一位朋友曾与我说过，"当你走路带风之时，你就活成了你想成为的人"，这大概就是我所认为的成功与自豪吧。

　　佛，从人从弗，人表意，表示看不清楚，弗表声，有"不正而使其正"之义，佛有八大戒，这头一戒便是杀生戒，即不得杀生，而悟空为护唐三藏周全，这一路披荆斩棘沾染了不少鲜血，六尘不改。佛曰："救人一命胜造七级浮屠。"如来又为何封他为佛？这人间，毕竟他真正走过，一途平九百波九千错，所杀者皆妖魔鬼怪当惩之人，他不忘初心，一心向佛，战鬼神，佛缘斗中生，终渡成正果，获"斗战胜佛"之称。做人要有一双慧眼，明辨是非善恶，坚决同黑暗势力斗争，而非纵容邪恶肆意泛滥。

孙悟空踏碎灵霄的神通广大被束缚在金箍和如来的镇压下，悟空本身如玄铁心似明镜，生来便注定是佛门中人，却因他的放肆桀骜终究难逃种种约束。虽说"没有规矩不成方圆"，没了规矩，这社会必定落入无尽的深渊，但我却认为这拘束了齐天大圣应有的本领，让我们看到的并非一个完整的齐天大圣，他的骨子里是不驯的，他想要这荒诞的规矩当作个闹剧结束，只不过金箍当头，欲说还休。就像现在的家长对孩子自小要求苛刻，以学习为由施加重担。我却认为，这童年，自然得天真无邪，无拘无束，若是束缚了孩子的天性，拘束了这种最初最纯净的天性，便也算是犯下一项大错。

不变的是故事，变的是我的感触。

（指导老师：曾红坚）

点评

从说文解字的角度来解说孙悟空为何成佛，别致新颖。小作者在行文中使用四字词语如信手拈来，可见文字功底不一般。

从战无不胜的孙悟空到心思明镜的斗战胜佛，作者的笔下字字玉珠，把这个家喻户晓的角色描写得淋漓尽致。（杨建国）

谆谆世语 悠悠深情
——读《傅雷家书》有感

博罗县柏塘中学八年级 利鑫冰

每个人都有生身父母，大都体会过父母的慈爱和教诲。当我读着这本家书，感到的是另一番教诲，不是老师的教导，不是长者的叮嘱，而是父母对儿女的关切，这就是《傅雷家书》。那一封封家书，就像一次次珍贵的谈心，我则像一个乖孩子在感受着，聆听着，用心铭记着。

《傅雷家书》是我国著名文学艺术翻译家傅雷及其夫人写给孩子傅聪、傅敏的家信摘编，是一部最好的艺术学徒修养读物，也是一部充满着父爱的苦心孤诣、呕心沥血的教子篇。书中收录了1954年至1966年间傅雷及其夫人写给两个儿子（主要是长子傅聪）的家信100多封。傅雷写的不仅仅是给儿子的家书，更是一个个鲜活的人生哲理。在信中，傅雷常常以自己的亲身经历为例教导儿子如何做人、做事，关心儿子的生活和成长。

静静翻开这本书，就像细细品味着深沉的父爱一样，当中有许多令我感动的细节，感触颇深。如当傅聪演奏成功时，傅雷马上去信给予鼓励："以演奏而论，我觉得大体很好，一气呵成，精神饱满，细腻的地方非常细腻，音色变化的确很多，我们听了都很高兴。"当孩子经受痛苦时，他说："辛酸的眼泪是培养你心灵的酒浆，不经历尖锐的痛苦的人，不会有深厚博大的同情心。"在与儿子的交往中，他说："我高兴的是我又多了一个朋友，儿子变成朋友，世界上有什么事可以和这种幸福相比的。"而且，他谦虚诚恳地说："我与儿子的相处中，学得了忍耐，学到了说话的技巧，学到了把感情升华。教会我们如何和孩子相处，以怎样的一种姿态交往。"

这是怎么样的一个父亲呢？

这是一个有极高的人格魅力和艺术修养的父亲。

这是一个懂得鼓励和安慰孩子的父亲。

这是一个和蔼可亲，亦师亦友的父亲。

正是这样一个博学、睿智、正直、和蔼的父亲，通过言传身教，用良好的家教培养出了两个出色的孩子。一个好的家庭教育，对孩子的成长来说至关重要，它可以决定一个孩子的一生，傅雷用良好的方法把他的儿子教育成才，让人赞不绝口。

也许大家都在羡慕傅聪，羡慕他能拥有傅雷这样一位作为翻译家和艺术评论家的父亲，都在感慨为什么我不能也有这样一位父亲呢？

我想起了我的父亲。

我的父亲是一个普通的乡镇工人，平平淡淡，默默无闻。他没有傅雷的博学，不懂外语，更不懂艺术，但这并不影响他在平凡中折射出伟大！

父亲经常为了我的生活，为了我的学习，为了我能拥有好的成绩，费尽心血，这同样是伟大！

父亲寡言少语，当我获得成功或者遭遇挫折时，他虽然没有华丽的辞藻，也说不出什么至理名言，却总能用他独具特色的憨厚笑脸给我鼓励和安慰。

每个周末回家，我都给他唱新近学会的歌曲。此时，不懂音律的父亲总会端坐沙发前，满脸欣赏地沉醉其中，仿佛从女儿口中唱出的就是天籁。最大的幸福，就是陪伴，父亲的陪伴让我的成长不再孤单。

《傅雷家书》真的让我获益良多，也让我更加了解父母的心理，让我更懂得了父爱，让我从谆谆世语中懂得了那悠悠深情！

（指导老师：巫丽燕）

点 评

本文语言朴实自然，自然流淌，同时现身说法，联想到自己的父亲，真情流露。作者能够恰当地引用原文，有较深刻的感悟。（杨建国）

追忆过去，展望未来

——读《红岩》有感

博罗县柏塘中学七年级　刘慧敏

那个梦里，我又梦到了罗广斌、杨益言的《红岩》中和蔼可亲的江姐和坚忍的许云峰，他们在谈论革命胜利后的那一天。尽管，革命尚未成功，同志还在努力，但，他们的脸上都流露出对未来的希冀。

《红岩》是一部红色小说，这部小说讲述了中华人民共和国成立前夕，重庆地区的地下党员英勇斗争的故事，包括他们以《挺进报》为阵地，宣传革命思想；集体罢工、罢课；还有他们在渣滓洞、白公馆与反动派做斗争。

让我印象最深刻的，是江姐被提审后敌人施刑的那个场景。"这些都是我们党的秘密，你们休想从我口中得到任何材料！"这是一位共产党员对自己工作的保密，是一位共产党员对上级信任的不辜负。"一根竹签对准她的指尖……血水飞溅……""毒刑拷打丝毫也不能使江姐开口""竹签深深地撕裂着血肉""江姐仍然昏迷地躺在床上，呼吸微弱，咬紧牙关，仿佛在努力抵抗着痛苦的感觉，不让自己叫出声来"。作为一名女共产党员，江姐却忍受了男共产党员都无法承受的痛苦。她是痛苦的，她是坚毅的，她是自豪的。江姐是值得我们学习的，江姐是值得每一个共产党员学习的。即使感到自己的手如撕裂一般，但她仍把党的机密死死地藏在心里。这是一位共产党员的忠诚，一位女共产党员的坚毅、坚忍。正是一位又一位像江姐一样不怕牺牲、不惧受伤、对党忠诚的共产党员，才开创了新中国。我忘不了他们的奉献！

忘不了，忘不了与"猩猩"做斗争的壮士们；忘不了，忘不了在白公馆宁死不屈的勇士；忘不了，忘不了寄出《挺进报》的艰辛；忘不了，忘不了一次次学生起义；忘不了……鲜血染红了山脚的那一块岩石，革命烈士的鲜血从不白流，他们的奉献和牺牲从不白费，他们的英勇事迹铭刻在我的心里，铭刻在每一个中国人的心里。

当五星红旗冉冉升起的时候，我又想起了那些为开创新中国所牺牲的烈士们，是他们的牺牲、他们的血肉、他们的爱国情怀，开创了新中国。他们是好样的，江姐是好样的，许云峰是好样的，余新江是好样的，所有为祖国贡献的革命烈士都是好样的！看，中国创造了一个又一个奇迹。

看看现在，中国发展得多么辉煌！看，FAST已经成功建造，它是人类历史上最大的射电望远镜；看，世界上最大的水陆两用飞机AG600已经成功试飞；看，全球最大的海上钻井平台蓝鲸二号已经成功下水；看，世界上最大的起重船振华30，是中国自主建造的。中国已经发展起来了，看着辉煌的今天，我们一定不能忘了前辈们的牺牲。是他们，铸就了我们今天的辉煌。

"历史是勇敢者创造的，让我们拿出信心，采取行动，携手向未来前进。"习总书记的这句话，是鼓励，也是规定。未来是属于开拓者的，而开拓者往往能缅怀过去，活在当下，更会展望未来！

让我们怀着对《红岩》里各位烈士的怀念，开拓未来。在读完《红岩》的那一刻，我只感觉热血在我心中沸腾，我恨不得自己也是其中的一分子，和他们一起，逃出监狱，奔向未来，迎着明日的太阳，开创新未来。

我们是新时代的接班人，不能忘记各位先烈的牺牲，要铭记历史，更要展望未来，为实现中国梦，加油，努力！

（指导老师：陈淑霞）

《活着》读后感

广铁一中八年级 刘若水

"人是为活着本身而活着的，而不是为了活着之外的任何事物所活着。"这一句话出现在余华先生的自序里，也揭示了《活着》这本书的主题和想要传达给我们的道理。

这本书主要讲了老农民福贵的一生，他跨越了中国从国民党到共产党统治的时期，中国过去六十年所发生的一切灾难，都一一发生在福贵和他的家庭中。然而福贵在经历了这一切后仍然能平静、淡然地活着，这是最感动我的地方。

"有时候我想想伤心，有时候想想又很踏实，家里人全是我送的葬，全是我亲手埋的，到了有一天我腿一伸，也不用担心谁了。"在外孙子因每天吃大豆撑死以后，福贵已经一个亲人也没有了，然而他并没有轻生的想法，反而"想想又很踏实"。到风烛残年之时，他依然牵着一头老牛做伴过日子。在旁人眼里，福贵是个苦难中的幸存者，但是我想，福贵他自己，一定是感到幸福的，他在活着，他在生活。在讲述自己的过去时，他不像其他老人，"被困苦的生活损坏了记忆，面对往事显得木讷"，反而很乐于回想过去，讲述自己，在自己的回忆里一次次重度此生。

他经历了太多苦难，然而在回忆起来时，他仍然传达出了幸福与希望，他相信自己的妻子是世界上最好的妻子，他相信自己的子女也是世界上最好的子女，他有他的女婿、他的外孙，还有一头与他重名的老牛。生活并没有将他压垮，他是胜者，他是时间的主人。在他身上体现的是一种超然，也是作者想向我们传达的"高尚不是那种单纯的美好，而是对一切事物理解之后的超然，对善和恶一视同仁，用同情的目光看待世界"。

读完这本书后，我觉得我是幸运的，因为我不需要为了生存而挣扎；我也感觉到了我的幼稚，为了自己的各种愿望而活着，偶尔达不到目的还会想结束生命。常看新闻，有的人觉得自己命运不好，对自己的前途不抱有希望，于是选择在世界上消失。我想如果他们读完这本书，应该就不会这么轻率地下决定了吧。对命运最有力的反抗，是对生命的召唤。福贵教给我的乐观，我也将永远铭记。

"黄昏正在转瞬即逝，黑夜从天而降了。我看到广阔的土地袒露着结实的胸膛，那是召唤的姿态，就像女人召唤着她们的儿女，土地召唤着黑夜来临。"

点评

"人是为活着本身而活着的，而不是为了活着之外的任何事物所活着。"这是《活着》所要向读者表达的主题。面对苦难的超然，在历经万难后仍坚强地活着，小作者是读懂作品的。

《活着》是作家余华的代表作之一，讲述了在大时代背景下，随着内战及"三反五反""大跃进""文化大革命"等社会变革，徐福贵的人生和家庭不断经受着苦难，到了最后，所有亲人都先后离他而去，仅剩下年老的他和一头老牛相依为命。小作者首先引述材料，简述原文有关内容，接着进行反思，发表了自己对"活着"的看法。该读后感的观点鲜明，语言清新质朴，层次也比较清楚。

无所谓风雨，无所谓晴天

——读《苏东坡传》有感

广东实验中学七年级　马晓童

回首向来萧瑟处，归去，也无风雨也无晴。——题记在孩提时期就知道苏东坡，不过真正认识苏东坡，是读了《苏东坡传》之后。

苏东坡一生命运坎坷，仕途崎岖，但这并不能阻挡他前进的脚步。王安石得势，几乎所有忠良贤能之士都弃官而去。苏东坡在连上三书之后，不出所料地被贬，但他并未因此退缩。他将新政的弊处诉诸笔端，因此得罪了当权的群小，遭到逮捕，险些丧命。但苏东坡说："若遇饭中有蝇，仍需吐出。"于是群小继续对他进行迫害，在接下来的时间里，他屡遭贬谪，甚至被贬当时的蛮荒之地——海南岛！

可是那些被认为可以打倒苏东坡的措施却没使他们达到目的，苏东坡赴任之处政通人和，他处处为百姓着想，颇受百姓爱戴。他研究佛道、访山水，与高洁之士相交。林语堂先生这样评价这位文坛巨子："苏东坡始终富有青春活力。他虽然饱受忧患拂逆，他的人生更趋温厚和厚道，并没变成尖酸刻薄。"

正如林语堂先生所言，苏东坡像一阵清风过了一生。苏东坡一生清贫但为人坦荡，再看那些得势的小人，即使能保自己一世荣华，却不可能有苏东坡半分安逸。他们的生活充斥着算计与仇恨。其实所谓权力、地位，不过是过眼烟云，又何必为权所困，落得一世骂名。

我欣赏苏东坡，因为他有"人生如梦，一尊还酹江月"的豪迈气概，有"十年生死两茫茫，不思量，自难忘"的真挚感情，有"谁道人生无再少？门前流水尚能西"的超旷爽朗，有"老夫聊发少年狂，左牵黄，右擎苍"的壮志踌躇。他的诗词，才情横溢，有对这个世间的感叹与哲思，表现了他对人生的豁达态度以及他善良的心理。

但在这本书中，我更喜欢作者通过一些平常的小事，描绘出的那个孩童般的苏东坡。他对世事乐观，保持内心的天真，发自内心地快乐和诚恳！

我特别喜欢苏东坡与苏小妹的一次玩笑，东坡先生调侃苏小妹额头高："未出堂前三五步，额头先到画堂前。"苏小妹也不甘示弱："去年一滴相思泪，今年方流到嘴边。"表示苏东坡脸极长。其次是苏东坡的诗风诗意："回首长安佳丽地，三十年前，我是风流帅"，这是《蝶恋花·送潘大临》的片段，原意是送别潘大临，但诗中却透露出他的小自恋！最后一首打油诗《戏张先》，这首诗是苏东坡对八十岁的张先纳十八岁的小妾的调侃，能把"老牛吃嫩草"写得如此清新脱俗不惹人嫌，苏轼也算古今第一人了！苏东坡能够到处快乐满足，就是因为他对世事时刻持乐观的态度。其幽默风趣的言语特点类似我们现在网络语言当中的"段子"，这么说来，苏东坡在当时也可称得上"段子手"了吧!

在《苏东坡传》的原序中,林语堂先生写到"我写《苏东坡传》并没有什么特别的理由,只是以此为快乐",如果林语堂先生以写《苏东坡传》为快乐,那么读《苏东坡传》也是一种快乐!可以从字里行间读出人物的个性,品尝人物的喜怒哀乐,并从他的事迹中得到受益一生的启示。

世事难料,生命中的大雨总是不期而至,倘若已身在雨中,不妨边唱边走。无所谓风雨,无所谓晴天。真正的智者,在生活的夹缝中也能活出摇曳风姿。愿我们所有人像苏东坡一样,面对困难坎坷能够一笑置之,懂得苦中作乐,乐观而行。

(指导老师:邓鹏)

点评

国学大师林语堂的《苏东坡传》是中国现代文学史上长篇传记开标立范之作。该书讲述的苏东坡是一个秉性难改的乐天派,是悲天悯人的道德家,是散文作家,是新派的画家等。小作者在简要概述苏东坡的生平及经历之后,以细腻而独特的笔触表达了自己对苏东坡的欣赏,体现了较强的驾驭语言文字的功底。

人生缘何不快乐,只因未读苏东坡

——读《苏东坡传》有感

番禺区洛城中学　宁嘉美

对苏东坡的了解,在阅读本书之前,不过就是那个写《水调歌头·明月几时有》的才子,那个写《江城子·密州出猎》的胸襟博大的诗人,那个每次都仅仅局限在语文课本最下方注释里的东坡居士。可是,要了解一个人怎能是蜻蜓点水流于表面呢?

花了三周课余时间读完林语堂先生的《苏东坡传》,说实话,一开始我是没有心情和兴趣老老实实安安静静一字一句地读下去的。我先草草浏览了他的生平，似是更多的凄苦胜于豪情。他总是因为与别人政见不合而被朝廷驱逐流放，他总是因为自身的才气焕发而引人嫉妒招致祸端。但是读着读着，逐渐地我被他身上独特的气质感染了，他的才情八斗，他的超然洒脱，他的幽默风趣，他的人间烟火之气，都让我会心一笑，怪不得有人说，苏东坡集神、人、鬼于一身。要问我心中的苏东坡是个什么样的人，他便是一个快乐爽朗、热爱生活的人，是一个有独立精神，不随波逐流的人，是一个热爱美食、行侠仗义的人，是一个豪迈阔达、随遇而安的人。

他是至情至性、刚直不阿的人。他不随波逐流，数十年宦海浮沉，陷于流俗与通变之争，苏东坡历经颠沛流离，妻离子散，一度穷困到无炊米度日。作为元祐党人的精神领袖，他为民请命，忠言直谏，抗争不息，却未曾有丝毫妥协与退却。苏东坡他选择了抒发自己，尽管被贬被驱逐被流放，尽管他在江湖里闯荡三十余年，正是由于他放荡不羁爱自由，才映照了他"老夫聊发少年狂"的热血勃发，才造就了这样一个多情、才华横溢的苏东坡。苏东坡是刚直的。尽管有过数次因诗而被捕、受审的经历，但他仍然不改犀利词风。好友刘恕罢官出京时，他写诗讽刺"群乌未可辨雌雄"，后又写"犹诵麦青青"，对官场荣耀表示鄙夷之意。在某次刚刚被释出狱后，即写诗两首，随后自己也掷笔笑道我真是不可救药！

苏东坡是幸福快乐的掌门人，因为他有很多很多的朋友。有人评价他的半个自己都是为朋友而活着。他一生交友无数，知己遍天下，兄弟情深，妻妾对其关爱有加。尽管不如意事众多，如朝云笑言其"一肚子不合时宜"，但他的生活又怎可不称为过得快乐。

苏东坡也是多情真挚的化身。他的《江城子·乙卯正月二十日夜记梦》一词，"十年生死两茫茫"更成千古绝唱。对其亡妻寄以情思，与其"大江东去"风格迥异，凄婉哀伤。在朝云因瘟疫早逝后，他在《朝云墓志铭》和《悼朝云》一诗中，均表达了对朝云的深切情爱与伤痛，每位读者卷罢都是潸然泪下，痛彻心扉。对一个人，要爱得有多深，才能写出这样一首令局外人都肝肠寸断的诗篇呢？

苏东坡是热爱生活的。其余不必说，仅在美食方面，就有轶事、传说数桩。他自己研究烹饪之法，自己酿酒，更是留下了东坡肉、东坡壶以传后世。他在诗词中，也多次提及美食——无竹令人俗，无肉使人瘦。不俗又不瘦，竹笋焖猪肉；长江绕郭知鱼美，好竹连山觉笋香；蒌蒿满地芦芽短，正是河豚欲上时；日啖荔枝三百颗，不辞长作岭南人，等等，不一而足。

林语堂说："东坡一去不复返，但是他留给我们的精神魅力，他带给人们灵魂的快乐，都是亘古不朽的宝藏。"走近苏轼，犹如翻开一本带着历史厚重感，飘着淡淡书香，混了一丝灵气与人间烟火，每一处字迹都鲜活跳动，使人禁不住心静、忍不住去亲近的书卷。苏东坡能用一颗永远天真烂漫的童心来看待人间，他为人处世一直保持着他特有的诙谐、幽默、机智和达观。人生不如意者常八九，最好的办法就是像苏东坡那样，"一蓑烟雨任平生"，以旷达的胸襟来对待人间所有的苦难与不幸。

一个人做到超然豁达，还有什么能够打败他呢！

（指导老师：詹纯丽）

点评

作者视野开阔，习作内容充实，结构清晰明了，用自己的阅读感受贯穿全文，叙事、说理、抒情，立体地展现了苏东坡感人的形象，有作者个人独立的思考和感悟的魅力。

作者能够把握《苏东坡传》的主要内容，从几个主要方面概括出苏东坡的形象及为人，可谓走进了苏东坡的精神世界。作为一名初中生，作者的语言表达功力不俗。（侯桂新）

一次心灵的交流
——读《朝花夕拾》有感

肇庆市广宁县何楮铭纪念中学九年级　欧钰婷

在旧中国，曾有一位先生以笔代剑，直指旧制度的阴暗残酷，犀利坚毅地挑出旧道德的丑恶嘴脸。在遭受迫害时，他仍能坚定不移地写出"横眉冷对千夫指，俯首甘为孺子牛"的豪迈诗句，不懈地为中国的民主解放而斗争，为民族的自尊而呼号。他，就是我们伟大的革命家——鲁迅先生。

读鲁迅的散文集《朝花夕拾》，让我感受到在充满温馨回忆和理性批判的词句之间，无不饱含着睿智的锋芒和战斗激情。

在鲁迅先生的《百草园与三味书屋》《阿长与山海经》中，对童年的怀念和美好人性的赞扬，在朴实的文字中点滴流露，让我的脑海里不禁浮现出墨绿的盛夏，耳畔响起清脆的蝉鸣，机灵的叫天子在百草园中撺掇；还有长妈妈的粗鲁睡姿，私塾先生对我循序渐进的严厉要求。在平实的文字中，丝丝缕缕的怀念与深情萦绕而生，紧紧地扣住了我的心，仿佛燥热烦闷的夏天也因为小小的百草园一角而明亮、活泼起来。

在鲁迅先生的《父亲的病》中，回忆父亲治病的过程，"名医"竟然会开出一对蟋蟀要原配、"败鼓皮丸"类奇怪荒谬的药引！表面上排面得体，实质上却是赤裸裸草菅人命，弄虚作假，勒索钱财！而我又想到，现代社会这样的行为竟仍有常见。

某些商家为了钱财，不惜违背道德准则，牺牲别人的利益，甚至做出伤天害理的事情。换个角度想，这些行为的起点都是源于人们无穷无尽的欲望，贪婪，自私，冷酷！例如最近的一则新闻，"19岁少女跳楼，群众起哄怂恿"，当我看到少女掉下的瞬间，群众大声尖叫鼓掌甚至拍视频到网上博取关注，楼上消防员却因为没有救到女孩而撕心裂肺地痛哭时，我的眼泪簌然而下！这些人是没有心的吗？！若是那时，群众不是以一个看客的身份事不关己高高挂起，怂恿讽刺，而是劝说安慰并引导女孩，那么会不会是另外一种结局呢？我认为，这些看客与鲁迅先生笔下的"名医"相差无几，贪婪，冷酷，自私！

有人曾说，"鲁迅精神，最核心之处在于他不屈不挠地外抗帝国侵略，内反独裁专制"，鲁迅先生一辈子都在为中国的革命事业而奋斗。不管过了多久，当我再翻开《朝花夕拾》，仿佛又看到了鲁迅那坚毅倔强的目光，把世间的丑恶都看个透彻，用思想引导我们前进。

中国是在世界上冉冉升起的一颗明星。强大精深的文化软实力，日新月异的科技成就，还有一张鼓满春风的航帆，充满号召力与希望的未来蓝图。因此，我希望我们中国人民树立并培养更高的价值观，提高自身的素质。鲁迅曾说"学医救不了中国"，但是读书能！为崇高的梦想而不断奋斗能！让我们撸起袖子加油干！愿祖国能够更加繁华，前程似锦！

（指导老师：何银霞）

你是这一生不败的蔷薇

——读《我拿什么还你，外婆》有感

陆丰市金厢中学　吴炜思

　　潺潺流水间，时间过得飞快。轻轻地捧着这本有着蔷薇般颜色的图书，细细想着蔷薇的模样在窗外生长。是的，我曾见过蔷薇，很好看，粉嫩的花朵儿引人注目。翻看着殷建灵的《我拿什么还你，外婆》，看着作者把他对外婆的思念和感激娓娓道来，我的思绪如蔷薇的花儿般慢慢地绽开来……

　　对外婆的回忆，藏在我记忆中最深刻的地方，埋在我心里最柔软的地方。

　　当我从妈妈的肚子里跑出来的那一刻，我就被定义成不会幸福的孩子。因为爷爷奶奶的"重男轻女"，我的到来，并没有给这个家庭带来喜悦，反而是增添了一笔阴沉。从医院回到家，奶奶就抱来一个小男孩，要交换，爸爸妈妈断然拒绝了。因为爸爸的工作要经常出差，妈妈便选择带我回外婆家住。在外婆家，我被捧在手心里。小时候，因为我需要补充营养，家里的鸡蛋都留着给我，每天一个（现在，我不喜欢吃鸡蛋，因为我怕想起外婆）。带我回家的时候，家里还有很多孩子，但是，家里好吃的都留给了我。跟我同一时期出生的表妹，都没有受到如我这般的宠爱。在外婆家住了三年，我和妈妈才回到奶奶家。小小的人儿，记忆不好，但是外婆的模样，却深深刻在脑海里。

　　每一次去外婆家，我都要住好久好久。每次，都是我和外婆一个被窝，外婆搂着我，给我讲我小时候的事情，而我在被窝里拱来拱去。习惯早起的外婆，因为我的到来，打破了自己的习惯。在外婆的臂弯里，睡得很踏实。每天早上，都是被外婆亲醒的，外婆会问我想没想她，有多么想她。我会在她的腋窝里蹭一蹭，然后告诉她我有多想她。在我的记忆中，与外婆相连的还有屋前的菜园。每次到外婆家，我都会先去菜园一趟。因为，菜园里都是外婆留下的痕迹，美丽的葡萄架，慵懒的玫瑰花，嫩绿的小葱，整齐的黄瓜架……可最让我记忆深刻的却是外婆种的蔷薇，因为那是外婆最喜欢的花。

当我上学后，去外婆家的日子便越来越少，但是，无论我与外婆多长时间没见面，都丝毫不能减少我对外婆的爱。说真的，我从来都没有想过死亡，更没想过外婆会死亡。因为，我从小到大的梦想里，最重要的主人公都是外婆。但一切都发生得太快，让我措手不及。外婆生病了，很久之后我才知道，我便立即去医院看望她。可悲的是这些年，我都不知道外婆爱吃什么，只能买我能想到的。到了医院，看着骨瘦如柴的外婆，我心疼极了。我第一次给外婆做全身按摩，摸着她干裂的皮肤，眼泪在眼眶中打转。

后来，因为上学再也没去看过外婆，只能从妈妈口中得知外婆的情况。转眼到了六年级，面临着升中学，更是没有时间回家。终于考完了试回到了家，爸妈却告诉了一个让我崩溃的消息。外婆走了，我愣住了，不相信。我努力地让自己平静，走到妈妈面前，用颤抖的声音，询问妈妈，好希望是一场玩笑。但是，我得到的答案，让我大脑一片空白，我不敢相信这是真的。我就像丢了魂魄一样，呆呆的。所有的人，都安慰我，外婆害怕耽误我的学习，所以就没让人告诉我她的病情。没错，所有人都知道外婆的离去，只有我，只有我什么都不知道。为什么，为什么不让我看外婆最后一面？没见上外婆最后一面成了我至今唯一的遗憾。

现在呢，我终于可以去外婆家了，但是却缺了外婆。我平静地踏过门槛走进房间，屋里的一切都没有变，却缺了最爱我的人。外婆走了两年，可是我对她的想念从来没有变过。时间过得很快，我又多了很多弟弟妹妹，但是，却没有一个人可以跟我一起怀念。因为，他们从来不知道外婆的存在，他们永远不会懂。外婆呵护了我，养育了我，宠爱了我，教育了我。但是，我却从未为她做过什么。因为"学习"，我们错过了很多，这是一个最说服不了自己的理由。这辈子，她的位置，无可替代。我以后会跟我的孩子说，我有一个如此疼爱自己的外婆。

"蒲公英的花我的话，请带到外婆她的家。"每当听到西单女孩的《外婆》总会不由自主地想念外婆，再次看看围墙外的蔷薇，随着长势已经出墙了些许。记得曾经看到过蔷薇的寓意，美与善，坚强纯洁真挚朴素，正是如此。

外婆，你是这一生不败的蔷薇。

（指导老师：张瑞芳）

点评

小作者由书联想到自己的外婆，抒发了对外婆的思念之情，文章情感真挚，语言流畅自然。

家门永为你开
——读《傅雷家书》有感

东莞市茶山中学　杨浩东

何为亲情？难道就是简简单单的血浓于水？

何为父母之爱？难道就是简简单单的关怀备至？

我深深凝望着《傅雷家书》里那一段段动人的文字，思绪飞得很高很远……

近百封的家书是亲情的见证。傅雷的家书是充满哲理的，如人生路途中的指示灯。家书时而严峻冷静，那是渴望儿子早日成才的良苦用心；家书时而惠风和畅，那是鼓励儿子追寻艺术高峰的殷殷之情；家书时而琐屑家常，那是引导儿子热爱祖国的一片赤诚。字里行间深藏着父亲对儿子的爱和思念；母亲朱梅馥的信则充满生活气息，字里行间都散发着浓郁的母爱，那是一位母亲在故乡无时无刻不在思念孩子的苦涩和寂寞，傅聪母亲的信燃我情，动我心，催我泪。这一封封家书文字虽朴实，寓意却如此深邃动人。

余晖入屋，光影斑驳，微风过处，暗香浮动。窗外的桂花一片金黄。

虔诚地合上书，深深地沉醉在经典的魅力之中。

能钻进我心里的就是这段话，我可以把这段话背下来："……孩子不向父母诉苦向谁诉呢？我们不来安慰你，又该谁来安慰你呢？人一辈子都在高潮—低潮中浮沉，唯有庸碌的人，生活才如死水一般；或者要有极高的修养，方能廓然无累，真正的解脱。只要高潮不过分使你紧张，低潮不过分使你颓废，就好了。太阳太强烈，会把五谷晒焦；雨水太猛，也会淹死庄稼。我们只求心理相当平衡，不至于受伤而已。你也不是栽了筋斗爬不起来的人。"

我是真的羡慕傅聪，但我不是傅聪，我父亲也不是翻译家傅雷。

此刻，我想起往昔的种种，心里满是愧疚。我辜负了父母的厚望，一次次令他们失望，我总想变成大人逃离学校，不喜欢老师，不喜欢永远做不完的作业，成为老师办公室的"常客"。当父母耐心教育我时，那叛逆的我却总想离家出走，逃离父母，我伤透了他们的心。

而现在时间仿佛在无形中甩给我一记又一记的耳光。

我的爸爸做体力活，每天回家已满脸疲惫，眉心有个"川"字，但他每次都会亲切地拍拍我的肩膀，对我憨厚地笑笑。着急我的成绩，却又怕我不高兴，不敢问，总是欲言又止的样子。

那一封封温暖的家书，让我想起儿时母亲给我唱的摇篮曲，父亲牵着蹒跚学步的我，母亲教着牙牙学语的我……父母总会在某个角落看着你，看你在人生路上越走越远。我想我的爸爸妈妈渴望儿子长大成才的心，跟傅雷家书里傅雷渴望傅聪早日成才的心是相通的。我想我能够做的是：学习经典中那种心无旁骛、刻苦、有耐力的精神，不轻言放弃。我想我往后要坚持的是：与经典同行，遇见最好的自己。

《傅雷家书》里，亲情是伟大的，想念一个人是无距离的，父母无时无刻不在想念着你，无论相隔多远，爱总能传达。

累了就回来歇歇吧，家门永为你开！

（指导老师：简翠兰）

点评

"与经典同行，遇见最好的自己"，这篇读后感很好地阐释了作者的这句话。小作者从《傅雷家书》中读出了父母深沉的爱，并由此联系到自己曾经的叛逆和父母永恒的宽容，然后决定做最好的自己。这就是阅读的魅力，阅读致善，阅读致远，阅读成就最美好的自己。本文语言优美流畅，结构精巧，感情真挚，想必也是书香浸润之效吧。

时代的悲剧

——《穆斯林的葬礼》读后感

广州市广铁一中　张斐媛

用了不少时间，看完了《穆斯林的葬礼》，明显地体会到在自己看书的时间里，情绪非常容易受到作者的感染。总体上整本书阐述了几个关键词：执着、爱情、时代、信仰。

首先是执着，最突出的莫过于韩子奇，他一生对玉器的喜爱，对玉器的追求，都达到了无法言喻的地步。初次在梁家见到玉器，他便深深地爱上了它。初次触摸玉器，打破玉碗，给了他一辈子紧紧抓住玉器的机会，给了他与玉相伴一生的机会。为了替自己的玉器师傅报仇，他忍辱三年，不仅练习了琢玉的技艺，更偷学了汇远斋的生意技艺。他玉器生意兴隆，还大办了玉器展，夺得"玉王"名号，风光无限。正是他对玉器的喜爱，对玉器的执着成就了他。但也是他这份执着毁了他。在侵华战争即将全面爆发之际，他舍弃妻子带着自己所珍爱的玉器到了大洋彼岸的英国。从传统意义上讲，一个真正喜爱自己妻子的丈夫是不会也不应该做出这样的选择的，但他实在是太爱自己的这些玉器了，不得不带上它们离开家园。他的这次离开，给了他人从中作梗的机会，导致了下一代的悲剧，而下一代的悲剧成了他后半生不能言说的痛苦。他的这份执着成就了他的辉煌，让他成为与"玉魔"老人并驾齐驱的"玉王"，也导致了他后半生的痛苦不堪，女儿在痛苦中离世，儿子压抑自己的各种想法默默无言地生活。直到生命的最后，在弥留阶段他才稍微意识到自己的这份执着，可惜一切都已经晚了。

爱情。书中的爱情有两种，一种是韩新月和楚雁潮那样的爱情，一种是韩子奇和梁君璧那样的爱情。韩新月和她的老师楚雁潮的爱情是纯真的、美好的、所有人都向往的爱情。韩子奇和梁君璧那样的爱情更像是亲情，是由于最初的报恩而走到一起的两个人之间产生的感情。第一种爱情模式还存在于韩子奇和梁冰玉，或者梁冰玉和奥利弗之间，虽然以上两对关系并没有韩新月和楚雁潮那样美好，但至少更像是爱情，是由两个人个体之间的相互吸引而引起的。而与梁君璧、韩子奇的爱情模式类似的是他们的儿子韩天星，他和陈淑彦之间也很难说存在着爱情，他们是在家人朋友的安排、催促以及欺骗之下走到一起的，虽然他们最终有了自己的孩子，经历了几十年的风雨，他们之间有亲情但很难说是爱情。作为爱情最好的诠释，韩新月和楚雁潮，他们的爱情太短暂，美好的时光只在他们之间做了短暂的停留，便再也没有了。美好东西的流逝总是让人痛心不已，韩新月去了，随之而去的也有楚雁潮以及他们之间的爱情。这一部分无疑是书中的精华所在，他们的爱情故事在一段处于生命最微弱的时期绽放，注定不会有预期的辉煌，但却也凄美无比。正是这一部分吸引着我在周末的早上静静坐在屋里阅读，他们的爱情因为失去了另一半而终止，但似乎又没有终止，可是没有了另一半的爱情还能称之为爱情吗？我无法回答。

时代。书中呈现的两种爱情模式，恰是两个时代的产物。古老的中国，爱情和婚姻通常分属两个不同的东西，家庭的成立不一定需要爱情的支持，有父母之命、媒妁之言即可。处于新旧转换之际的中国，自然既存在着古老的爱情模式，也存在着另一种爱情模式，这种爱情是家庭建立的支撑，是夫妻结合的原因。受到新式教育的梁冰玉与从未接受过新思想的梁君璧，这对姐妹，就是这两种模式的代表，也是两种时代的产物。姐姐墨守成规，坚持门当户对、父母之命，一生守护着自己的丈夫、自己的家园，不允许任何人涉足，不允许有违背自己意愿的人进入自己的家园。基于这样的一种观念，她选择了自己看得上的媳妇，而不是自己儿子喜欢的姑娘，并最终风风光光地操办了儿子的婚事，甚是欣慰。但在她心满意足的背后是她儿子的痛苦，自己的母亲通过欺骗手段让自己抛弃了心中所爱，选择了她看上的媳妇，而他自己发现时却一切都晚了。而作为母亲的梁君璧，却由于自己所处时代的局限，看不到自己的自私和冷酷无情。梁冰玉，接受了当时中国最高学府——燕京大学的教育，而后又接受了英国高等学府——牛津大学的教育，看过了世界，了解自己的所思、所想、所爱，最终在不知情的情况下选择了自己的姐夫。在得知自己的姐姐并未消失而是健康地存活着时，她不愿委屈自己，受姐姐的欺辱，愤然选择了离开。两种人的两种做法，两个时代的产物，我们只能感叹，世事弄人。

信仰。整本书中唯一可以称得上有信仰的人恐怕只有梁君璧了，她一生都坚持着穆斯林的一日五礼，虔诚地信奉着自己的主，从未间断。她的信仰渗透到了自己生活的方方面面，最为典型的是对待自己女儿的真爱——楚雁潮，楚老师并非回族，不是穆斯林，根据穆斯林的规矩不允许自己的教众与非教众之间相互通婚，所以梁君璧坚决反对韩新月和楚雁潮之间的来往，即使自己女儿已经处于生命最后阶段，完全依赖于爱情的力量在坚持。但是作为一个虔诚的穆斯林教众，她不允许这样的事情发生，不允许自己的女儿和汉人在一起。我想梁君璧或许只理解了自己信仰的外壳，而未真正领悟其内涵。世界上的三大宗教都在引领人们向善，给予濒临绝望的人以希望，让人更好地活下去，而这一点显然在她对待自己女儿这件事上没有体现。另外还有一件事，虽然我对于穆斯林的宗教信仰了解不多，但我想这一宗教也会存在着对自身错误进行反省的要求，而梁君璧对自己的另一个巨大的错误——逼退逼死自己的账房先生，却没有足够的反省。在被提及时，她躲避了这个问题，进而去批评他人的问题。这样的行为我不能苟同，也不能同情。纵使每日向真主祈祷，但却不改变自己的行为和观念，这样的空洞信仰又有何用。

《穆斯林的葬礼》让我感触颇多，作为一本可以传世的著作，值得精读细读。

（指导老师：林妙珊）

点评

本文情感充沛，行文流畅。作者从书中提取了"执着""爱情""时代""信仰"四个关键词，以细腻的笔触展开了论述，写作技巧丰富娴熟。

稍带平面心
——读《城南旧事》有感

江门市开平市金山中学　张颖希

"瀚海阑干百丈冰，愁云惨淡万里凝"，回忆的碎片顺着冬日惨白的日光飘洒在银装素裹的大地上，冬日的骆驼队携着铃声徐徐走来，似那沉稳的老人。"嗒嗒"，"嗒嗒"。泥砖墙前猫着的小女孩抬起头，眼睛如琥珀般透着光，嚼着草："定是拉骆驼的人耐不住长途行程的寂寞，所以才给骆驼戴上了铃铛，增加路上的情趣。"

小女孩叫英子，我在《城南旧事》一书中与她相逢。书香文墨间记录了作家林海音孩提时期于北京城南生活的六个小故事，用每个中规中矩的汉字向读者演变一段天真烂漫的童年。当书扉合上，花瓣凋落，小英子成长为林海音，便不再学着骆驼傻傻地吃草了。

就像清晨的第一滴露珠，小英子干净得那么纯粹，让人舍不得用一丁点的世俗玷污这份童真。在小英子的世界里，惠安馆的"疯子"是自己的好友，是苦苦寻求伴侣和爱女的伟大母亲；被搜捕的小偷，是为帮弟弟求学寻求生计的好长兄；被用作防狼的骆驼铃，是为了使行程情趣些的乐音。她分不清天和海，分不清好坏。她用自己稚嫩的见解去看世界，看似一无所知，却是无所不知。

蒲柏曾说过："单纯属于儿童。"小英子触及的，是人物真实的内心。她单纯，身上并不带着世俗谣言的刺，英子喜他们的喜，悲他们的悲，不添任何滤镜，也不加任何偏见。她将从母亲处偷拿的金手镯给秀贞和妞儿做盘缠；为自己无意泄露了贼子的行踪而感到难过愧疚。孩子们的世界里爱憎分明，他们还未被抹上沉闷厚重的色彩，不被谣言所迷惑，只信任自己所看见的。因为太多的条条框框还未加于孩子身上，单纯是他们身上最美好的事物。

英子只是城南里的小人物，很小很小，小到尘埃里去，却从尘埃里开出花来，熠熠夺目。她用澄澈的眼光去看待世界，用心去认真跟每个人交流。就是这样一位小女孩所做的，我们却做不到。人们总是戴着有色眼镜去看待四周：种族歧视、残疾歧视，甚至同性恋歧视。因为这些与我们稍有异差的"怪人"，令自己缺失了安全感，便先入为主地去鄙夷、辱骂、攻击他们，说来好笑，听上去倒像是被害妄想症的重度患者。上帝给予我们生命去享受时光，而我们却剥夺了他人去爱与被爱的权利。我们一边自以为是地给这群无辜人贴上"错误"的标签，一边朗朗上口地吟诵"本是同根生，相煎何太急"。

我走进英子的城南，注视着一个个人物，他们仿佛是在现代被另眼相待人群的化身，在世人的舆论与谴责中无可奈何。就似沉了船的水手，睁大着无神的双眼在雾蒙蒙的天边，寻找白帆遥遥的踪迹，寻找一种公平的对待。有人曾说过，与人交流就如同与一面镜子交流，反映出的，是自己。话没有错，与人交流来往确实是认知自我的一种好方法，人们就是一面面平面镜，真实地帮助我们照清身上的每个缺点与优点。但在特殊人群的面前却又摇身一变，成了一面哈哈镜，以自己的偏见展示对方扭曲的人格。他们渴望与人正常地交流，在努力尝试的同时却在这些"哈哈镜"的面前读到嘲笑、讽刺与恐惧。"哈哈镜"逗人捧腹的是我们，而被当作小丑的却是镜中人。在个人自由已如此鲜明的时代，这该讲是大众的喜剧，还是小众的悲剧？

"我们看海去"，小英子与贼子的约定还在书页中留香。我喜爱英子，喜她的单纯，喜她以平面的心去与每个人交流的难能可贵。人人相亲，人人平等，天下为公，是谓大同。交流不是针锋相对，而是心与心的沟通。愿世人都能收起自己的"哈哈镜"，用一面平面的心去与人交流。

点评

　　作者用灵动的文笔、独特的视角，把我们带入《城南旧事》那本有爱有遗憾的书中。"用一面平面的心去与人交流"是作者要和我们分享的精华。

　　作者在阅读《城南旧事》这部名著后，紧紧抓住英子的单纯这一点，思考人与人的交往，提出要用"平面的心去与人交流"，而不能像照哈哈镜一样对人带有偏见。这个比喻很精彩，认识也深刻，行文中还体现出作者有较好的阅读积累。不足之处：有些表达不够准确，或较为生硬。（侯桂新）

时代需要"唐僧"
——读《西游记》有感

乐昌二中　朱小敏

　　《西游记》应是所有名著中给我们最多快乐回忆的一部作品。书中那神通广大、斩妖除魔的孙悟空和憨态可掬的猪八戒，常让我和小伙伴津津乐道。然而，随着心智的慢慢成熟，我却常被书中的"唐僧"所感动，感动于他发自内心的善良。

很多读过《西游记》的人都看不起唐僧，认为唐僧是个软弱无能是非不分的糊涂虫。可我不这样认为，我觉得他一心向佛，以普度众生，解救广大受苦受难的民众为己任，从不考虑个人得失。挺住了那么多艰难绝境，战胜了那么多诱惑试探，他，才是真正的强者！他是那么的善良，他好像从不接受教训，哪怕是因为一次次救人而被妖魔鬼怪掳去，受尽折磨，几欲成盘中餐，但只要一看到有人受苦受难，便又义无反顾，挺身而出。所以唐僧的善良常惹来观众的嘲讽谩骂，很多人说他爱心泛滥，不分青红皂白，乱发善心。可是我却认为，这是珍爱生命的体现，在他心中，生命高于一切！他的善良表现得是那么真诚，发于心，溢于言，付于行，九死不悔！

"人之初，性本善"，中国传统文化历来追求一个"善"字，追求"上善若水"，待人处事，强调心存善良。在中华民族几千年的灿烂文明中，善良作为民族的图腾，已被深深烙印在中国人的血肉里。纵使朝代更替，纵使国难当头，先辈们也不曾迷失方向，可是在物质文化日益丰富的今天，我们却悲哀地发现，善良正被人们慢慢抛弃和遗忘。

现在的我们都把自己保护得严严实实，滴水不漏，我们看到了救助倒地老人被讹诈的新闻后，我们就坦然地漠然地从所有需要救助的人前走过，我们小心翼翼、处心积虑地保护自己所有的利益，我们学习无数的防骗常识，我们总在感叹"社会复杂，人心不古"，我们惊恐地看到"小悦悦"事件、"夺车杀婴"事件、"六岁幼童被挖去双眼"等刺痛心灵的事件在我们身边上演。我们怎么了？为什么会这样？我们不得不承认，没有"唐僧"的善良，这个社会太没温情了！

其实，善良不需要任何理由。相信正义，也许自己就有正义感；相信善良，也许你就能做一个善良的人。所幸，已经有许多人觉醒了：像"最美的司机""最美的教师"，像地震之后千百万人伸出援助之手，像许多并不富有的百姓向"希望工程"慷慨解囊，像我们学校有人患了需要高额费用治疗的重病，短短几天全校师生就捐了四万多元。我想如果人人都这样，我们的世界将会比童话世界更美好。

莎士比亚说过："与人交往，慈悲不是出于勉强，它是像甘露一样从天上降下尘世；它不但给幸福于受施的人，也同样给幸福于施与的人。"愿我们每一个人都能够成为社会中的"唐僧"，心存善念，多行善举，积沙成塔，积水成海，让生命崇高，让社会美好！

（指导老师：黄艳群）

点评

作者能读有所思，读有所悟，对《西游记》中的唐僧有自己独特的见解，并能联系当今社会信任缺失等问题，呼吁"时代需要唐僧"。行文流畅，一气呵成，主旨鲜明，中心突出。

世味入茶，浮生细呷
——读《苏东坡传》有感

广州市南武中学　邓晓慧

　　他是文章动天下的无双文豪，也是见诬于时的阶下之囚；他是建造苏堤的龙图学士，也是躬耕东坡的田园农夫；他是沉浮官场的政治贤才，也是纵情山水的闲暇散人。他就是北宋文坛的熠熠星辰中最闪亮的一颗——苏轼。

　　曾以一篇文章惊动欧阳修的苏轼，仕途曾一度非常顺利，直到"乌台诗案"的发生。这件发生于元丰年间的大事，成为苏轼一生的转折点。被贬黄州，起初他是心灰意冷的。但黄州这个地方非同小可，它既是苏轼的终点，又是苏东坡的起点。在这里，他的生命和文学创作都得到了质的飞越，从《定风波·莫听穿林打叶声》中可见一斑。"莫听穿林打叶声，何妨吟啸且徐行。竹杖芒鞋轻胜马，谁怕？一蓑烟雨任平生。料峭春风吹酒醒，微冷，山头斜照却相迎。回首向来萧瑟处，归去，也无风雨也无晴。"这正是苏东坡因乌台诗案被贬，心境从囿于贬谪转变到旷达潇洒的真实写照。假如苏东坡不曾遭遇乌台诗案，不曾被贬，他的文学创作不会有现在的高度，他也不会受到这么多后人的喜爱。

　　人生总会遇到几场风雨，苏东坡身上最可贵的，便是——虽然处于风雨之中，却将风雨看作馈赠。那颗率真洒脱豁达的心，明明置身于凡尘，却似独立于世外。

　　纵观历史长河，如苏东坡般洒脱豁达的人，不在少数，刘禹锡便是其中之一。与苏轼相似，刘禹锡青年时期，仕途一片光明。可是，他却因参与变革被贬23年之久。可是他并未因此而消沉，"自古逢秋悲寂寥，我言秋日胜春朝。晴空一鹤排云上，便引诗情到碧霄"，一反秋天萧索寂寞的烙印。即便是在遭贬23年之后重回京城，也未被世事磨灭掉内心的乐观积极。"沉舟侧畔千帆过，病树前头万木春"，心有春华，又何惧秋日之寂寥；心向逍遥，又何惧尘世之喧嚣？

刘禹锡的背影渐渐远去，浮现眼前的是杨绛先生的"阴阳头"。杨绛先生学识渊博，阅历深厚，就是在那些苦难的日子里也保持着一份少有的幽默。"文革"时期被迫剃了"阴阳头"，她会说："小时候老羡慕弟弟剃光头……果不其然，羡慕的事早晚会实现。"好不容易熬过了特殊时期，可生活总是波澜起伏，1997年和1998年，两年间，杨绛先生的独女与丈夫钱锺书先生相继离世，面对失去至亲的痛苦，杨绛先生并没有因此而意志消沉，而是将读书治学作为人生最终的追求。她对生、老、病、死领悟透彻，希望自己能够"死者如生，生者无愧"（钱锺书语）。正是苦难的洗礼，造就了她柔韧淡定、豁达乐观的个性，她是近代众多拥有柔与韧的骨气的中国知识分子的缩影。

豁达乐观不是东方的专利，西方也有这一类人，比如说写下《瓦尔登湖》的亨利·梭罗。1845年，28岁的梭罗抛开尘世生活的羁绊，在他的老师、美国哲学家爱默生住地附近的瓦尔登湖畔自建一间小木屋，自耕自食两年有余，他的心如湖水般澄澈纯净。再比如说，英国作家雪莱，他的《西风颂》中"冬天来了，春天还会远吗？"表现了他在艰难困苦中仍乐观豁达地看待生活的态度。还有被大家所熟知的霍金，一次霍金演讲结束后，一位女记者冲到演讲台前问道："病魔已将您永远固定在轮椅上，你不认为命运让你失去太多了吗？"大师的脸上充满了笑意，用他还能活动的三根手指，艰难地叩击键盘后，显示屏上出现了四段文字："我的手指还能活动；我的大脑还能思维；我有终生追求的理想；我有爱我和我爱的亲人和朋友。"在回答完那个记者的提问后，他又艰难地打出了第五句话："对了，我还有一颗感恩的心！"现场顿时爆发出了雷鸣般的掌声。身体上的残疾并不能禁锢住他，他的思想在广袤太空中遨游。正是这种乐观的生活态度，令世人为他的人格魅力所深深折服。

乐观而豁达的人，都有相通之处。他们也曾登临高处，衣角辉荣；也曾栉风沐雨，江海行舟；也曾竹杖芒鞋，吟啸归途。但最终，不过世味入茶，将浮生细呷，竹杖芒鞋也风雅。

（指导老师：李素琴）

綜观全篇，材料丰富，由读而感，表达严密，信手拈来的名人名句为文章增色不少。

在作者笔下，古今中外各位文学家的人生经历跃然纸上，相互对比，相互衬托，从不同的人生中体现出相同的乐观与豁达。文章的语言充满张力，掷地有声，流畅而自然。（杨建国）

人类文明：爱而无悔

执信中学　石月华

《三体》获雨果奖，在中国科幻文学的发展进程上具有里程碑式的重大意义，而笔者于这之后不久便有幸拜读了刘慈欣先生的大作。读罢沉思，逐渐回味时，浏览了不少书评，其中最为人们津津乐道的是第二部和第三部的两位主角——两代执剑人罗辑和程心的成败是非。基于这两位角色的讨论，人们引发了对于《三体》科幻内核——人类文明如何在零道德的宇宙中生存的思考。而对于罗辑的成功与程心的失败，人们普遍持有的观点是：程心因为对人类文明的"爱"而参加竞选成为执剑人，直到最后因"爱"而失败，暗示着有"爱"的人类在零道德的宇宙中无法生存的必然现实。然而，笔者却有着截然不同的想法，一时有感而发，尽付笔下，成为这篇拙作。

万物有源，笔者对于人类文明"爱"与不"爱"，即是否坚守自身的情感与道德特性的问题之思考，源于以下的三个问题：作为执剑人，罗辑和程心到底有什么不同？为何罗辑成功而程心失败？同时，他们体现出的两种不同的"爱"与人类文明在零道德的宇宙中的生存问题，又有何关联？根据小说的情节内容，我们首先应明确一名成功执剑人的能力就是：使三体人不入侵地球，从而使人类文明的生存需求得到满足。而要做到这一点，执剑人就必须让三体人相信：只要三体人入侵，执剑人愿意做出让两个文明同归于尽的选择，这样就能成功威慑到三体人，就能成功地履行执剑人的职责。只要铭记这一点，就能知道胜败何由。

笔者仔细品味罗辑和程心的经历时做了个总结：他们之间最大的不同之处在于，罗辑具有的爱由个体意志主导——也许比起人类这个整体，他更爱自己的家人。而程心的爱由集体意志主导——她对人类文明富有强烈的责任感，甚至愿意为之做出她自己认为的牺牲。笔者断定，正是由于他们二人的"爱"的差异，才导致了前者成功而后者失败。

罗辑的成功，不仅仅是因为他发现了宇宙社会学、他的冷静坚韧和一点点小聪明，更因为他是一个追求幸福生活的普通人。他是个普通人，他理智而现实——他知道自己只是个小人物，他没有那么大的能力去做拯救人类文明这种大事，也没兴趣，所以他一开始对于面壁者这个"职位"采取了极其消极的态度，只是专心追求他理想的幸福生活。因为这种认识，他对两个文明的未来表现得漠不关心，而这种近乎冷血的态度和他的冷静交织成对三体文明的潜在威慑力。同时，他心中有着个体意志主导的"爱"——作为一个普通人的罗辑，深爱他的妻儿，希望和妻儿享受幸福的生活。他的关注点聚焦于小小的个体，因而他不会太多地牵挂于人类文明这个集体，在做出让文明毁灭的决定时不会过多地犹豫，并且他有极大的可能会选择在三体人入侵后让两个文明同归于尽，因为这代表着罗辑为自己妻儿、为自己守护的人类文明的复仇反击，而这，成为他对三体文明的绝对威慑力。

再看程心，她善良，对人类文明的安危有强烈的责任心，甚至这种责任心在后来发展成了一种保护欲。然而这种社会普遍赞赏的"大爱"——所谓的责任心，本质上是她个人的精神需求。小说中提到："她看清了自己对这个新世界的感情的实质：母性……以前，她把这误认为责任，但母性和责任不一样，前者是本能，无法摆脱。"由此看出在这个时候，程心选择去当执剑人已经完全不是出于理智的考虑了，更多的是她的一厢情愿——这是她失败的根本原因。而从字里行间很容易能够看出，促使程心参与执剑人竞选的，是她不愿见到人类文明被毁灭的保护欲。拥有这种想法，不但没有起到保护人类文明的作用，而且本身就是一个致命的弱点，这是程心失败的直接原因。并且，她一直很天真地认为自己去当执剑人是对人类文明负责，却没有拷问自己是否具备成为合格执剑人的能力——她只知道执剑人是一种牺牲，她只知道自己愿意牺牲，却不知道这样牺牲是否起到了正面作用。于是她虽然成为执剑人，但并没有执剑人所需的能力，而这是她失败的诱发原因。

从两位执剑人的成败可以看出，罗辑为了深爱的妻儿默默守护人类文明，程心因为对人类文明的爱而自我牺牲去竞选执剑人——这两者虽有不同，却都是"爱"，并且都对人类文明的兴亡起到了绝对不小的作用。那么"爱"与文明的生存到底有什么关系呢？

书中写道："至少我知道三体世界也是有爱的，但因其不利于文明的整体生存而被抑制在萌芽状态……"由此看来，三体文明在残酷的毁灭和重生中已经看清了宇宙零道德的现实，而他们认为"爱"不利于文明的生存。原因为何？根据笔者在上文所述，爱可以分为两种：以个体意志主导的爱与以集体意志主导的爱，而这两种爱分别对文明带有不同的作用——个体意志的爱主导文明的选择，文明的集体利益就难以得到保证，而更多的被独裁式地决定于个人的意志，但是更利于文明在某种情况下因为决绝的勇气而博得生存的机会——就像罗辑对三体人入侵能够做出的毁灭决定；而集体意志的爱一旦主导一切，虽然集体的利益极大地保证了，但因为深爱这个集体，文明就无法果敢地做出残酷的决断，在某种极端的情况下，文明会因此遭受毁灭性的打击——就如程心作为执剑人的失败。由此，三体文明选择为了极大程度地保证文明的生存而抑制爱。而我们人类文明，是否需要效仿三体文明的做法呢？而这，便是作者提出的人类文明如何在零道德的宇宙中生存的问题的核心所在。

"生存是文明的第一需要"——作为小说中宇宙社会学的第一公理，它揭示了生存对文明的重大意义。可作者没有详述的是，生存是文明的第一需要，但是生存对文明的意义与"爱"对文明的意义相比，孰轻孰重？

文明寻找自己的意义，就像婴儿睁开懵懂的双眼，找寻着眼中新事物的意义一般，文明作为一个个体的自我意识觉醒了，她不只是为了生存而生存——这样的她，才是一个欣欣向荣的生命；这样的她，才能算得上是活着。而觉醒的文明第一个找到的意义，就是爱——爱自己。这种最原始的爱是一种自我认可，继而发展为爱别人、认可别人，以至于爱这个集体、认可这个文明。爱是一种文明生存的动力，相比起仅仅为了生存而生存，爱让我们感受到自己生存过程的美好意义；爱让我们以己度人，心系别人的生存；爱让我们的文明凝聚个体的力量，从而更好地生存。如果抛弃了爱而一意追求生存，可以想象这个文明将是迷茫的——她不知道自己存在的意义，她的自我意识朦胧如初，她将活得如同行尸走肉一般。而最令人扼腕的是，当她走到了时间的尽头，回望从前时，她不知道这一切有何意义……尽管爱可能会带来某些意外的风险，甚至威胁文明的生存，但是很显然，文明需要爱的存在来建立自我认可，没有这种认可，文明就不算是"活着"，而仅仅是"生存"了。

在小说中，三体文明在数百次被摧毁又重生的艰苦岁月里，为了文明的生存而逐步建立起了极权统治，同时三体人作为个体的价值也大多被否定，更不用说他们根本就没有的所谓对集体的热爱了。三体文明没有宗教和艺术——没有爱，不论是爱神还是爱生活，只有为了生存需要而对科技的冰冷钻研，然而缺少了自由的氛围和灵感的火花，缺少了对科学的热爱和激情，更缺少了爱这种对个体或集体的强烈认可、个体或集体意志的觉醒，三体文明的科技一直匀速前进。直到和人类文明有了交流之后，三体文明才逐渐感受到爱的意义，在艺术方面的发展充满着对爱的赞美和美好的向往。这时，三体人才看到了一个"活着"的文明是怎样的美好。同时三体文明在小说中的形象才变得清晰明朗起来，充满了一个"活着"的文明应有的生命活力和独特个性，而不仅仅是一个冷漠无情的侵略者。这一点从智子第一部到第三部的形象转变就可以看出。

小说中执剑人的成败、人类文明的兴亡和其他所有历史的兴衰，都不只是因为一个人或者一些人，而是太多太多的因素汇聚在一起造成的。因为新时代的人类生活在安逸中，所以他们看不清零道德的宇宙的现实，到最后，其实程心没有错，错的是新时代人类文明对地球与三体关系的误判，可以说，威慑的失败是这个时代的必然。因而笔者认为我们不能因为程心和新时代人类的错误，而片面地认为只有在面对这样残酷的现实时做到和现实步伐一致的残酷才是生存至道。"爱"和人类文明在零道德的宇宙中的生存并不像鱼与熊掌不可兼得。

在人类文明的内部，不同的文化在不断地融合，每个文化都有着自己的兴衰，而星辰一样繁多的各种文明在宇宙中的发展也是如此。在融入宇宙这个大背景时，人类文明既需要适应宇宙零道德的现实，像罗辑那样清晰理性地认识到宇宙生存竞争的残酷性，同时也不能抛弃人类文明对自身的认可和凝聚，抛弃"爱"，而要像程心那样心系天下，对自己所属的文明抱有深沉的爱与责任感。如同生死无常，文明的兴衰变幻一直都是宇宙中的常态，而人类文明要做的是坚持对自己的认可，坚守自己的"爱"，在黑暗无边的宇宙中绽放出自己充满生机活力的、独特的绚烂星光。

点 评

　　本文作者就着一本科幻小说讨论一个关于"爱"与文明的话题，这告诉我们，阅读是要有思想储备的，没有思想的阅读，只是一种消耗时间的方式而已。本文作者认为，《三体》的作者在故事中提出了"人类文明如何在零道德的宇宙中生存的问题"，并且尝试着引申去谈生存对文明的意义与"爱"对文明的意义相比孰轻孰重的问题，然后得出了面对零道德的宇宙，人类文明为了生存应该"爱而无悔"的结论。在此过程中，作者比较详细地辨析了"爱自己"与"爱人类"的关系问题，有一定的说服力。当然，本文能够打动人的地方主要在于作者的思辨意识和逻辑推断意识，这对于青年学生来说，非常重要。到了我们这个年龄，我们也该学会独立地寻找问题、思考问题了。（郑文富）

心事浩渺连广宇
——读《三体》有感

深圳市外国语学校高中部　田帛昂

　　这篇读后感的题目选自严锋教授给《三体Ⅲ·死神永生》写的序，我觉得用来形容我读完《三体》后的感受是再恰当不过了，那种心中有无限星辰、浩瀚银河的感受在我的脑中挥之不去，恐怕这就是《三体》的独特魅力了吧。

　　《三体》这部书在那个疯狂的"文革"年代展开。这样的写法，主流文学都早将其淡忘，而刘慈欣又用科幻的形式将其叙述出来，在疯狂中又不失冷静，同时带给人们无限的幻想和反思。《三体》第一部也就在"文革"的进行中一步步走向尾声，所以《三体》第一部给我的感受就是，它不像一部科幻小说，而是像一段历史，在几个人的经历中被缓缓道出。

　　如果说《三体》第一部是从过去到现在，那么《三体Ⅱ·黑暗森林》就是从现在到未来，四位"面壁者"要通过隐藏自己的战略思维来防止外星人对地球的监控，从而抵御外星人入侵。而他们的计划看似渺小，但当它真正出现在你面前，你绝对会为其叹服。《三体Ⅲ·死神永生》和前两部比起来就非常硬科幻了，一对跨越宇宙的单恋与地球文明的存亡联系到一起。

不想浪费太多笔墨在情节上，因为我觉得思想才是《三体》的灵魂。

你想过外星人会怎么看地球文明的道德标准吗？你想过宇宙的社会学、公理学是什么吗？你想过人类在面对终极灾难时会有如何反应吗？刘慈欣在《三体》中给出了自己的答案，这些我们可能想都不敢想的问题他给出了答案。他创造了一个叫作宇宙社会学的理论："第一，生存是文明第一需要。第二，文明要不断扩张，但宇宙总物质不变。"

刚开始看到这两条公理时，我觉得没什么，我甚至觉得这种东西我也可以写出来。但真正在书中将这种思想扩展时，我能做的只有叹服了。是的，《三体》很硬科幻，但我想说其中的思想更"硬"，他对宇宙文明的思考上升到了我无法想象的层面和高度。"宇宙就如同一片黑暗森林，每个文明都是带枪的猎人，只有藏好自己才能生存下去。"这精妙的比喻完美诠释了他对宇宙终极法则的思考。

还有就是他写"大低谷"那一段，一幕幕惨痛的"事实"，真的是将人性的善与恶进行了剖析。人们在面对末日灾难时，只有将"给岁月以文明，而不是给文明以岁月"作为自己的信条，才能保持理性。这句话十分有哲理，也就是说比起文明的生存、人类的存续这些宏大的命题，我们更应当考虑的是人性的解放、人类自由意志的实现，以及人类现在的福祉。多年以后，我才发现，这句话实则是改编自帕斯卡的"给时光以生命，而不是给生命以时光"，两句话有异曲同工之妙。

对于这些终极问题，无不建立在大刘科学的逻辑和逼真的细节上，这就像给浩瀚的幻想插上坚实的翅膀。无论是宇宙社会学还是"大低谷"，都不是直接写人类现在的社会，但又给人们发扬理性与人文主义以诸多启示。

可能以前大家对科幻小说有种不怎么好的印象，认为科幻小说只是那些不务正业的人写的胡思乱想的东西。但实际上看科幻小说不能浮于情节，判断一部科幻小说的好坏在于其思想，它要表达的可能是对历史的思考，也可能是对未来的展望和担忧。但能做到这样的中国科幻小说实在太少了，《三体》是一座里程碑。

中国科幻需要《三体》，也需要像《三体》这样有深刻思想的作者和图书。

点评

作为一名高中学生，小作者能将《三体》看懂看透，殊为不易。小作者着墨之处，如宇宙社会学，关于岁月与文明的思考，皆是《三体》思想精髓所在，读一本好书，且与作者产生共鸣，当是最理想境界，"心事浩渺连广宇"，得此共鸣，严锋教授也当欣慰孺子可教。小作者文笔流畅，过渡自然，全文一气呵成。

悟

佛山市顺德区东乐路李兆基中学高二　伍蕙珠

读完一本《论语》，我用了五个月时间，说来自豪。

"故不积跬步，无以至千里，不积小流，无以成江海。"五个月里，每天中午二十分钟，我一字一句，一点一滴，把一本厚厚的《论语》读完了，时间的力量令人惊叹。我在想，如果要拿一个字或一个词语总结这段读"经"之旅，在茫茫字海中，我寻出了"悟"——感悟。虽然感悟很多，这里也只能写下一些碎片，以记下这段有意义的时光。不能说是"饱读经书"，也算是"略知一二"，也足以令我感觉学了很多了。

悟出信念与坚持

三月的尾巴读完《论语》，龙爷让我们分享其中自己印象最深刻的句子，仿佛没有经过思考，我便说出了那句"人无远虑，必有近忧"，人若没有远大的理想，那必然有眼前的忧虑。为什么说此句最令我有感悟呢？因为在读此句时我立马联想到自己这段过半的读书生涯。怎么说呢，自己也算是一个逆袭的人吧，初二的成绩其实很一般，老师在进入初三之前也提醒我们要找到自己的目标高中。我一方面是很想选择好的学校，但又局限于自己的能力。很感谢初中班主任、父母以及那些给过我意见的朋友，他们在不断地帮助我。我上初三的时候立下了考李兆基中学的志愿，要达成这个目标，那时的我还是有一段距离的。那时初三有些考试的成绩不是很好，因此十分怀疑自己能否进李兆基中学。很明显，时间告诉了我答案：真的可以。我想当初如果我没有立下这个目标，我可能就是混过初三，也混过高三。

"目标"对于我来说，意味着动力。晚修做作业的时候，我常常会看着贴在桌上的目标便利贴，激励自己。感觉这是一个十分"鸡汤"的过程，或许有人会漫不经心地说，其实不用那么拼。我想，怎么也得读二十多年书，为什么就不读好一点呢？能力不同，目标不同，动力不同，也不要去打击那些离目标还很远的人，他们是勇敢的，因为他们在挑战着属于自己的奇迹。他们比大部分人都要强，因为很多人都没有一个坚定的目标。大部分人缺乏一份信仰，此信仰不是说去信奉那些神教，而是一个简简单单的目标。真的，有一个目标，累的时候它是漂浮在海上的木头，可以拯救迷茫的自己。也有人疑惑，要是目标一直达不到怎么办。记得一部电影中说过："人生就像一个陀螺，看起来每天都在原地转圈，但每一次转圈都会离原点偏离一点点。"如果一开始就认为目标不能达到，那立下这个目标又有什么意思？坚持能告诉我们答案。

坚持与信念是一对形影不离的朋友，有信念才有动力去坚持，坚持下去才能实现信念。悟出信念与坚持，助力了我的读书生涯。

悟出谨言与善道

说话的方式，影响着一个人。

古人常说"祸从口出"，可见说话对一个人的生活有多么重要，而《论语》中也多次提到如何说话与说话的重要性。

"古者言之不出，耻躬之不逮也"，古人不轻易说出话来，因为他们害怕自己的行为跟不上而感到耻辱。这一点我深有感触。很多人总是在别人面前说自己的过人之处，或者是自己的很多目标，但只说不做，夸夸其谈。

"说者无意，听者有心"，自己说完的话转过身就忘记了，但别人会默默地记住，在以后的生活中留意你到底有没有践行这些目标，因此要将行动与说话相结合。亦有"君子欲讷于言而敏于行"，此句更有指向性，一语道出说话与行动力之间的联系，不禁令我反思自己，以前我总是先说后做，很少先做后说。当初的一时热情，或许就成了他人的笑柄，自己也有一种愧疚之情，说到做到，虽然易说难做，但仍要做。

另外一个，不仅是说话之道，亦是交友之道。"事君数，斯辱矣；朋友数，斯疏矣"，即使是劝诫也要注意说话的"度"，不然即使是很好的朋友，也会因为过于烦躁而疏远自己。说话艺术，使人与人之间有一种距离美，学会说话，掌握好那个"度"，真的是维护友情的良药。以前自己说话直来直去，也不懂什么要在意别人的想法，想到什么说什么，因此失去过几个自己喜欢的朋友，越长大，越觉得要好好管住自己的嘴巴。我想，如果以前学会谨慎说话，我会有更加深厚的友谊吧。

一位歌手曾说："我们小时候学会了怎样说话，而长大后要学会怎么闭上嘴巴。"精髓在于一个"度"。当自己脾气暴躁的时候，会对身边的人说话语气非常重，也感觉到别人会因为这个而有所介怀。以前难以开口说"对不起"，长大了要对自己说过的话负责，还是要为自己的话语说一声抱歉。

学会说话，是一直激励自己的一个信条，为了提高自己的修养，得好好管住自己的嘴巴，懂得一个说话之"度"。悟出谨言与善道，令我在人生之路上有更多同伴。

悟出孝道

父母是我们的软肋，越长大，就越发觉他们很孤单。在这个年龄的我，已是很少像以前那样对父母发脾气，大概是感到时间对他们的压榨太多了，每一天，都是父母逐渐衰老的一天。《论语》中多处提到孝道："色难"，"父母在，不远游"，"父母之年，不可不知，一则以喜，一则以惧"，等等。其中令我最为感叹的是"丧致乎哀而止"，这句话尖锐地批评了那些假冠以孝子之名的孩子，生前不好好孝敬父母，死后借机宣扬自身，真令人无奈。

孝是老生常谈的话题了，"老有所养"也是全社会的共同目标，但我们真的能做到孝顺吗？"啃老族""空巢老人"等群体，令人关注老人的晚年生活到底该怎么保障？我认为其中一个最重要的方面是孩子要尽孝。无论是从法律还是从道德来说，子女都有赡养父母的责任与义务。而更重要的是，对他们的精神生活也要更加关心，不少老人因子女不在家，而甘愿去与推销保健品的销售员聊聊天，老人的无奈才是令人心痛之处。"父母在，不远游"，明白子女为了养家而外出打工的辛苦，但也请同时顾及一下家中的老人。"家有一老，如有一宝"，趁还有机会，多尽尽我们的孝道。

悟出孝道，令我更珍惜上天赐予我的亲情。

悟到最后

读完《论语》，抽了三个自己喜欢的角度去谈论一下，也算是对这段坚持读"经"岁月的回顾。写这篇文章是一个与自己争辩的过程，享受其中。想来奇妙，一开始老师说带一个人读"经"，到后来加入进来的有八个人，还有其他班的，不知是何种力量支持着我们。说实话，一开始我只是为了能在写议论文的时候可以引用一下，但后来我发现，《论语》对于一个人的修身养性居然有如此大的作用，小到一言一行，大到治理天下，都给出了很好的经验。我觉得最重要的是：不是《论语》教会了我们多少，而是在实践之中领悟《论语》带给我们的思考。读一遍《论语》，领悟了许多，但还有很多道理值得我去思考去探索，或许过五十年后再读，与自己一生的经历联系起来，心态会与现在截然不同。现在的我，浅浅地知道了《论语》讲了什么，希望我以后能领略出更深的含义。在人生路上慢慢悟，细细品，《论语》是一壶茶，越读越悟，越品越香。

悟出些许道理，不枉年少读过《论语》。

点 评

对于《论语》这样极富思想性的巨著，用一篇文章进行解读绝非易事，好在作者以分段总结的方式，针对不同的关键词，分类切入，层层递进，将一个宏达、渊博的儒家经典，进行了有理有据、条分缕析的论述，行文逻辑清晰，又颇具张力，有积极的思考和联想，是一篇优秀的读后感。

《论语》是孔子及其弟子的语录结集，由孔子弟子及再传弟子编写而成，至战国前期成书。此书主要记录孔子及其弟子的言行，较为集中地反映了孔子的思想，是儒家学派的经典著作之一。小作者记录了自己历经五个月阅读《论语》之后的三点感悟，即"悟出信念与坚持""悟出谨言与善道""悟出孝道"。小作者采用小标题的形式，结构构思新颖，同时联系自己的生活体验，谈了自己不断深化的阅读感受，语言朴素、自然、流畅、简净。

那些远去的背影

——读《民国风度》有感

广州市铁一中学高二　许婧

> 曾经有那样一个时代，曾经有那样一批人物。他们那样地想着，那样地活着。他们离我们今天并不遥远，但他们守护、在意、体现的精神、传统、风骨，已与我们相距甚远。读着他们，我们感到恍然隔世；抚摸历史，我们常常浩叹不已。
>
> ——题记

民国，烟雨朦胧的优美画卷，民国诗人带来的印象；民国，风云际会的辽阔图景，民国政客带来的印象；民国，战火纷飞中教书育人，民国教授带来的印象……民国时期的那批学人，有着与今天的学人迥然不同的风度、气质、胸襟、学识和情趣。他们的个性或迂或狷或痴或狂，但内里全不失风骨、风趣或风雅，底子上都有一个"士"字守着。

所谓风度，是无论面对何人、何事都不卑不亢，既矜持又有尊严、气节。读着书中一个个或慷慨激昂或幽默风趣或意味深长或平实淡远的故事，内心逐渐有了一种高山仰止般的崇敬，眼前似乎树立着一座座不朽的丰碑。这样一群不失"硬朗"，而又"好玩""有趣"的人，他们为民国吹来了清雅而又略带粗犷的"国风"。他们是那个时代的精神群体，并向世人展示着中国人的坚毅与优雅。

西南联大的哲学家冯友兰，在面对教育部全国统一教材、统一考试规格的决定时，慷慨陈词，不卑不亢。"教育部为政府机关，当局时有进退；大学百年树人，政策设施宜常不宜变。若大学内部甚至一课程之兴废亦须听命教部，则必将受部中当局进退之影响，朝令夕改，其何以策研究之进行，肃学生之视听，而坚其心志……"这样才华横溢的雄文，让我想起了蒋介石到安徽大学指导的时候，见校园没有欢迎的队伍，冷冷清清，表示不满，此时身为校长的刘文典却说"大学不是衙门"。如此学校，如此师生，方为真勇士。

过去，我对民国的印象只是军阀混战，战火纷飞，政客勾心斗角，如今，看到的是一批长得"有棱有角"的民国士人。这些人，身上有"士"的精神和风骨，因此，无论生活富裕或困窘，仕途平坦或崎岖，骨子里的硬朗都不会变，他们性格的流露又是那样直接而优雅。或许正是这种优雅的感觉，才称之为"民国风度"。

一代风流随着时代的车轮总会被风吹雨打去，民国已经远去。民国那些人留给我们的铁肩担道义的大义，舍我其谁式的对学术的承担，匹夫不可夺志的独立精神，以及博古通今、贯通中外的渊博学识，于今天的社会和我们个人而言都是一部厚重的教科书。

（指导老师：程思永）

文化需要继承，靠的是代代人不懈的奋斗。那些大师远去的背影，不仅需要我们去追寻，更需要我们在守正中创新。这便是作者的感悟。

文章抓住"士"的"风度"这一核心，较好地概括了《民国风度》一书的主要内容和精神价值，并做出了个人的阐释。在此基础上举冯友兰和刘文典为例，做到了点面结合，其后进行总结延伸，表达了学习先贤的愿望。文章思路清晰，表述准确，富有情感。（侯桂新）

求真务实为民利
——读《阅读韩愈》有感

潮州市潮安区颜锡祺中学　许诺

作为被潮州这方水土养育的儿女，从小我就知道韩愈的名字，那时的我觉得他如山般高大，性格也因他良好品德的滋养而变得柔和正直。韩愈，如同耸立在心尖的梧桐树，又似甘泉润泽了我整个心田。直至今日，每次想到韩愈，心中都不禁涌起一番敬仰之情。

后来因敬仰从心底生起对韩愈身世的好奇，就开始在网上搜寻有关于他的图书，一本《阅读韩愈》，开启了我欲求不满的好奇心，也慰藉我这颗世俗而浮躁不已的心灵。这本书讲述的是韩愈的一生，他的一生，经历坎坷。进入官场后，韩愈不但善于撰写诗文，而且体恤民情，忠于职守。韩愈幼年时父母双亡，他的哥哥也没能陪伴他很久，所以他是由嫂嫂郑氏抚养长大的。本以为他在幼时已受了这么多苦难，长大后的人生必定会安常履顺，可事实并非如此，落榜、被贬、险被斩首，但接连不断的坎坷并没有击溃他，反而造就了他不凡的心志，支持着他为百姓做事，为社稷做事。

"一个人为文不说空话，为官不说假话，为政务求实绩"，这是书中对韩愈的评价，也是我尤为钟爱的一句话。求实，无论是当时的封建时代，还是如今的和平年代，都是难能可贵的。它与发展贴身共存，一个人如果能走向成功，那么在他漫漫的岁月长河中最熠熠生辉的就是诚实这颗宝石。个人尚且如此，那么国家的兴衰又与此有什么差别呢？

直言敢谏是韩愈身上最大的一个特点，也是他诸多高尚品质中最令我佩服的一点，可他当时却因这个"毛病"，险些丧命。因为当时的世人都信佛，所以自然对佛骨更是敬而畏之，都愿倾尽钱财去求神拜佛骨以求平安，唐宪宗更是命宦官从凤翔府法门寺真身塔中将所谓的释迦文佛的一节指骨迎入宫廷供奉，后又将其送往各寺庙，要官民敬香礼拜。韩愈看到这种信佛行为，立马"不合时宜"地上书谏唐宪宗：自古时并无信佛这一说法，先辈们也活得挺好，可自有这说法以后，信佛的皇帝都命不久矣。当时唐宪宗大动肝火，连说要杀了韩愈，幸好身旁的大臣劝阻，韩愈才免了杀身之祸，却也因"朝奏"被"夕贬"到八千里远的潮州。

随着他的到来，我的家乡发生了翻天覆地的变化，韩愈驱除鳄鱼，奖劝农桑，大修水利，兴办州学，延选人才，传播中原先进文明，儒风开海峤，从而使当时的蛮荒之地潮州，发展成为意韵迷人的文化古城。

抛却个人荣辱，脚踏实地地为老百姓谋福利、做好事，这不正是当今习近平主席所说的为人民办实事？为人民谋福利？习主席说，抓好为民谋利的"小事"必须要像抓"大事"那样把求真务实的精神贯彻到为民办事的具体工作之中。韩愈完美地诠释了这句话。韩愈获罪远贬，可他一到潮州，面对着风不调雨不顺，稻穑艰难，看着稻粟失收、困苦哀伤的百姓，他焦虑不已，为无力解救百姓深深感到愧疚。他不甘老迈，不顾个人悲苦，放下孤寂，心系百姓，写下《祭鳄鱼文》，到鳄鱼常常出没的北堤中段点上香烛，宣读祭文，驱逐鳄鱼，修堤防凿水渠，遏拒洪流，渠水清澈，滋润两岸的田畴。同时，他大举赎放奴婢，兴学育才，启迪众人读书习文。为办学兴教，韩愈拿出他在潮州八个月的俸禄来办学，大胆启用潮州隽彦赵德担任州衙推官，专门主持潮州学政，督导生徒读书，为潮州赢得"海滨邹鲁"的美誉。

韩愈求真务实、恭谨谦逊、恪尽职守，为民兴利去弊。到潮州后，他并没有因被贬而消沉，而是以儒家积极用世的精神，忠于职守，勤政为民，在不到八个月的潮州刺史任上，办了不少利国利民的实事、好事，使我的家乡日新月异、脱胎换骨。

韩愈，无论为文为官，无论是进是退，无论是荣是辱，只要在自己能力之内，都是民字当先，爱民如子，视民如伤，造福百姓。你，无畏敢当，纯真无瑕，山水因你而姓韩。你，没有把自己刻在潮州的石碑上，却在百姓的口碑中永世流芳。我们视你若珍宝，将你刻上石碑，筑成雕像，把你永记心上。

（指导老师：张链如）

点评

阅读家乡人物的立意很好，比其他人物传记读后感更增添了一丝亲切与熟稔。文章整体是夹叙夹议，过渡流畅，体现了小作者对韩愈的多方位了解。

读《目送》有感

潮南区井都中学　郑渺娜

在阳光明媚的冬日午后，温一壶清茶，捧一本《目送》，细细咀嚼龙大侠那细腻如流水的文字，看她用淡然的笔调描绘出那浓郁的亲情予她的启迪，友情在成长途中的分量，和那长大了的华安给她的思考，而后，像那清透的茶水滴落杯中般在无数读者的心中荡起涟漪，引人共鸣。

在这73篇如诗的文章中，我们既看到了龙大侠对长大后的儿子能够独立的欣慰，却也能体会她默默学会接受他长大后日益冷淡的那一份心酸；昔日里细心照顾渐渐衰老的母亲，在某一瞬间从自己的身上看到多年前母亲的影子；那群拥有同一个童年的兄弟姐妹，长大后分道扬镳，在感情上依旧相携而行；那些互述烦恼的友人，有着各自的生活，却总能在迷茫的时候给予那一份温暖……是的，之所以引起共鸣的原因是我们都一样，在忙着长大，忙着相互关爱，又忙着离别，忙着目送。

几个月前接到外婆住院的消息，看着在病床上的她靠着几十条管子维持生命气息奄奄的模样，满心心疼，却什么都做不了，唯一能做的就是陪在她身旁。我知道她得一个人去面对这些痛苦，而我也得去习惯她日渐消瘦的脸颊。这本书让我明白，离开是生活的一幕，再多的不舍，都是时光的安排、生命的过程，庆幸的是能够守护着彼此的成长，目送着彼此的离开。

长大后的自己最常做着的事情莫过于咬着自己早已泛白的嘴唇，拿着老师给的假条，颤巍巍地一个人从学校走回家，再也无法像小时候那样拉下面子来把母亲叫到学校。时光荏苒，我们都开始学会独立，渐渐地忽视掉我们的背后还有一个坚强的后盾，总是在固执地学着一个人独自长大。看过这本书的我才会去想到站在背后的那个目送我们成长的人一定会心疼和伤心，为什么我们在离开的瞬间，在成长的过程中从未想过要回头望一眼。除了那令人叹奇的文笔和从平凡的生活中引起对生命无尽思考的细腻，作者对于生活的态度，也是值得我们学习的地方。为年老的母亲化上淡淡的妆容，默默维护母亲爱美的那点小心思；在飞机上悉心照顾回家的台湾老爷爷，为了给老爷爷回家的路途添上陪伴的风景，不再孤独；总是尽力把生活过得有意义，读书，写作……在读《目送》一书的同时也给了我一个重新思考成长的机会。时光匆匆，一生很短，很多的时候我们都是在目送和失去中成长的，就比如门口那一株开得最艳丽的花儿，我站在门槛上目送着它从盛到衰，也因此失去了一个让自己心情愉悦的由头。然而这都不是它出现在我生命中的意义，最重要的是它陪伴着我一起成长的那段时光。我们终要在离别中去学会长大，在失去中获取继续前行的力量。

书中最能拨动我心弦的一句话便是"有些事只能一个人做，有些关只能一个人过，有些路啊，只能一个人走"，这似乎给了我一个匆匆前行、奔赴远方的理由，然而当我把书合上的那一刻才真正懂得这《目送》一书的内涵——成长从不只是一段一个人冒着前方无尽风雨前行的旅途，这一路上不断有人陪着走，同时也不断有人离开，离开的人是要你学会珍惜正在陪着你走的人。当离开的刹那，请别忘了让那个正在目送你的人看到一个笑靥如花的你，那个微笑是对他相伴一程的感恩，那个微笑是对过往最好的目送，那个微笑是对成长留下的痕迹。

小作者能从《目送》一书中感悟亲情，明白事理，得到成长，这就是阅读的力量。

　　文章从对于《目送》的亲情感悟写到对于自身成长的体验，又点出目送和成长的关系，结尾巧妙。

雅正之人，载道之文
——读《方望溪文学研究》有感

佛山市第三中学　钟雨霏

　　《方望溪文学研究》是台湾文史哲出版社于1988年出版、以方望溪为中心的研究文论。本书主要分为理论形成背景、理论内容、理论优缺点、后人评价及后世影响四部分，由时代大背景及方望溪个人人格分析至其理论的形成和发展，结构清晰、内容完整、引述严谨，是一部值得认真学习研究的文学研究文论。

　　面对这样一部文论，长篇累牍地重复其研究成果始终无益，我便针对以下三个问题提出自己的看法：

　　一、为何其明明不汲汲于利禄却要承受多次不第的痛苦？

　　二、为何休妻？

　　三、为何对清朝统治的态度产生如此之大的改变？

　　希望通过这三个问题，让阅读者大致窥出本部文论对于方望溪"刚直清正"之人的研究，同时也从侧面看出其文之"清正雅洁"。

一

　　纵观方望溪的祖辈们：方大美"汲汲自明"证明自己所存无几的财产非居官所得；方象乾"敛千金为治装"拯救忠义之士；方汉树捐俸禄，设义学，教育后代；方仲舒不事生产，交游畅饮，以至于"衣无着，日不再食"……而方望溪的朋友们也有许多对官场毫无兴趣的，例如刘齐。甚至连方望溪早年自己都在《与王昆绳书》中提到"使苞于此间得一亩之宫、数顷之田耕且养，穷经而著书，肋中豁然，不为外物侵乱，其所成就，未必遂后于古人"。那么他为什么从三十二岁至四十四岁入狱由坚持参加科举而又在被推举时果断放弃？

我将此归结为三个原因：

首先，是方望溪从祖上那里继承而来并加以发展的品质——清正雅洁。多次不第固然痛苦，但对于方望溪来说，以非正道得来的功名却更让他弃之如敝屣。这样的刚直耿介也让他之后在官场上得罪小人，甚至后来承受了《南山集》案狱之苦。而后来考取进士第四名后，方望溪因母病而立即回乡，尽管有人想在殿试时推举其为第一，最终也无法挽留他的脚步，其"清正"可见一斑。故，方望溪虽希望一展抱负，但比这些更重要的是保持他清正的人格——不与汲汲于名利者同流合污，不因外物破坏其忠孝的原则。

其次，方望溪考取功名是为了更好地实现"经世致用"的理想。尽管对清政府颇有微词，但他也明白现在天下太平，以他微薄之力，不过害人害己，遂以不死之身造福更多人。而从《方正学论》中也可以看出他的政治才能与方略，如"进贤退不消""用人不疑"等用人之道，甚至"为民谋利""以工代赈"这种颇具近现代风格的治世之道……有此番政治才能、体恤民生之人，大多会对考取功名、一展抱负有着极大的兴趣和毅力。除此之外，由于他考取的又正好是礼部的官职，这或许也从侧面反映了他"苟迩者欲穷治诸经，破旧说之藩篱，而求其所以云之意。虽冒风雪，入逆旅，不敢一刻自废"的文学抱负。

最后，尽管其祖上都是淡泊名利的廉正之人，却也不代表方望溪会如同其父亲一般颓唐终日、逃避现实。相反，几世为官的身世或许恰恰给了他远大的理想和恢宏的气度，让他能够不辱先祖之志，为天下苍生谋福。

二

文献当中对于他考取功名的前后史事都记载完整翔实，但对于他休妻一事只有短短一句话："夏天，母肝疾骤剧，妻读稗官小说以遣之。"但若把此事放在方望溪一生的大环境之中来看，或许可以得到更多信息。

其一，前文已经提到，方望溪的青年时代一直是在求学和求考中度过的，但自从三十三岁乡试过后，"死亡"和"不第"就像两个噩梦攫住了他。远赴京师却是"试礼部不第"，接着回了家却发现他敬爱的兄长百川患病且越来越重。三十四岁时，兄长百川已是不治之兆，不久后就去世了。赴京赶考、照顾病兄、归葬兄弟已是极度耗费财力与精力之事，但雪上加霜的是母亲肝疾愈加严重。一时之间，财散人亡，遣散妻子侍婢或许是个修养节支的好方法。

其二，从方望溪《高节妇传》可以间接看出方望溪对妻子乃至妇女的要求——高洁、坚毅、孝顺。妻读稗官小说本已不合他的要求与管束，加之方望溪本人的刚直耿介，自然不会网开一面。或者可以猜测，妻子本已犯错实多，"稗官小说"只是最后一根稻草。

"休妻"一事其实是方望溪的一面镜子，既看出他自我的要求实高、向往的品行之优良，也可以看出他对他人的要求之严格、态度之耿介。一方面来说，方望溪的"人格洁癖"让他能够做人端正、行文雅正；但另一方面来说，也显得顽固古板、不讲情理。追求人性的至善至美固然是好，但若是对于人性的丑陋没有一定的包容，想必一生也是压抑苦闷居多。更何况在现代社会中，"人性解放"与"包容万物"的思潮盛行，再盲目学习方望溪的清正耿介，有时也会让人啼笑皆非。

三

如果说方望溪"休妻"一事可以很好地体现其刚直的性格，那么既然其有如此刚直的性格，为何对清朝统治者的态度会有这么大的转变呢？

方望溪对清朝统治者的态度的转变，大体以《南山集》案狱为分界。少年时的方望溪受到父亲——反清诗人方仲舒的影响极大，加之少年气盛与家世渊源，令他对清朝统治者的态度实在算不上好，"处于帝制淫威之下，微特言论不能自由，即有一言犯讳亦干例禁而后处"。处于这样的威压之下的方望溪，对清朝统治者的不满和无奈、对戴名世的同情可想而知。

"……方苞为名世作序，俱应立斩。"史书上短短一句话，是方望溪人生中数十年的悲喜与转变的引子。可以说，如果方望溪就此被处决，也不过是对清朝统治更加愤懑无奈罢了，远不可能有接下来的转变。但当他受了数年的牢狱之灾后，世宗召他入京，"特命内侍二人，扶翼至养生殿，顾视训慰，垂问望溪疾所由及近况"时，方望溪的傲骨锐气算是软化了一半。"听朕告汝，汝昔得罪，中有隐情，朕得汝之情，故宽贷汝，然朕所原者情也，先帝所持者法也。先帝未悉汝情，而免汝大刑，置诸内庭，而善视汝，是汝受恩于先帝，视朕有加焉。如汝感朕德，而微觉先帝未察汝情，不惟亏汝忠，亦妨朕之孝，汝思朕德，即倍思先帝遗德，则汝之忠诚见，而朕之孝道亦成……俾汝知朕心，俾天下咸知朕心。"当世宗这一番毫无破绽的劝慰之言出口之时，方望溪算是彻底软化了。毕竟如他早年所言："某本罪臣，不死已为非望。"

除了外部遭遇对他的软化作用，他自己本身的思想转变也是他对清朝统治者态度转变的一个重要原因。在《南山集》案之前，方望溪就已经对方孝儒为了殉国"咕咕于口舌之间"害死近千族人的做法表示了否定，也不赞成这种自以为刚直不屈的做法。他认为，清朝的势力已经稳定，此时抗击无异于以卵击石、连累族人，更何况当今君主盛明，推行儒术，一定程度上已经使他在学术思想上承服。此时，应当"以不死之身造福更多人群"。

尽管方望溪本身是一个清正刚直的人，但在某种程度上，他也并不是极度固执、不懂审时度势、不懂变通之人。一方面来说，方望溪的刚直耿介在性格、品行上保存完好，也完美地体现在了行文之中；另一方面来说，方望溪在政治立场上具有一定的妥协性，特别是在强权的压迫、折磨和偶尔的妥协之下，他为了生存和治学，态度软化和转变相对来说会快些。

小结

从为文的"雅洁"，到为人的刚直清正，可以看出方望溪的人格、文道乃至政治理想都是统一的。在母亲和兄长百川前，他是孝子贤弟；在朋友同道面前，他是刚硬直言有时甚至不通情理之人；在为官从政上，他是分文不存的廉正之官；在治学为文上，他是严谨雅洁的学者、作者……他是桐城派的始祖，具有代表性的散文家和文学批评家，同时也是一个具有中国传统儒家气度、理学思想的知识分子。他的文学作品、文学批评至今被人们研读，而他的人格与思想至今也具有研究学习的价值。对于当代的浮夸风、标题党来说，需讲求"文以载道""言之有物"；对于当代一些唯利是图、金钱至上的人而言，不妨从方望溪身上看到其"为苍生谋福"的志向和对于清正雅洁人品的向往。

点 评

本文严格来讲更接近一篇学术论文，而非读后感。但作者所作之论述，又确是读完《方望溪文学研究》之后的所思所想，所以说其是读后感也无可厚非。很欣喜作者在写此文时，不是简单地重复原著的研究成果，而是在读后产生疑问，并提出问题，学贵有疑，值得称赞。更令人欣喜的是，作者在提出问题之后，能广泛阅读文献，有理有据分析论述，其叙简明客观，其议准确严谨，但又极具可读性，其观点令人信服。

老泪三行

——《白鹿原》读后感

深圳外国语学校　边美霖

苍茫黄原，不见一点绿。都是秃的，枯的，死的。就连那好不容易差些走断腿才见到的一条河都是怯怯地缩在谷里，凝滞无神。作为一个根在关中的人读《白鹿原》，我从字里行间流露出的憨气和老实气里真切地感受到了一声声来自故乡土地的呼唤。然而，那也仅仅是来自远方的声音而已，还远未让我有身临其境、潸然泪下之感。因此，我同时也以一名冷漠的旁观者的身份审视着整片白鹿原，俯瞰着这些历史人似是无心布成的一个时代的局。

朱先生的书

"你把念过的书能用上十之一二，就是很了不得的人了。读多了反而累人。"

朱先生作为白鹿原全民偶像般的存在，书自然是其形象的最佳化身。他满腹经纶，是孔孟至论的忠实追随者与传承者。他广收弟子，从大户人家的娃娃到决定改过自新放下屠刀的土匪，可谓桃李满天下。

他大修县志，带着枯瘦的身躯死死守着白鹿原并不那么闪耀夺目的历史和并不那么明朗的未来。他料事如神，每每一开口都定是掷地有声。就连死后，都能给掘坟惹事的红卫兵开"人作孽不可活"这样一个冷脸的玩笑。

"房是招牌地是累，按下银钱是催命鬼。"

朱先生是这个时代里站在高处、慧眼看世事的圣人，甚至快要成仙。

白嘉轩的理

"世事你不经它，你就摸不准它。世事就是俩字：福祸。"

如果不看说话的内容，白嘉轩真算得上是一个啰唆透顶的老头子。自编的道理一箩筐，还特喜欢把儿子一个个叫来一本正经地训话。但不得不说，白嘉轩对生活的洞察力确实非同一般。他不像别人那样，行路时左顾右盼，畏首畏尾，而是老挺着腰板，用被生活打磨出的定力和韧力撑着自己给予自己的骄傲，也撑着全村人的精神气中最稳定的那一部分。他活得自负，他自负的是白家家规担保下的一脉相承，薪火相传。他活得清醒，他并不阿谀奉承高官或是因一时的得意而翘尾巴升天，他一步一个脚印地过日子，因而快走到这日子的核了，其他人怕还是在生活的皮肉中穿行。

"俩字半边一样，半边不一样，就是说，俩字相互牵连着。就好比罗面的箩柜，咣摇过去是福，咣摇过来就是祸。"

白嘉轩是个屹立在天地间、不俯不仰、不卑不亢、堂堂正正的原上人。

鹿子霖的日子

"有人才有盼头，人多才热热闹闹；我能受狱牢之苦，可受不了自家屋院里的孤清！"

不用说，鹿子霖是个卑鄙无耻却满口仁义道德的伪君子。他四处寻相好，还利用祸患女人田小娥毁了白家大少爷白孝文。但鹿子霖确有一套自己的生活哲学。他做事有人情味儿，小时候的黑娃仇视冷漠刻板的白嘉轩却喜欢他这个和蔼可亲的大叔鹿子霖；他是"勾践精神"的践行者，在受难时怎样忍辱负重曲意逢迎都行，要的只是得意时好好风光潇洒一把。他与白嘉轩有互补性的人格，白族长硬生生把每个儿子都塞到家规的栅栏中，鹿保长却只求过自己痛快的小日子。

"官瘾比烟瘾还难戒。"

鹿子霖是一只随遇而安、苟且游荡在地面上却仍沾沾自喜的爬行动物。

三个人物，三行老泪，三个境界。白嘉轩起头，鹿子霖作结，朱先生提线，串起白鹿村，乃至白鹿原一个时代的风云变幻。白鹿朱三人行，每人都凝聚了一个侧面的民族性格。白，恪守祖训，气节不败；鹿，安于现状，圆滑投机；朱，神灵崇拜，宁静致远。其实，我并不是要武断地把人物脸谱化，再分成三六九等，而是提炼出他们的典型性格，让几位大主角连起故事的纵轴线。

如果说，《白鹿原》一书的精妙在于对人物入木三分的刻画，那么，它的宏伟就在于纸张无法遏制，从其表面浮现而出的一份历史的激荡感与广阔感。作者是把整片中国大地的一块刨了出来，再找一个小的切口仔细剖开，乍一看只有白鹿村的封闭、与世隔绝，村民的愚昧迷信、顽固守旧，深入观察却不难窥一斑而知全豹，知的是全中国广大农村行走时间的历程。军阀割据给人带来的冲击远不如"白狼"出洞；全国范围的国共厮杀远不及一场波及全村的瘟疫来得重要；鹿兆鹏等人越是要肩负使命在原上推起"风搅雪"，原上人越要死守土地，在白族长带领下"以不变应万变"。不用说，在我国创造历史、经营历史的是广大人民群众，尤其是占多数的农民。是《白鹿原》让我看到，历史教科书上泛着光芒、几近要燃烧起来的星星点点，什么千古伟人，什么浩然壮举，来到土地上都只有熄灭的份。什么朝代，什么政党，奋力荡起的涟漪荡到农村的土地上都只剩最外围的一点残余。外头折腾得越热闹，里头越是不理不睬。外边世界光芒的微弱映衬出的是白鹿原土地的宏阔与坚实。谁说只有战争史、政治史，《白鹿原》就修了一部完完整整的土地史。

《飘》的结尾，恰是暗淡无光的土地点亮了女主人公斯嘉丽重新开始生活的希望，王安忆所著《长恨歌》的女主人公王琦瑶总是念叨着生活"万变不离其宗"。而在白鹿原，乃至全中国全世界的农耕社会中，土地都必定是那个离不了的"宗"。看上去白嘉轩、鹿子霖、朱先生三人性格迥异，其实那都源自土地人的气质，只不过有不同的分支罢了；说是三人行，却踱向不同的归宿，其实那都是土地人应有的死法罢了。明智如朱先生，住的坡上只是比别人高一点儿，眼光也只是远了那么一点儿，留下的话"折腾到何日为止"说明他还是没能跳出土地的束缚，终究还是个庄稼人，不是什么圣人。因为土地告诫人们的就是"守"，别"折腾"，朱先生不愿折腾，他终究也只是个土地的筹码。

"平常的日月就像牛拉的辐木轮大车一样悠悠运行。灾荒瘟疫和骤然掀起的动乱，如同车轮陷进泥坑的牛车，或是窝死了轮子，或是颠断了车轴而被迫停滞不前。"现在，农耕社会该是过去了，人们野心勃勃，住得离天越来越近，离土地却是越来越远。没了土地的教化与依托，以后又该守什么呢？还是个未知数。

只知现在，脚踩土地，踩实了踩稳了，聆听朱先生"自耕自食"的教诲，品吟白嘉轩"人是个贱虫""一干活，觉得皇帝都不怯了"的道理，学着些鹿子霖生活的柔软与明媚。

如是而已。

（指导老师：黄晓鸿）

林黛玉的"纯"

邓发纪念中学　蔡雍祺

　　"心较比干多一窍，病如西子胜三分"，这便是大家心中的林黛玉。她柔弱，美丽，这是大家读《红楼梦》感觉到的林黛玉的形象。除了这些，林黛玉能铭刻于我心中的，就是她那"纯"的特质。

　　纯，就是她的命。她本是绛珠仙草，化作凡胎只因那个少年的身影，只想用一生之泪报前世之恩。一生执念便是如此地纯，才造就这样一个纯朴、纯真、纯情的林黛玉啊！

　　她的纯朴，表现在她对人真诚，真真实实，坦坦荡荡，心地澄澈可透。她待人真诚，可以随便抓一把钱赏给小丫鬟；可以抛掉世代相传的主仆尊卑观和雪鹃姐妹相称；香菱想学诗，更是主动要求做香菱的老师，还拿出自己的诗词珍集给香菱，圈出一些诗要求她看。透过这冷冰冰的纸张，我感受到了林黛玉暖融融的赤诚纯朴之心。她不像薛宝钗一样待人不冷不热、不远不近；也不似王熙凤般八面玲珑、四处周旋。她完全出自自己的纯朴之心，不带一丝杂质，不带一点迟疑，率真纯朴。

　　有人说她的嘴比刀子还要利，但你不知道，她活在"一年三百六十日，风霜刀剑严相逼"的贾府，过着寄人篱下的生活，你可知道她有多自卑？正因为自卑，所以她自尊。正因为她自尊，所以表现出了人性率真的一面，从不作假。从周瑞送宫花一事便可看出，当黛玉知道其他姑娘都拿了，剩自己还没拿时，便立刻言语道："别人不挑剩下的也不给我。"当即给周瑞一个下马威。难道是她不懂人情世故？她不过希望自己这么一说，来唤醒大家要平等相待。在这做事步步为营、人人处事圆滑的贾府，她偏要保护自己，尽显柔弱女子人性的美丽。她叛逆，她不愿因这人情世故就掩盖自己的真实想法；她刚烈，自己心里委屈便要说出来；她自尊，就是要得到别人的尊重，大家平等相待。这一切，都成就了她那"纯真"的美丽。

她很纯情。她不爱宝玉的身世、背景，她就是单纯喜欢宝玉。喜欢他活泼、开朗、不崇尚封建礼教。黛玉的真心付出，早已在她的言语中透露出来："你既为我的知己，自然我亦可为你的知己。"可她这样的一颗纯心，一腔热情哪是封建礼教所容得下的？为了表达对宝玉的纯情，她最后以死来表达对封建礼教的不满，用死来陈述自己的刚烈，活灵活现地展现了她那纯情的心。

黛玉，如果有来生，请你带着你的"纯"好好活一场啊，正如你所说，"质本洁来还洁去，强于污淖陷渠沟"。

（指导老师：石秀英）

点 评

　　本文能从"纯"这个角度来解析黛玉的性格，是独到之处，而本文又能从纯朴、纯真、纯情三个层面（角度）来解析黛玉身上不同层次的"纯"，这又解释了为什么性格单纯、处事方法简单的黛玉形象却又那么丰满、深入的问题。需要指出的是，作为一篇读后感，本文在"感"这方面还存在着不足。（郑文富）

燕雀安知鸿鹄之志
——读《纳兰词》有感

平远县平远中学　　曹凯斌

　　家家争唱饮水词，纳兰心事几人知？——题记

"闲云野鹤之风，清高闲适之性"乃是世人对纳兰容若的普遍了解。作为诗文艺术的奇才，纳兰在内心厌恶循规蹈矩的官场生活，出身豪门却无心于功名利禄反而醉心于万物自然，这就构成了一种常人所难以体察的矛盾感受和无形的心理压抑。加之爱妻早亡，以及文学挚友的聚散离合，导致他内心积郁难泄，于康熙二十四年（1685年）抱病仍与好友对月共饮后，身归黄土。

纳兰容若词作虽不多，但由于其性真，却也备受佳赞。王国维曾予他"纳兰容若以自然之眼观物，以自然之舌言情。此由初入中原，未染汉人风气，故能真切如此。北宋以来，一人而已"的盛誉。世人皆爱他悲戚如"不信鸳鸯头不白"，或清寂如"城上清笳城下杵"，或是无奈如"明月多情应笑我"。可我却偏爱他的洒脱清逸：无论是"风丝袅，水浸碧天清晓"中满眼青碧的湖光春色，还是"寄语酿花风日好，绿窗来与上琴弦"那扑鼻沁人的满园春色，皆不逊色于他孤郁凄苦的词作，反而更有一番滋味在心头。

却话"满地红心草，三层碧绿阶"，自古红颜多薄命，卢氏早逝，负了纳兰"一生一世一双人"的期冀憧憬。曾几何时的月下花前、芙蓉暖帐皆已成空，仿佛黄粱美梦般，一朝梦醒，已换了天地。他们的爱情是理想中的模样，虽然纳兰之后再续弦，但她们都只是卢氏的影子，纳兰思之如狂，但却无法再见佳人一眼。这是如何的悲戚难忍！"长相思兮长相忆，短相思兮无穷极"，这样炙热单纯的爱情，是多少人所向往的，可最终得到了什么，却无人知晓。

纳兰是如此至情至性之人，可恨上苍嫉贤妒能，让此才子英年早逝。可冥冥之中上天似乎也成全了他，让他与已经香消玉殒的爱妻在另一个世界再续前缘。纳兰多舛的命途与他心细多思、骄纵不羁的性格有着密不可分的联系。他骨子里的叛逆注定了他与家世的矛盾是不可调和的。若他只是一介乡野村夫，或许能与爱人长相厮守；不谙世事的他，醉心于诗词创作，或许不至于英年早逝。只可恨造化弄人，让一代才子如此殁落！

"燕雀戏藩柴，安知鸿鹄游"，纳兰纵使功名一身，可又有几个人知晓他的内心、他的渴求呢？他于晚秋中携胡笳声声悄然而来，又于早春燕雀飞还之时殁落。

才子虽不再，但其风骨却百世流芳！

（指导老师：黄才佛）

风云三尺剑，花鸟一床书

——读《笑傲江湖》有感

惠州市华罗庚中学　　陈帅

　　笑傲天际踏前程，去经几多沧桑。——题记

　　江湖是什么？人所到之处，便是江湖。明灯下，清茶旁，木桌上，我缓缓地合上了书，低头沉思中又不禁感慨此书之独到，作者笔力之雄劲。一本《笑傲江湖》竟能写尽千本万本书写不尽之事，着实让人钦佩。中国历史浩浩荡荡五千年，这中间的权利纷争、利益争夺，看似繁复，其实就是一部部《笑傲江湖》，只是朝代不同、"掌门"不同而已。

　　小说本自不必说，出自武侠泰斗金庸之手，结构严谨，一气呵成，令人手不释卷。自林家灭门始，引出令狐冲与五岳剑派人等，又以令狐冲引出任盈盈和魔教众人，之后任我行重见天日击败一代枭雄东方不败，左冷禅老谋深算妄图一统武林，岳不群角色反转，君子剑沦为伪君子，一环扣一环，伏笔迭出，结构紧凑。文中细节描写、心理描写甚多，绿竹巷里婆婆教令狐冲弹琴一幕，可见细节雕琢的到位。

　　《笑傲江湖》最成功的一点，就是塑造了书中的男主人公——令狐冲。

　　笑傲江湖是金庸笔下最不自由的江湖，令狐冲却是金庸笔下最自由的男主角。他不似郭靖，心系家国；也不似萧峰，近乎完美；更不似杨过，一生为"狂"。放眼整个江湖，每个人都被卷在旋涡里谋划和挣脱，好像就只有这个贪杯浪子追着乞丐抢酒喝，见着蓝凤凰就没大没小叫妹子，二话不说就和田伯光杠上只为相救一个素未谋面的衡山派师妹，还非得冒自己师弟的名以免有损小师妹清誉。他却不管，贫嘴贫舌快没命了还惦记着喝酒，也不考虑自己被砍得半死，高兴了就嘲讽青城派"屁股向后平沙落雁式"，不掂量掂量自己几斤几两上来就找田伯光拼命。这种做事不计后果，完全不要命只求自己适宜心安的傻子，除了令狐冲，还能有谁？

但我偏喜爱这般浪子。

他又不是张无忌，武功绝顶，无人能及，想干什么就干什么，谁也管不了。他在大半本书中拖着随时都可能挂掉的半条命，手里没剑的时候就任人宰割，吸星大法也不见得有多大补益，反而要为此遭受一种真气反噬之苦。也不是杨过，机警睿智，有那么好的运气。他蠢到向问天要利用他都毫无警觉。更不是段誉，他运气差得一塌糊涂，被关水牢，被乱输真气，失恋，被冤枉，九死一生。

可就是这样一个人，不管不顾，无论逆境还是顺境，无论是被所有人误解、被爱的人抛弃，还是有贵人相助、受人尊崇，他那颗坚持原则的心从开始到结束，在这过程中的每一秒都没有改变过。他不是生来就能看透这个世界，而是守着自己的心，自然而然地就撇开了这世界上浮名的泡沫；他不是生来就有自由和不羁的灵魂，不是生来就洒脱得看开自己的性命、名声和爱情。不是的。

他是因为有原则才自由，他是因为坚持才自由。

令狐冲基本上就是一个活着的"魏晋风流"的典型。所谓"唯大英雄能本色，是真名士自风流"，令狐冲体现出的就是这样。在令狐冲身上，魏晋名士的特点他都有。身处于纷乱的江湖之中，面对正教邪教之间的矛盾，令狐冲是没办法置身事外的，但是令狐冲为了自己的自由和独立，他能做到很多常人做不到的事情。辟邪剑谱经手，他不受诱惑；华山派掌门、少林掌门弟子和日月神教教主等他能拒绝；能救自己性命的《易筋经》，他可以不要；当尼姑门派的掌门，他能无畏世俗的眼光；自知性命不过百日仍能坦然饮酒嬉笑，面对金刀王家他直接翻白眼不理。作者还给令狐冲添加了"好酒""弹琴"两项魏晋名士的标配，这是有意为之的。想一下，金庸武侠小说主角里谁最容易被贴上"好酒"的标签？萧峰？非也，萧峰好酒却从来不醉，唯有令狐冲才是经常好酒大醉的人啊。"弹琴"呢？唯有令狐冲了。其实令狐冲的"师傅婆婆"任盈盈琴箫双绝，但令狐冲学的只是弹琴。在我看来，金庸先生就是按魏晋名士的特征刻画令狐冲的，他身上有很明显的嵇康的影子。比嵇康更完美的是，令狐冲一生有完美的结局，笑傲于江湖了。他可以说是金庸十五部武侠小说里唯一有完美结局的主人公——这足够了，作者的偏爱从某种角度来说，是把中国文人墨客对魏晋名士的憧憬和敬仰具体化形象化了，浓缩成了一个经典，一个有足够魅力的典型。

令狐冲身上有当下极为珍惜的价值观。这种价值观有道家顺其自然的缩影，有陶潜田园诗的韵味。没有"侠之大者为国为民"，没有"民族英雄，国仇家恨"，它让我们凡人也可以为"侠"，这种侠是疾恶如仇，是坚持原则，是忠于内心，是问心无愧，是自由不羁，是潇洒坦荡，是对权力和金钱的蔑视，是对黑暗丑恶的厌恶，是为了正义随时都可以献身的勇气。你可以武功全废，可以被人冤枉、误解，可以被人利用，可以为了义气不管正邪之分，可以失恋后喝醉酒吐到身上地上，但你不可以摧眉折腰，不可以随波逐流，更不可以放弃原则。

反观当下社会，又有谁如令狐冲一般呢？

傲的时候连少林方丈他都敢大义凛然地拒绝，对《易筋经》都不稀罕看一眼；卑微的时候明知道岳不群狼子野心不怀好意，他也甘愿上当受骗，到死也不忍心拔剑相向；落魄的时候赌输钱被地痞流氓打也浑不在意，嘴上花花却说"遇到尼姑逢赌必输"；风光的时候任我行复辟成功把他奉为座上宾，他却离开那间一片颂赞之声的厅堂。

人人皆道华山弃徒令狐冲贪杯任性，是个无行浪子。他们哪知道，浪子令狐冲内心的原则坚持到怎样一种让别人觉得可笑的程度。他算哪门子浪子？

卡夫卡就曾出言讥讽这个社会——我们生活在一个恶的时代。现在没有一样东西是名副其实的，比如现在，人的根早已从土地里拔了出去，人们却在谈论故乡。当下社会，奢靡之风、轻浮之风愈演愈烈，"小悦悦事件""三鹿奶粉事件"等更是让整个社会笼罩在信任危机的阴霾下，又有谁能如令狐冲一般为了心中道义、为了内心所望而鼎力前行呢？

逍遥一生，放荡不羁；酒醉琴为枕，诗狂石作筏。唯有令狐冲罢了。

（指导老师：杨洋）

点 评

　　作者生动形象地描绘了令狐冲的性格特征，并将其与当今社会中的人和事做比较，立意深刻，内容充实。文章语言自然流淌，思路开阔而清晰。（杨建国）

人间至味

——《食事》读后感

广州市铁一中学　陈逸嘉

"黄油饼是甜的，混着的眼泪是咸的。就像人生，交织着各种复杂而美好的味道。"

汪曾祺不仅是一位作家，还是一位地道的美食家。无论是家常小食，还是地方风味，甚至于生活里最平淡无奇的一碗热汤，在汪曾祺笔下都添了一分文化意蕴，多了一笔闲情雅致。

"一支淡笔抒写出存留心底的人间至味。"

无论是《食事》，还是《人间草木》，甚至是初中课本里节选的《端午的鸭蛋》，在汪曾祺诙谐的笔触下，表现的不仅是食物，还有文化，还有各地的人生百态。就像在一座茶馆里，形形色色不同的人，逐一展现。

通俗地说，就是让人觉得兴趣盎然。

吃是一种享受，是一种态度，也是一种文化。字里行间的描摹，感觉那一盘盘美食如在眼前，所以每次晚上拿起《食事》的时候，第一感觉就是饿，然后才有更多更深层次的感想。

既然是讲吃食，那么除了味道和做法，同样少不了历史和人文故事。将情怀融入食物中，以至于不会显得单调冷清，这才是书里最值得品味的地方。文字间古韵犹存，文风间淳朴乍现，汪老果然在转换文字形式方面自然不着痕迹，充满画面感，顷刻间让我们坐到了餐桌前。

踏足四海八荒，处处皆是美好，笔笔皆是研究。汪老先生文化底蕴深厚，"文化大革命"十年动荡，不见硝烟的战场，他所遭遇的也是令人痛心的，这些在他的作品中也有淡淡的体现，但绝对不是怨天尤人和悲观自弃。

那时的天下文章，不负文人。

食材是自然最好的馈赠，而食物就是人们给自己最好的安慰，无论是山珍海味，还是日常的蔬菜，都可以做成人间美味。对于这本书最大的感触，就是对于美食的探究，不仅仅是那些遥远他乡的精致，在我们身边，同样也有许多学问。你不会知道，豆芽加上调料也可以是美食，野菜中也有美味……然而平时，我们都不甚在意。

好好对待它们，就是好好对待生活，好好感谢自然。

因为这不仅仅是一种学习，也是一种品味，更是一种态度。

点 评

　　写得很生动，语言平实，但很动人，能写出汪曾祺笔下的深意，也能写出自己独特的理解。

　　文章能够将《食事》所蕴含的文化、态度、情怀、人事揭示出来，对作品的内容和写法都有呈现。段落短长交错，结合文意变化，层次清晰，具有鲜明的节奏感。（侯桂新）

心有千千结
——我读林黛玉之愁

广州市增城区仙村中学　傅钰晗

　　她，"两弯似蹙非蹙罥烟眉，一双似泣非泣含露目"，宝玉给她取名"颦颦"二字；她"娴静时如姣花照水，行动处似弱柳如风"，可见她比西子还胜三分。

　　她，就是林黛玉。每次想到她，我脑中涌现的是"弱柳如风"之姿，而内心只想读懂的是她心中的"千千结"。

　　我想她，心中满怀身世之凄苦。

　　她从小就体弱多病，身体方愈就弃父离京、背井离乡。母亲常对她说，到了京都，就要时时在意，步步留心。不肯多说一句话，多行一步路。所以，她一直很谨慎地生活在宁国府，她一直认为自己过的是一种寄人篱下的生活，认为自己与宝钗不同。宝钗有母亲、哥哥爱她护她，而自己与丫鬟的地位差不多，吃穿用度都不应该有那么丰富的物质保障。就连元妃赐宫花时她的名次也列在最后。后来宫里赐首饰珠玉给众姊妹时，只有贾宝玉和薛宝钗赐物相同，而林黛玉却与探春、迎春等姊妹相同。这些都让林黛玉看在眼里，知道了自己在贾府众人中是处在一个什么地位。在这种情况下林黛玉心中不平，但因为自己是寄人篱下也就特别显得孤傲，甚至自己要吃药也不愿去向官中要药要钱。过着这种寄人篱下、背井离乡的生活，这也是她的愁之一吧。

我也知道，她有少知音之孤单。

她无依无靠，偌大的贾府，也只有宝玉知她懂她。小时候，两人无话不谈。长大后，更是深知你情我意。命运让他们相爱了，但时代背景却不给他们机会。由于受封建礼教的束缚，他们无处可逃。不可浪迹天涯，从此过着男耕女织的隐居生活。结局就如黛玉葬花，花落人亡两不知。一个在阴，一个在阳。黛玉归仙去后，宝玉可是日日思，时时念。可见他俩的情之深、爱之切。

我更懂她，因向往自由与封建礼教抗争却又无力之痛与憾。

她并没有强逼宝玉去读四书五经，去走达官仕途的道路。并认为这些是"须眉浊物"。并且她还和宝玉一起看闲书，读得津津有味。她无疑是封建社会里的叛逆者，是追求自由的领先者。可她最后还是没有打破封建礼教的桎梏，让今天的人们依然扼腕宝黛二人的爱情悲剧。

黛玉的苦恨哀愁，黛玉的柔肠千结，让我们再在她的诗中回味一番：

读"一朝春尽红颜老，花落人亡两不知"，我读出了她寄人篱下、寂寞孤独之愁；读"憔悴花遮憔悴人，花飞人倦易黄昏"，我又感到了她因病情再次加重而生出的孤老之愁；读"满纸自怜题素怨，片言谁解诉秋心"，我还读到了她知音少之苦。读她的《秋风秋雨夕》，那秋风是多么的冷，秋雨是多么的连绵，既惊破了她绿色的梦，也让我不禁想起"落叶惊残梦，秋雨不觉眠"……

（指导老师：符永懿）

点评

作者在这篇读后感中"只想读懂的是她心中的'千千结'"，通过三个部分将林黛玉的生活之苦、理想之苦、追求之苦表达出来，语言流畅至极。

有许多人欣赏《红楼梦》，也有许多人品论林黛玉，但少有人单单想去读懂林黛玉之愁。作者试图用自己的感受体会此种愁的滋味，细腻而灵动。本文的语言缠绵柔美，令人回味。（杨建国）

为什么我们总在恃爱行凶

——读《恃爱行凶》有感

化州市第二中学高一　黎樱熙

恃爱行凶，顾名思义，无非是仗着那些爱我们、在意我们、会原谅我们的人对我们的好，去伤害他们。难道就是因为仗着爱，才会肆无忌惮、理所当然地去伤害吗？我们为什么总是在恃爱行凶？

在偶然的机遇下，我看了一本书——《恃爱行凶》，自那以后，书中的内容便一直寄存于我的脑海当中……这本书不是一部完整的文学作品，只能说是一本纪实的书，它始终是围绕着一个观点，由十几个小小的故事构成。《恃爱行凶》当中的故事多数是以青少年展开的，因为青少年往往会有较叛逆的时期，所以阅读起来，仿佛自己也融进去了，仿佛书中人就是自己。我一直记得书中的一个小女孩曾对她的母亲说的一番话："我越来越无法跟自己的妈妈沟通了，世界观不同，价值观不同，我做的说的她永远有理由挑剔，总觉得她不像我妈，反而像是我生命中的克星。每次与她吵起来，我都会觉得特别委屈，总觉得为什么她是我妈，是怀胎十月生下我的那个女人？"

记得当时读完这番话时，心里也有很大触动，因为我也经历过，可以说是感同身受吧。但同时，也让人很疑惑，很想不通，为什么两母女之间会有这么大的隔阂。明明是血浓于水的亲人，如此亲密的关系，却不曾想会用"为什么她是我妈，是十月怀胎生下我的那个女人？"这么一句无情的话来概括。仔细想想，生活当中从来就不缺乏有这种想法的人吧！不过，为什么一定要争执呢？倘若母亲知道自己的孩子有这样的想法，该有多痛心多难过。分明是为人父母，处处都是想自己的孩子好而已，这也有错吗？多一点啰唆又怎样？还不是因为爱？

不知道为什么，我们在讨厌的人面前可以若无其事地伪装自己，能在讨厌的人面前强颜欢笑，如此善于逢场作戏，就算是被暗算后却强笑着说"没关系"，被激怒后却忍着怒意说"对不起"，但我们在最亲近的人面前呢？我们善于口出恶言，把话语变作锋刃，准确地刺痛他们。恶劣的态度，尖锐的言辞……我们无意刺进所爱之人的匕首，最终却狠狠地刺进了我们自己的心脏。对方有多难过我们就有多内疚。

我们习惯性地在亲近的人身上宣泄情绪，这是病，得治！为什么我们对所爱之人面目狰狞，却对讨厌的人强装笑脸？为什么我们明明彼此相亲相爱，却总在互相伤害？我想，是因为——伤害爱我们的人，代价最小。这是恃爱行凶啊。

我们想用柔软的姿态对待全世界，为什么不先用温柔的话语先招待亲近的人呢？下次恃爱行凶之前，请三思而行——因为只有深爱我们的人，才会被我们深深地伤害啊。为什么我们总在恃爱行凶呢？其实，我们也可以以爱的姿态去回应这个有爱的世界，不是吗？

（指导老师：李冠儒）

点评

恃爱行凶，"行凶"之说稍有夸张，但反映了生活中一个普遍现象，小作者先入情入理地分析了书中人物的言行，再联系自己身边的现象进行联想、反思，得出原因：伤害爱我们的人代价最小。小作者成功揪出人们生活中的自相矛盾之处，倡导大家应以爱回应爱，逻辑严谨，令人信服。

论张爱玲与顾曼桢的相似之处

东莞市万江中学　李睿

在阅读了许多不同类型、不同风格的书后，我始终相信一个不成文的定理——任何作品中都会有作者本身的影子。欣慰的是，《半生缘》也印证了这一点，在女主角顾曼桢的身上，我就发现了笼罩在她身上的作者张爱玲的影子。

首先，在对待爱情方面，二人都认为自己爱的就是最好的。张爱玲平日都以骄傲充当保护色，可当遇见胡兰成后，她却放下了所有的骄傲，为他

中国名著篇

高中组 二等奖

"低落尘埃"，为他念念不休，她的坚定可曾后悔？再如顾曼桢，"一样东西一旦属于她了，她总是越看越好，以为世界上最好的便是它了。世钧知道，因为他曾经是属于她的"。虽然现实与小说中的两段爱情的结局同样令人唏嘘，但世间男女之情大抵莫过于此。

同样，在对待失去的爱情上，两人的态度也是相似的。胡兰成与张爱玲决裂后却仍旧心系于她，不仅将所著书寄出，还附带长信，"不尽缠绵之语"，可张自始至终都没回信，"连厌倦的心都没了"。而曼桢与世钧在经过十八年的折磨相遇后，即使世钧想重新开始，曼桢也已清楚地知道"回不去了"。的确，过去了就是过去了，又何必执着于一份未忘却但早已沉淀的感情呢？不过是徒增二人的伤悲。蓦地想起电影《失恋33天》海报上的那句话："爱，就疯狂；不爱，就坚强。"或许用在曼桢与世钧身上不太合适，毕竟他们之间也许还有爱，只是这份爱，经过时间的打磨，已变得朦胧、残缺。

二人的性格也高度相似，总透着些许的神秘与淡淡的疏离。因着这份疏离，胡兰成敬重张爱玲，将她比作民国世界的临水照花人；因着这份疏离，祝鸿才才一直对顾曼桢念念不忘。即使是对待至亲，张爱玲也能毫不犹豫地选择"舍得"。张爱玲去国外后，同国内的一切都斩断了联系，哪怕是最亲的姑姑病了，她也不回上海，这份决绝，虽令人唏嘘却也情有可原。逃出祝家的顾曼桢面对不出手相救的母亲，同样也可以做到不闻不问。

再就是同样具有反抗精神。张爱玲在遭到因后母谗言导致的父亲毒打后被关在家中一秋一冬，她甚至期待一颗炸弹落入家中，她想和他们一起死，她的心境随着被囚禁的行尸走肉的身体一样几近荒芜。最后，张爱玲终于在佣人的帮助下逃离了那个早无一丝温情的家，从此和父亲一刀两断。又如顾曼桢，在被姐姐姐夫合谋关押密室后，她一心想着逃离。那个时代的女性，贞操被毁了后本应被时代所束缚而认命，可她偏不，她只当"给疯狗咬了"，也不肯因为孩子而嫁给祝鸿才。

张爱玲也好，顾曼桢也罢，二人飘逸中带着迷幻，冷傲里藏有温情。

"笙歌归院落，灯火下楼台"，民国就是一场散去的戏，曾经锣鼓喧天的倾城故事，早已淹没在落落风尘中。无论是张爱玲还是顾曼桢，她们身上具有的那个时代女性所没有的独特性格，是值得我们去尊重、去欣赏的。

（指导老师：邓羽）

父母之爱，回味浓醇
——读《目送》有感

金湾区红旗中学高二　　廖婉义

　　读完《目送》这本书，我安静地看着窗外，其实内心如一池春水，突然吹来了一阵风，风过之处，漾起阵阵涟漪。我开始思索，开始回忆，开始省思……

　　龙应台的文字就像上好的绿茶，初尝有苦涩感，但回味浓醇，令人口舌生津。作品中，龙应台的儿子在渐渐长大的过程中，用自己的时间无形地抵挡了母亲的靠近，当作者一寸一寸目送他远行企盼他回头时，他却只自顾自地离开了。

　　我们都在抱怨文中的儿子，但这又何尝不是现在社会里很多亲子关系的真实写照？我们都在用着自以为合适的方式，去拒绝母亲的靠近，又有谁能体会母亲唠叨的背后，那无法掩饰的关爱？

　　很多高中学子不得不离开父母，去寄宿学校学习。多少次父母不顾我们的劝阻，非要从家里送到车站，哪怕车站离家也没有多远，却执意要送我们出门。急于飞出家门的我们，又何尝关注到母亲的唠唠叨叨里，有着浓得化不开的温情。那时的我们，对学校同龄人的生活有着依恋，同学之间总有聊不完的话题；面对父母，有时却一句话也不愿多说。更有甚者，总是希望赶紧逃离这烦人的时刻，却错过了母亲眸中掩不住的失落。

静心细想，其实每次母亲看着我们渐行渐远的背影，肯定也如作者龙应台一般"用眼睛跟着他的背影一寸一寸往前"，和作者一样"一直等待着他消失前的回头一瞥"，而我们当儿女的，又何尝不是像文中的儿子一样一次也没回头，一次也没有。

年少的我们，还没理解母亲的苦心，而现在每每想到这幕，心里都会泛起一波心酸。即便心里再怎么悔恨当初的不懂事，也是徒劳无功，我们所能做的，就是在有限的时间里，多陪陪父母，多分一些爱给他们，不要远远地望着他们的背影而心存愧疚。

正如龙应台所说的："所谓父女母子一场，只不过意味着，你和他的缘分就是今生今世不断地目送他的背影渐行渐远。你站立在小路的这一端，看着他逐渐消失在小路转弯的地方，而且，他用背影默默告诉你：不必追。"我们总认为我们的人生之路漫漫，所以几度任性地挥霍母亲对我们的爱，却不曾想过母亲却在原地等候，不曾真正远离。

（指导老师：赵美欢）

点 评

读完《目送》，作者终于懂得了母亲每次相送的深沉情感，这是本文的情感价值所在。还没有懂事的孩子们，早点长大吧。（郑文富）

生活中的"无友不如己者"
——读《论语》感悟

李兆基中学高二　刘瑾儿

一天一天的，从盛夏经寒冬到暖春，每天中午，在文学社那一片天地，我们从拘谨到和睦，从谨慎到放开，从封面到封面，历经几个月，终于读完了沉甸甸的《论语》。心情是有一点点不舍，也有一点点复杂，是明悟和加上完满吧，很少能坚持那么久只做一件事情，因此，想要感谢同学和老师，是同学的督促、老师的鞭策，促使我读完了这本书。

《论语》有二十篇，记录了孔子及其弟子的一些言行，读的时候，感觉《论语》的内容是分散的，同一个论点可以在好几篇中找到相似的句子，感觉有些杂。我个人理解，觉得书中的内容可以分为三个部分：学习，实践，道。大概类似于"志于道，据于德，依于仁，游于艺"。

"道"是通过恢复西周的秩序等级及礼仪以达到社会静和平稳，"老者安之，朋友信之，少者怀之"。它是根也是基础，孔子正是怀着这样的"道"去规范自己行为、指示自己前进的。"三军可夺帅也，匹夫不可夺志也"，正是不屈不挠，多次被人拒绝也不气馁，终于培养出弟子三千，贤人七十二。"朝闻道，夕可死矣"，如此一腔热情一腔责任，尽管不能实现理想，但很值得我们学习。我们，正在学习，朝着理想前进，也要百折不挠，不忘初心。

有道才能去学习。我觉得学习可以从德、行、专业知识等方面说起。德包括仁、忠、礼，这三字大致可概括所有君子好品行的根源和动机。有仁义之心就会懂得关怀他人，关怀百姓，才会懂得恕，才会"己所不欲，勿施于人"。"躬自厚而薄责于人，则远怨矣"，关爱别人，饶恕别人，换位思考，也就是宽恕自己啊。而忠也可以分为三个方面：首先是忠于父母兄弟姐妹，就是人们所说的孝悌，弟子"入则孝，出则悌"；其次是忠于朋友，也就是信，"人而无信，不知其可也。（就像）大车无輗，小车无軏，其何以行之哉"；最后也就是忠于自己，要珍惜时间，"逝者如斯夫，不舍昼夜"，要刚毅勤学，"敏而好学，不耻下问"，更要有颜回那种"饭疏食饮水，曲肱而枕之"的艰苦奋斗的态度。而礼，是孔子眼中恢复殷周圣世的必要措施，"道之以德，齐之以礼，有耻且格"，"行夏之时，乘殷之辂，服周之冕，乐则《韶》《舞》"。孔子提倡德与礼的结合才更利于君主统治这个社会，虽然我认为这还不够，而后世也是用的外儒内法，但仁政礼治还是有值得提倡的意义。"君子坦荡荡，小人长戚戚"，孔子总是用君子的言行来教育子弟，规范人们，而君子是坦荡、问心无愧的，做事有尺度有规则，就像莲花，不可亵玩也。孔子"温而厉，威而不猛，恭而安"，是他的学生的偶像。孔子时代的专业知识指的是艺、当官之法、为政之道等，治国之政当然是要学习和传授的。

学习的方法是要实践，"学而时习之"。学了就得时时练习并在实践中提高，只知道学习、只会纸上谈兵的书呆子是没用的。就像赵括学僵了，只能健谈而无实际作用，坑了赵国的40万兵卒，使赵国大败，元气大伤。学了礼该如何体现出来呢？那就是用礼来规范自己的言行：升车，必正立，执绥；车中不内顾，不疾言，不亲指。君赐食，必正席先尝之。君赐腥，必熟而荐之。君赐生，必畜之。这讲的都是人的行为规范。为政要"无欲速，无见小利"，"先有司，赦小过，举贤才"。

我觉得《论语》大概就是这样，但这样子读书也是没读透的，还要联系生活实际，才能达到学以致用。"三人行，必有我师焉：择其善者而从之，其不善者而改之"，这句话给了我很大的启发。能认识到山外有山人外有人，是需要很大的勇气的，并且还要谦虚平等地看待同学，向同学学习，以同学为榜样，更是难上加难。除了虚心学习他人长处，对照别人缺点，以达到修身的作用，还应换位思考，在同学问自己问题的时候，也要持以尊重平等的态度。在读"经"班分享会的时候，我就分享了对"无友不如己者"的看法，每个朋友都有长处，都会有比自己优秀的地方，我们不可因为自己的某一方面略微优秀，就有点看不起别人。当时我还讲了个故事：有次我做不出一道化学题，正苦思冥想，同桌佳怡就凑了过来问我怎么了？是不是有题目不会？我迟疑了一下才说："是的，有道化学题不会做。"她听了，就很细心温柔地教我。其实当时我内心还是挺震惊和羞愧的，觉得有点对不起佳怡，因为平时她经常问我问题，而后我就觉得她比我差什么的，心里有点自视甚高，当她问我问题时，有时候态度就有些不耐烦，觉得这么简单的问题教了你这么多遍你都不会，真"笨"。我反省自己时，同为读"经"班的荐怀就立即分享了他对于这个问题的看法，他说他问别人问题时，也曾经被别人瞧不起，他知道那心情是何等的"凄凉"与可怜。问问题与教别人是相互学习的一个过程，不存在高低之分。因此，虚心平等地待人是多么的重要。

读完一次，悟了很多却还不够，《论语》的智慧是需要我们"如切如磋，如琢如磨"地去体会的，但读了起码能有印象。愿我们能在读与顿悟的路上，一起前行，相互辩论，相互鼓励。

（指导老师：龙孟得）

点评

《论语》里的故事短小精悍，富含哲理。文章思路清晰，从道、实践、学习三个方面对书本内容进行分析，最后联系自身经历，展开议论。全文夹叙夹议，引经据典，使文章更有说服力。

从《世说新语》谈魏晋士人及今人的爱美之心

东莞市第五高级中学　莫蓓怡

　　《世说新语》中的容止篇目，生动具体地反映了魏晋士人的时尚之风。魏晋时期的人们对于俊美仪容的追求是狂热的，这时期的人们认为俊美的仪容是很有价值的，甚至美貌与功名、声望、社会地位都有紧密关系。这本质上其实反映了古人的一种自我意识和对精神自由、美好事物的向往。古往今来，种种事实和社会现象告诉我们：爱美之心，人皆有之。

　　现在我们总能在生活中听到这样的话，"唉，这个该死的看脸的社会"，其实仔细想想从古至今不管哪个朝代都是"看脸的"。而这其实也没有什么不妥，看到美的人我们总是会心生爱慕，难免想要亲近，而看到丑的人我们对其的第一印象总是不会太好。《世说新语》中记载着一个故事：有一个叫潘岳的人容貌出众，他走在洛阳街道上，妇女们都会一起围观他。另一个叫左思的人相貌极丑，他效仿潘岳走在街上，妇女们都朝他乱吐唾沫，他只好颓丧地回家了。由此可见，爱美，是人骨子里的天性，这并不是被物欲横流的现代社会催生出来的。所以我们也不应否定这种天性，爱美之心是没有错的。

　　不过追求美也要有正确的方法，像新闻中近几年屡屡引发热议的过度整容、仿照明星的容貌整容等事件，我认为就是不可取的。相貌是天生的，如果你对自己的容貌不满意而去整容，这也谈不上错，但过度整容导致损害健康、损害心灵，这就十分不值得了。追求美是要付出代价的，但这代价我们也要好好掂量一下。《世说新语》中说到魏晋有一个人名叫卫玠，因为美貌闻名，引得人们竞相观看，卫玠体弱多病，因忍受不了如潮水般的人群而死。当时的人们都说他是被"看死"的。可见追求美，有时会给别人带来麻烦。另一种付出过于惨重代价的事就是仿照明星整容。我们每一个人都是独一无二的，即使是双胞胎也只是十分相似而并不是完全一样。我们每一个人都是这大千世界中仅此一个的存在，所以我们都是非常珍贵的。我们应该爱自己、珍惜自己。如果你非常喜欢一个明星的容貌，你很想像他一样，那你去模仿他是可以的。但是企图通过整容而拥有和他一样的容貌，这种行为就像邯郸学步，不仅学不到别人的东西，还丢了原本自己会的本领，简直得不偿失。追求美应该用正确的方法，不要为此付出不值得的代价。

不过在如今社会中还有另一种极端行为，那就是否认追求美的正确性。比如有些人认为化妆就是不正经的行为。面对这种偏见，不要说作为先进的现代人，就是作为古人都会鄙视。《世说新语》中也有记载何晏姿仪俊美，皮肤细腻，尽管如此，他还是想尽各种方法来提升自己的俊美形象，如服用丹药、化妆等。由此可见，追求美是人的天性，而化妆是追求美的一种方法，毕竟谁都希望自己看起来更招人喜欢一些。除了对于化妆的偏见，还有些人对他人的着装也存在偏见。比如有些女孩喜欢穿夸张一些的服装，或者中性一些的服装，一些人就会对此评头论足，认为其不得体。当然每个人都会有自己的看法，但我认为一些涉及性别歧视的看法就理应摒弃。每个人都有权穿自己喜欢的服装，只要穿得没有触犯法律、公共规则和他人的利益，那就不该被指责。如那些爱穿浮夸服装、中性服装甚至男装的女孩也都应该被允许。我想我们每个人都应尊重对美的选择，不要对追求美产生偏见，不要有性别歧视。在《世说新语》中叙述对美的追求的对象均为男子，可见在古代，男女都十分爱美，连古人都知道美不分性别，我们这些站在巨人肩膀上的现代人怎么见识还如此短浅？实在不应该啊。

而魏晋时期的古人认为美不仅是赏心悦目那么简单，他们甚至觉得一个人的容貌仪态也反映了其做事能力和风格品行。如《世说新语》中写道，曹操准备接见匈奴使者，自认为相貌丑陋，不足以震慑边远之国，因此让容貌威严的崔琰代替他接见。从这看来，魏晋时期的古人对美的追求确实是狂热，在那个时期，美貌的人简直可以"恃美行凶"啊。在现代也有"美即正义"这样略带俏皮的说法。古代人对美貌的人会倍加推崇，我们现代人也一样，看看那些著名明星的微博粉丝数就知道了，美在任何一个年代都是一张极好的通行证。但其实美并不是单一的容貌美这么简单，如果你有天赐的好容貌，那自然是好的，但如果你没有，也不要以为美就和你没有关系了。美除了容貌，还有仪态、气质、品德、内涵。一个长相不够美的人还可以通过其他方面来弥补，比如民国时期的女神林徽因，虽然论长相她并不十分美，但她却有一身优雅的气质，以及丰富的内涵与学识。这些都让她散发出迷人的魅力，成为那一时期优秀女性的代表，成为美的代名词。在《世说新语》中有记载许允的妻子因相貌难看而不被丈夫喜爱，但她并不悲观，用机智的谈吐让丈夫对她另眼相看，敬重有加。这就是用内涵让自己变美的典例。

一个人有美丽的容貌并不是最可贵的，因为天生的美貌会随着时间的流逝而消失，而只有内在的美是时间偷不走的。人只有通过不断地提升自己，不断充实自己的内在美，才能守住外在的美。魏晋士人对于美的不懈追求中，既有对于外貌美的推崇，也有对于内在美的敬重。如《世说新语》中反映了魏晋时期盛行清谈，清谈是指魏晋名士聚在一起评论时事、讨论文学。清谈是魏晋名士外在风度和内在气质的综合体现。由此可见古人也十分注重内在的修养。这也是美的体现。我们现代人也是注重内在修养的，从我们国家越来越高的教育水平中，从现代社会逐步走向更发达、更文明的未来中，可看出我们对内在美的追求。

如果你想要美并不难，但如果你想要持久的美是真的挺难的。除了对外在美的追求，还要重视内在修养。爱美之心，人皆有之。古往今来，人们从未停下追求美的脚步，不管是在遥远的古代谈笑风生的魏晋名士，还是在现代享受高科技的我们，都不应放弃对美的追求，并且要用正确的方法追求美，还有不要对美有偏见。在《世说新语》记载的魏晋士人与我们现代人的诸多共同点中，最普遍的就是古人和我们都有一颗爱美的心。

点评

全文语言自然流畅，行文思路清晰。小作者对于社会对外在美的追求等现象能够有自己的思考，提出"除了对外在美的追求，还要重视内在修养"。文章引经据典，内容富有哲理和深度。

《从你的全世界路过》读后感

化州市实验中学高一　莫晓柳

读过睡前故事的人会知道，这是一本纷杂凌乱的书。这本书由一个个小故事集合而成，那么多简单的篇章，有温暖的，有明亮的，也有落单的，有疯狂的，有无聊的，也有莫名其妙的。《从你的全世界路过》，让我心动的故事书。

总有几段场景，其中的每幅画面，你都愿意拿全部的力量去铭记。一个人的记忆就是一座城市，时间腐蚀着建筑，把高楼和道路全部沙化，如果我们不往前走，就会被沙子掩埋，所以我们泪流满面，步步回头，可是只能往前走。就像茅十八和荔枝，茅十八送给荔枝一个导航仪当作生日礼物，茅十八说他把导航仪的语音全部换掉了，茅十八一声声，陪着她穿过大街小巷，令所有人惊叹不已，然而只有到了特定的地点——稻城，他才打开情感的门闸，不徐不缓，深情地吐露真心。但结局却是天各一方，可你只能往前走。生活有的只是悲喜交织，大概令我感触最深的也是这里。

在这一路上不断有人来，又不断地有人离开。有人说所谓人生就是一个迎来送往的过程，得到、失去都是常态。在书里也看到，有人失去事业，有人失去爱情，但最终都还是勇敢地生活。有时候会觉得，故事里的某个人和自己身边的某人很契合，然后觉得整本书都是那么亲近。

每个故事都有适合它的讲述。"使生如夏花之绚烂，死如秋叶之静美"，生活就是生下来、活下去，不同的是故事的过程。就像茅十八和荔枝的真情实意，像猪头对燕子的无怨无悔，像姐姐对"我"的姐弟情深，像管春的没心没肺，但我们只能怀念。

纵使知道生命中总会有许许多多的过客，我们自以为他们可以陪伴我们一生，但他们一个又一个地从我们当前的世界路过。就像小玉与马力经历了许多波折，但都有自己的朗读者，而"我"只是个摆渡人。

就像张嘉佳说青春里没有返程的旅行。我们喜欢说，我喜欢你，好像我一定会喜欢你一样，好像我出生后就为了等你一样，好像我无论牵挂谁思念都坠落在你身边一样，就像女生苦苦等待男生，最终还是离开，男生却后悔莫及。纪念青春里的乘客和没有返程的旅行。如果还有明天，要怎么说再见，我们的一生中，会看过许多人，经历过许多事，落过许多泪，哭过，笑过，但他们一个又一个地在人生路口，离开了我们。生活本就是这样，不用急，慢慢来，比较快。

读完这本书，虽然不能感同身受，但也有所体会。我们也会有书中人物的经历，也会有各种各样的烦恼、无奈和困难。谁都无法预测下一秒会发生什么，更不知道结果会是怎么样，我们唯一能做的就是把握好现在，不被过去而扰，不为未来而忧。

当我合上这本书的时候，我会记得一个个人名、一场场欢乐、一段段哭泣，以及一张张无所畏惧前行的笑脸。里面说，"我希望有个如你一般的人，贯彻未来，数遍生命的公路牌"，你只能慢慢体会，慢慢感受里面的点点滴滴。

点 评

　　小作者先谈了阅读《从你的全世界路过》之后的总体感受，然后摘选其中的故事，结合自己的生活，进行议论。行文流畅，情感真挚，文字清新自然。

小欢喜
——读《风会记得一朵花的香》有感

深圳外国语学校　聂宇言

　　时隔多日再打开这本书，心中总不由地生起一种再见旧友的窃喜。那些文字已被时间的沙漏消磨得看不清原本面目，但那份平淡却温暖的幸福感却迫不及待地从书页间渗透出来了。

　　丁立梅，这位用音乐煮文字的创作者，笔下的文字似一杯陈茶，味不浓烈，香不厚重，也无华丽的辞藻堆砌点缀，可平淡中自有一朵盛开向阳的花。这个平凡卑微的世界在她手中摆弄几下，就变成了奔流不尽的温暖源泉。捧一本书，赴一场约会，与她共看纷乱扬尘在阳光下翩然起舞，在下一个胡同巷口的转角处见证幸福的绽放。

　　它的引言是这样的："凡尘到底有什么可留恋的？原来都是这些小喜欢啊，它们在我的生命里，唱着歌，跳着舞。活着，也就成了一件特别让人不舍的事情。"读到这句话，我的内心不由地雀跃起来，在丁立梅所叙述的故事里头高兴地应和着，是了是了，可不就是这样吗？生活就是由许许多多的小片段拼凑而成的。每一个出现的人，每一个去过的地方，每一种不同的心情，在这么多大大小小的故事的背后又藏了多少细细碎碎、不易察觉的小喜欢呢！每每在心情低落时回想起来，总会觉得有一股力量倾注于我的四肢及每个毛孔，一颗无助虚无的着不了地的心仿佛被灌注了名为幸福的醴泉，撑得饱饱的。

　　还记得学校门前的摊贩老板吗？他们每天准时地出现在校门口，或卖豆腐花，或卖烤串，或卖鸡蛋饼。打了个面熟后，会亲切地与你攀谈上一两句，或是在你的心情不佳时暖心地偷偷地多撒一点儿料。当你缩着脖子抵御寒风侵袭时，手中饱满的一份煎饼果子怀着厚实的馅，橙黄的萝卜馅在只有灰白色调的冬天中异常鲜艳，热气腾腾的温度带着酱香蔓延至全身，咬上一大口的滋味，那不就是幸福吗？

还记得童年时四处追寻的麦芽糖吗？一声接一声清脆的叮叮声，掷地有声地回荡在大街小巷中，一位老人挑着担子穿过人群，手中的动作不停，只留下一遍遍回响的余音。那响声空灵悦耳，像是在呼朋引伴，声音不大却绵长，环绕着村子回旋。可它又像捉迷藏似的，要是你撒开脚丫子拼了命地追，也只能逮到欢快的袅袅余音。待你千辛万苦地捉到它的踪迹后，他梆梆梆地敲下一块，放入口中，一瞬间肆意蹦跶的清香，那不就是幸福吗？还有儿时玩耍的童伴、邻家贴心的大哥哥、楼下梳着羊角辫天真活泼蹦跳着的小妹妹，还有总是不苟言笑的保安叔叔、清晨早早锻炼傍晚携手而行的爷爷奶奶，甚至是数年来默默花开花落的木棉树、墙边不起眼却顽强生存的野草，那些平平淡淡却真实流淌的幸福，不正是值得我们留恋风尘的小喜欢吗？

一个人的存在，到底对谁很重要？这世上，总有些人记得你，就像风会记得一朵花的香。风来尘往，莫不如此。

我是你眼中的风景，你是他眼中的风景，他是我眼中的风景，于是，在这平凡的世界里，处处便都有了小喜欢。

（指导老师：张林红）

点评

"那份平淡却温暖的幸福感却迫不及待地从书页间渗透出来了"同样可以用来形容小作者的文字。整篇文章文字清新可喜，修辞手法含而不露，可赏可析，一种读到佳句的"小确幸"随处可感。

数风流人物
——《世说新语》读后感

东莞市光正实验学校　沈小琳

很荣幸读了《世说新语》，让我伸手可触那个年代人物的风流。

看得见嵇康从容赴死，弹一曲绝命的《广陵散》；看得见阮籍狂放，以天为被，以地为床；看得见孔融的儿子们嬉戏于危难之前，镇定自若地对父亲说出"覆巢之下，焉有完卵"……《世说新语》收录了魏晋人物的故事，是一本名士录，分门别类地分出了三十六类。

东坡先生说："大江东去，浪淘尽，千古风流人物。"是的，千古风流人物。《世说新语》是一整本的千古风流人物。叹惋他们生于魏晋这个时代，庆幸他们生于魏晋这个时代。

魏晋是可以和三国重叠起来的，只是除去了东吴与西蜀的北魏，它连上司马昭篡位而生的晋，更为动荡而已。晋朝是个虚伪的朝代，名不正言不顺，就需要一些安抚民心的手段来显示自己是顺应天命。李密不想当晋朝的官员，前前后后地推脱，费了大周折写了一篇感人肺腑的《陈情表》才被晋朝的皇帝准许。

曹操在的时候，还有"求贤令"，可是后来，除了九品中正制，就什么也没剩下了。这是一个黑暗癫狂的时代，人们的思想情怀无处容身。老庄学说因此风行，人们陷入极端的享乐主义。乌烟瘴气。

这样的魏晋似乎很难被人们认可和了解。一般人提不起它，因为不知道；能够提起它，想到的都是硝烟与怪诞。魏晋的文明与人物在时代的大背景下几乎成了飞灰。

我们都说底层人民受苦受难，那么那个时代的名士呢？我们后人对他们的评价可不怎么友好——觉得他们过得光鲜。

但同样他们也都受到了严重的迫害，可是难得流光溢彩。

在精神方面，无能与朝廷为敌，无能为生民立命，选择了依持家底独善其身。

刘义庆是南北朝的人，对魏晋却似乎有着很强烈的向往，他不写别的朝代，选择了写人不写史。我想，他应该是怀着赞赏的眼光关注到了魏晋时期的人文精神。

《世说新语》的每一篇故事篇幅都很短，人物器量格局却很大，很有清新高雅的意境，特别宏远。初中时曾经学文言文，学到了《陈太丘与友期行》与《咏雪》两篇，当时我并没有注意到它们选自《世说新语》，年纪小小却思维敏捷的元方和身为女子的谢道韫让我眼前一亮。他们身上有着随性自然的人文情怀，品格清雅表现得并不过分。

竹林七贤是魏晋时代的名人了。每当我读到关于竹林七贤的文字时，都要停下来思索一会儿他们的心境。王勃的《滕王阁序》里有一句，"阮籍猖狂，岂效穷途之哭"，作为七贤之首的阮籍，他愁苦悲愤出来的猖狂岂止一件穷途之哭啊。《咏怀》八十二首，这是我见过的写诗续篇写这么长的人了，不拘于世俗礼法，率性自然。

整一本《世说新语》，王谢两家占了绝大多数篇幅，到处都是王谢两家的人，王谢两家代表了魏晋时期官僚的最高名望，里面太多的讲气度、讲品鉴的故事，让我在读这本书之前就听到了关于它的太多的负面评价。

这本书标榜沽名钓誉，矫揉造作啊。

王谢两家各有一段风骨，这是毋庸置疑的，关于礼仪，他们有着重要的认识，什么时候都不愿乱了自家礼仪风度。儒门理念就有"礼"这一个字。《世说新语》里说到谢安、王羲之带着一帮人同游，突然遭遇海浪，除了谢安之外，所有人都惊慌失色。我并不认为维持一段风骨是什么应该被攻击的内容，泰山崩于眼前而不变色，是一种气度与能力，能够有这种能力的人是大丈夫。如果为了维持一段风度进行伪装，能装得像，装一辈子，把这件外套裹在身上永远不脱下来，也让人佩服。因为这是一种知道自身不足的进步。当代的我们别说本身具有这种从容镇定的能力，就是装，也装不像。

《世说新语》的主旨不在于让我们全盘效仿他们的怪诞，它分好类别的德行、容止、贤媛等都很能体现这一点。它从始至终给我们传递的都是正能量，并不能因为王衍是清谈宰相，是信口雌黄祸国殃民的混蛋，去装模作样地把钱说成"阿堵物"，就把作者想要传递给我们的淡泊名利的心态抹杀掉。

周乘的口说出"时月不见黄叔度，则鄙吝之心已复生矣"，其书的品行追求不是已经很明显了吗？

《世说新语》绝不是流言蜚语中所说的花瓶，是值得好好看一看的。

（指导老师：曾漫凌）

点评

读《世说新语》，品评书中随性自然的各色人物，作者用语也是如此随性自然，文笔清雅灵动，文质兼美，实在令人读之称赞。作者为《世说新语》正名，给人"一片冰心在玉壶"之感。看完此篇读后感，有重新翻阅《世说新语》之冲动。

145

养士之道

——读"战国四公子列传"有感

广州市铁一中学　唐新汉

这个寒假，我读了"战国四公子列传"，分别是《孟尝君列传》《春申君列传》《平原君列传》和《信陵君列传》。其中的主人公被誉为"战国四公子"，他们有一个共同点：爱好养士。但是如果仔细看，就会发现他们养士的方式迥乎不同，这样一来，他们的结局自然就不同，甚至可以说是天上地下。由此，"养士之道"就发人深省。

孟尝君以好收门客著称，善于四面开花。孟尝君表达对待门客的看重就是让手下门客在一些待遇上和自己持平。正是因为孟尝君待门客照顾周详，所以孟尝君手下奇人异士颇多，既有鸡鸣狗盗之徒，也有纵横诸侯的智谋之士，这些人为孟尝君保驾护航，让他度过了一次次难关。

春申君则更是财大气粗一些。招募门客对于春申君而言，更多的是一种装点门面的手段，所以从门客的数量、质量、在关键节点发挥的作用来看，春申君都是战国四公子中最弱的。春申君招募门客的方式也可以说是简单粗暴，就是以金山银海堆砌出来的三千门客。

而平原君却是一个反面例子。太史公司马迁评价平原君虽为"翩翩浊世之佳公子也，然未睹大体。鄙语曰'利令智昏'"，用今天的话说，平原君赵胜就是个纨绔子弟。

信陵君好士。赵胜、田文、黄歇皆好士，可他们都是那种居高临下式的养士，而只有信陵君才真正做到了倾心交接，平等相待地爱士。

由此不难看出，与人交往的关键并不是用金钱、地位、权利去诱惑他们，而是把他们当作朋友，摆在和自己一样的高度。平原君不能处理好"女人和兄弟"的关系，被人扣上"爱色而贱士"的帽子，更有平原君出使楚国，三千门客难选二十的窘境。赵国在长平一战中被打败，他也有不可推卸的责任。春申君养士却无用，因为他不听门客的意见，稀里糊涂地给皇帝戴了绿帽，最后还被李园杀害。信陵君正是因为能把门客当作朋友，才会有这么多人死心塌地地替他卖命。

写到这，我不禁想到另一个人——《天龙八部》中的慕容复，他的家世、相貌、功夫都是一流的，但是结局却很惨，他败在不会交朋友上。慕容复所追慕和效仿的人格有两种：一种是战国时孟尝君、信陵君等诸公子般的礼贤下士，罗致四方豪杰；一种是韩信般的忍辱负重，能承受胯下之耻。他唯一不能忍受的即是平等地对待朋友，这样一来，失败就成了必然。在我们的老话中，人们似乎常要面临一种选择——做"鸡头"还是做"凤尾"？其实做"鸡头"不难，做"凤尾"亦不难，最考验人的，是能不能与人做平平常常的好朋友。

　　在今天，我们当然不可能养士，但是读史使人明智，我们应当在历史的长河中从前人身上吸取经验，那就是如何正确地与人交往。我们生活在由人组成的社会中，每天都要与人打交道。与人打交道是一门很深的学问，但是要做好并不难，那就是平等待人，不戴有色眼镜，不在别人飞黄腾达的时候虚情假意，更不能在别人落魄时落井下石。有句老话说得好，"锦上添花不算什么，雪中送炭才是真正的朋友"，俗话说"读史使人明智"，如果我们能从"战国四公子列传"中悟出适合这个时代的"养士之道"，那我们才算是真正的明智。

点　评

　　小作者对原著形象分析到位，联系其他作品印证阐发，思路开阔。

　　司马迁塑造的战国四公子形象具有很强的艺术感染力。小作者以"养士之道"为切入点，对四公子的做法进行了比较分析，悟出了与人交往的关键在于平等、信任。随后，小作者联想到了《天龙八部》中的慕容复这一人物形象，进行对比分析。最后，小作者将自己通过阅读收获的人生感悟娓娓道来，指出适合当今时代的"养士之道"。综观全文，思路清晰，语言流畅自然。

《骆驼祥子》读后感

开平市长师中学　许浩楠

　　贝蒂曾经说过，人有了坚定的信念才是不可战胜的，老舍笔下的祥子诠释了这句话，祥子虽只是一个北京马路胡同上的车夫，长得五大三粗，被人叫作傻大个，但他那年轻充满热情的心中却装着一个"伟大"的梦想，陪伴他走过十几年的拉车生涯。

祥子每日穿梭于大街小巷之中，日复一日、年复一年地拉着车，他日益成熟的心中却默默地怀着一个梦想——拥有一辆属于自己的车。为了这个梦想，他甘愿吃任何的苦，流更多的汗。几年来他省吃俭用，终于用那宝贵的一百元买来了他人生中第一辆属于自己的车，这使他欢喜。然而老天却与他开了个小小的玩笑，他的车被士兵们强行夺去，但这却更加坚定了他买车的信念；之后的他拿虎妞的积蓄又买了一辆，却因虎妞的死而被迫卖掉来安葬虎妞。随着岁月的推移和那社会中滋生的黑暗，祥子走向了人生的灭亡，变得贪婪奸诈，不断地去攻击与压迫他人，变得行尸走肉，当年他买车的理想，早已随着他的变化而泯灭——祥子成了一具没有灵魂的空壳。

祥子对自己梦想的执着，令我们不住地叹息。有人说过：世界上最快乐的事，莫过于为理想而奋斗。祥子的那一百元大钞本可以随心所欲地挥霍，但他却义无反顾地买下了那辆车，他为了自己实现的愿望而满足而快乐，为了今后能够拉着自己的车奔于街道胡同中而感到自豪。每个人的心中的确都有着理想，但是真正地实现了自己理想的人却寥寥无几，一个诱惑、一句劝你放弃的话语便会削减你的信心，令你放弃。实现理想的道路上不是一帆风顺的，常常充满了坎坷与艰险，只有那些对自己的理想坚贞、永不放弃的人才能够笑到最后，实现自己的理想，到达成功与喜悦的彼岸。祥子的命运是悲惨的，几起几落的人生打击，令他早已无力去面对自己的理想与现实的黑暗，当时的社会从不给予善良的人出路，悲伤、悲愤，祥子的理想随风而去，正如那默默奋斗中甘心落寞的人们。黑暗不断地蚕食着社会的光明，无声地改变着落寞者们的心灵，以至于失去那个最初的自己。

从小便听说过一个故事：有一个人由于大旱而去挖井，他一口气挖了十来个井，却都绕开继续挖下一口井，路人见了问他为何不继续挖下去，他说挖了这么久，下面肯定没水。那个挖井人最后空手而归，而那个路人沿着他的痕迹继续向下挖，没挖几下便见得泉水涌了上来，十个井中有七八个有水。对自己没有信心的人就如同那个半途而废的挖井人一般，也许再坚持一下便会获得成功，却由于自己的刚愎自用与动摇了的信心，与成功擦肩而过，人生的道路上，成功的财宝永远只留给那些对自己充满信心、对自己的信念坚定不移且永不放弃的人。这笔财宝，祥子失去了。而我们呢？

　　憨厚老实、踏着大步拉车的祥子与奸诈狡猾、行尸走肉的"祥子"是一个对比，信念的坚定是人生取胜的关键点。坚定自己的信念，才能成为人生道路上的大赢家。

点　评

　　作者读文细致，有自己独特的见解。

胡同里的平民史诗

——读《四世同堂》有感

广州市执信中学　许伊蓝

　　为正义而奋斗的事业里，弱者不一定选择退缩，而强者也未必注定了胜利。在那个家国沦落的年代，或许，我们因为四起的烽烟已看不清中国可爱的脸庞，但是却不能忘记，在北平那条小小的胡同里，曾有那么一些可爱的人们，在演绎着属于他们的平民史诗。

　　这是一次迟到了好久的相遇，因为寒假里难得的时光，我这才有机会翻开老舍先生的《四世同堂》。老舍以抗战时期北平一个寻常的小羊圈胡同为背景展开了故事，以几个家庭里众多小人物屈辱而悲惨的经历，反映了北平市民在八年抗战中惶惑、偷生的社会心态，再现他们于国破家亡之际，缓慢、痛苦而艰难的觉醒历程。

　　细细品读后掩卷遐思，小羊圈胡同里的人们也许并不都是传统意义上挥洒热血、为国捐躯的那一类英雄，但我们仍要向他们致敬。你或许问道：祁家老人怀抱对日本侵略者的愤恨，却始终没走出保卫小家、维护祁家四世同堂血脉的小民意识；恪守本分、与世无争的天佑一直想平安本分地做个小商人，却难逃游街受辱后跳河而死的命运。而第三代人中的老大瑞宣继承了祁家的温厚宽容，却在报国与尽孝间摇摆不定，痛苦难言。他们何以成为英雄？

　　我们需承认在白与黑、正义与邪恶之间必然存在大片的灰色地带，北平的历史环境及文化把"温柔敦厚""人伦忠孝"的传统观念深深印刻在了北平人的心中。在阅读时我也曾"恨其不争，哀其不幸"，可是当我把自己置身于抗战时期的胡同时，我突然能理解他们的举动，在这份看似不问世事的沉默之下大概也有痛苦的无奈。他们扎根京城多年，不得不考虑到这庞大的家族与血脉，即使他们有着满腔沸腾的热血，但是对于家族的责任让他们无从选择，唯有留在沦落的北平。

这是一份令旁观者愤恨的沉默，我们指责他们苟且偷生，但是与冠家汉奸的不择手段相比，与祁家老二的见风使舵相比，羊圈胡同中其他草芥般的市民却不曾出卖过自己真实的灵魂。他们也深知这灵魂来自五千年的华夏，来自中华民族一代代的传统，其间蕴含着的正是我们中国人悠久的文化，它教我们温柔敦厚，教我们行儒家的中庸之道。人们这份柔软之下超越世俗价值的雄强与果敢在历史的长河中也许微不足道，但在维护国家血脉传承、不使华夏文明断流的篇章上，会有他们无言的光芒。

而且，真情实感的流露才是人间烟火，才是作品最触动人心的一剂。读到小文夫妇与尤桐芳在戏台上献出卿卿性命的那一幕时，我也曾流下泪水。或许只是些对话，只是言语中流露出的怜悯和同情，但背后却是不忍同胞受辱而国破家亡的家国情怀。与战士的英勇无畏、政治家的运筹帷幄相比，他们小小市民的情怀或许微不足道，但这份光芒在黯淡的北平更让人觉得珍贵与难得，更给予人希望。战争中受苦的最终是老百姓，而在抗战的鲜血之下这份小胡同中的人情最为朴实，这也是金戈铁马中一份柔软的力量呵。

而隔壁家那个曾经吟诗作画的钱老爷子因家庭的破碎转身变为刀刃上行走的侠客，他满怀深重的仇恨，也能理解胡同的无奈。只身一人的他无惧无畏，是因为背后不再有家庭的等待，在我眼里，他是全书最见风骨之人。在他的精神感召下，祁家老三瑞全成为坚定的革命主义者，走上抗日的道路；冠家大姐高弟也蜕化为出淤泥而不染的莲花，渐渐精神觉醒。他们俨然为全书增添了许多铿锵之力，中国正是因为有千千万万这般刚毅的人，才最终站起来走向光明。

无数人牺牲在这个家国沦落的战争年代，日本侵略者的暴行对于北平、对于中国都是一个永远不会擦除掉的噩梦与耻辱。但无论何时我们都要记住自己是有血性的中国人，我们决不能低头，不能忘记为了和平而奋斗的最可爱的人们，他们是柔软而有力量的以小胡同为代表的人民，是铿锵而热血的前线战士。我们不可否认战争是罪恶的，它真实体现出了人类的贪婪与残忍，却更散发了人性温暖、闪亮而伟大的一面。

历史的洪流潮起潮落，而中国始终乘着时代的列车向前推进。在这风雨征程中，泥泞和伤痕总是无法避免的，但回首过去悲壮的一页，翻看多年前小胡同中的平民史诗，除了愤恨与叹息，我们应该看见预示着光明的未来，看见历史的新篇章，那是我们正在崛起的中国。

（指导老师：冯剑辉）

点 评

作者将自己带入到故事情节中，一边对《四世同堂》的情节娓娓道来，一边向读者循循善诱，深入浅出地讲述自己的理解。文章有着很强的亲和力，能够与读者产生共鸣。（杨建国）

人之方圆，谨由心使

东莞市塘厦中学高二　杨婷婷

《笑傲江湖》这本书可谓是正邪交织，即便最终依然是邪不胜正，让我们心寒又温暖的故事也反映出了饱受争议的问题——人们所处的环境是否真的能影响其性格。

古人云，"近朱者赤，近墨者黑"，借此说明人的品性由环境决定。当然，现实生活中也确实有这样的例子：书香家庭培养出博览群书的小才子，贫困家庭的孩子从小吃苦耐劳。而我认为，有时候环境的压迫致使人迫不得已习惯一些行为，而本性会在突破口释放。

第一个给我这种感受的人是青城派的余观主。说到名门正派，青城派绝对算得上出名。然而就余观主所为，残杀福威镖局众人，绑架林平之父母以及告发令狐冲顽劣，无一不是小人所为，而起源竟是为了抢夺林家武功秘籍——《辟邪剑法》。所谓正派中人，理应为天下和平和江湖正义而行侠仗义，此时却为一己之私不择手段，自相残杀。由此可见，正派之中，即便有天下人的赞许，有严厉规矩的约束，有前人的经验事例，还是免不了为世俗的事物丧失自我，抛却初心。人性的善与恶或许是与生俱来的，后天的环境其实并不能影响，只是一直被压抑着，直到特殊时期，便一发不可收拾。名门正派所以为名门正派，就是因为人性本善的先人打下的基础，而后的弟子无论本性善恶，都在这样的庇护下巩固或消亡。

与其相同的还有"君子剑"之称的岳不群。岳不群心机深厚，为了达到自己的目的，做了十几年的"君子"，不到最后谁也料不到他的心计。都说左冷禅狼子野心，不可不防。在我看来，看得见的阳谋不必防，看得见的野心不需藏，看不见的阴谋最可怕，料不透的伪君子最深沉。岳不群这个人，就连他的女儿岳灵珊也没看懂，还当是她最亲的父亲、最严的老师，是江湖上赫赫有名的君子，可见其藏得至深。这也造成了岳不群屡屡向令狐冲使暗箭，令狐冲还是无法对他下手，也始终不肯相信他这些阴谋。可怕的是，不仅仅是令狐冲这样视他如亲生父亲的人，即便是外人，也没猜到他的野心。方证大师这些得道高僧，只道五岳派掌门不是左冷禅便好，也未曾想到这位伪君子的险诈之计，正派中的斗争远比魔道中的阴险狡诈。这也造成了令狐冲逐渐对正派失望，转而开始对任我行的邀请动心，如若不是那些令他恶心的恭维，他兴许就加入了魔教。岳不群所管辖下的华山派素来规矩甚严，他没有改变令狐冲自由的性格，也没有能改变自身的险恶，只因人性与生俱来，无法改变。

说到正派中的伪君子，再来聊聊魔派中应身份所趋的伪小人。他们因身处魔教高层，即便人性不坏，也为那些所谓名门正派的人所唾弃，为天下人胆战心惊。

最具代表性的一人就是身为魔教教主女儿的任盈盈，被众人称作魔女可真是冤枉她了。只是因为这一个身份，给她带来了无数骂名，以及与令狐冲感情的阻碍。说她是魔女，但她着实没有做过什么伤天害理的事，她从小没有正派中大大小小的约束，更显得真诚和爽快。她因与令狐冲一天的相识，召集天下好汉救治他的绝症；她一路保护令狐冲求医，没有半分小姐架势，也没有正邪两派势不两立的迂腐观念；她主动挺身帮助岳灵珊抗敌，为令狐冲解决两难之境。这样一个魔教圣女，可比许多正派中人善良真实得多。她出生在一个正邪两立的时代，生长在一个杀人如麻的环境下，周遭的事物没有染黑她，反而是这样的环境更衬托出她的出淤泥而不染。任盈盈的父亲任我行从小没有约束女儿的成长，在他漫长的牢狱时间里，任盈盈几乎是被放养的。误打误撞，造就了任盈盈温柔而不失威严、单纯而不会轻信、孝顺而不是盲从的性格。她从不依赖谁，但凭自己意愿追随。反之岳灵珊就不是这样，她一味地相信自己的父亲，即便有所怀疑也把念头扼杀在摇篮里，最后才会落得被父亲追杀、被丈夫杀害的可悲下场。长辈创造的生活环境从来都不是决定因素，往往是自己闯出的路，才更深地影响自己。

要说英雄好汉，这一般来说是正派中人的定义。然而这个故事中的"好汉"们为一己私欲自相残杀，着实算不上好汉。而曲洋长老与刘三爷，反而更符合这个词。正邪总是势不两立。而从细了来说，不过是工作，两派人为自己所在的门派工作。说他们是好汉，是因为他们在退休前为自己的追求鞠躬尽瘁，了却了自己的责任才放心离去；说他们是英雄，是由于他们为知己陷自己于危难之中，留下千古流传的曲谱，双双驾鹤归去。每一种环境都不乏英雄和小人，不能由于环境的定义就失去了对英雄的敬意。

人们总是会先入为主，从自身对环境的判定就自以为是地认为眼前的人就是自己心中的样子。通过长时间的相处，我们会渐渐发现他们或许不是我们最初认为的那样。或许他所处的环境狭小，但他举止大方；或许他身边的朋友活泼热情，但他生性安静；或许他身处闹市，但心系田园……一个人的成长路程并不是在一种环境下造就的，也不是仅仅依靠环境成长的。环境首先给了我们一个摇篮，之后是圆是方，还是要看自己的心性如何，适合怎样的生活。即便不是自己期望的，便如令狐冲一般，得知自己将死，又无意间学了吸星大法解难；不会疏解吸星大法的副作用，又不知不觉练成了《易筋经》，最终天下无敌！因此，可以相信的是——坚信自己！总有一个机会，在无声无息之中，助其成就大业！

人之方圆，不由天定，谨由心使。

（指导老师：姚家全）

点评

　　阅读《笑傲江湖》，作者的关注点不是"侠义"二字，而是独辟蹊径来探讨"人们所处的环境是否真的能影响其性格"这一具有争议性的问题。文章分别选取了正派中的伪君子、魔派中的伪小人、正派中的英雄好汉等不同类型的典型人物进行分析解读，最终得出了自己的结论"人之方圆，不由天定，谨由心使"。文章用笔老练，论述有据，难能可贵。

时光无情，亲情长存

——读《我们仨》有感

广东肇庆中学　余意

　　这周，我在学校读了杨绛的《我们仨》，说实话，大部分都是在夜晚微弱的台灯灯光下偷偷读的，可能正因如此，在夜深人静时读杨绛朴素的文字，才别有一番感触。

　　这本书主要写在钱锺书和杨绛的女儿钱瑗去世后，作者思念他们仨那时快乐的日子，并记下从前他们在一起的求学经历及日常生活，字里行间充满着作者深沉的爱。

　　在女儿和丈夫去世后，这位百岁老人常常喃喃自语："家在哪儿，我不知道，我还在寻觅归途。"她不久后便开始全身心整理钱锺书的学术遗物，平静的心和她的柔韧、坚忍令我深深敬佩。

　　"我们这个家，很朴素；我们三个人，很单纯。我们与世无争，与人无争，只求相聚在一起，相守在一起，各自做力所能及的事。碰到困难，锺书总是同我一同承担，困难就不复困难；还有个阿瑗相伴相助，不论什么苦涩艰辛的事，都能变得甜润。""现在我们仨失散了，剩下的这个我，再也找不到他们了。我只能把我们一起生活的岁月，重温一遍，和他们再聚聚。"这些朴素的文字，却直戳我心窝。看着这些文字，我心里最柔软的地方正被悄悄触动着，特别的心情久久不能平静。

　　当我看到作者含蓄委婉地写出钱锺书和钱瑗去世的画面时，竟深感压抑，眼眶不禁湿润，再看到锺书临别时，安静平和的画面，便泪眼婆娑，不觉温热的液体从眼角流出。这一家人，和谐、温馨，互相扶持，文字间透露出浓浓的亲情。世上最为珍贵的便是亲情，血浓于水，绵绵不息。岁月催人老，不老的、长存的，是亲情。无论我们身处何境，身处何地，亲人永远是我们最好的避风港。

　　在看这本书时，不禁让我把对家人的思念都寄托在里面。由于高中生活是寄宿制，每周回家的时间极少。然而每周看见的父母，都不一样。是不是又憔悴了？爸爸的白发是不是又多了，背也变得不再挺直了？妈妈是不是又瘦了？我多希望是自己看错。晚上一家人散步，妈妈紧紧挽着我的手，微微靠在我身上，向我说着一整周家里琐碎的事。其实只是些鸡毛蒜皮的小事，但我爱听，静静地听着，有时笑着附和。爸爸就总是嘱咐我在学校饿要吃饭，冷要穿衣。

其实我知道他们是舍不得我，我也舍不得他们。每次我一进家门我弟就一下扑过来，用他白白的小胖手抱住我不停地喊我"姐姐，姐姐"的时候，我多希望，时间能停住，我们都不会老；我多希望，那些远去的旧时光都能倒回，那些甜长的往事、逝去的欢乐时光都能重现。无数个念家的夜晚，我都这般想，却没能如此实现。

时光啊，再慢点儿吧，妈妈眼角的皱纹不要再多，爸爸的白发也不要增多，我知道，我们对这世上最无能为力、束手无策的便是时光了。它残酷，也美好。

如今，我又在学校里了，也只能像杨绛所说的，把我们从前欢乐的岁月，重温一遍。下周见，最可爱的你们。

（指导老师：李俊玲）

点评

这篇读后感紧扣生活，写出了自己最真实的感受。

《我们仨》是钱锺书夫人杨绛撰写的家庭生活回忆录。作家以简洁而沉重的语言，回忆了先后离她而去的女儿钱瑗、丈夫钱锺书，以及一家三口那些快乐而艰难、爱与痛的日子。小作者读懂了杨绛想要告诉给读者的生活与生命的本真，对自己的生活进行深度的体会与思考，联想到自己与家人之间的亲情，抒发了自己的阅读感受。此读后感语言流畅，结构完整，感情真挚，堪称佳作。

一地故乡，尽是荒凉
——读《纳兰容若词传》有感

惠州市龙门中学高二　钟裕翔

一纸素笺从繁华似锦的京城来到了温柔似水的江南。

身披蓑衣的顾贞观望着渔船之外的绵绵梅时雨，一滴泪滴在那雪白的素笺上，只见纸上龙飞凤舞地写着"人生若只如初见，何事秋风悲画扇。等闲变却故人心，却道故人心易变……"朦胧的江南烟雨更浓了，仿佛不是一柄白纸伞可以遮挡住的。

纳兰容若，原名叶赫那拉成德，清初第一词人，诗词造诣登峰造极，被世人所传诵，却鲜有人去涉足他的生平事迹，于是我翻开《纳兰容若词传》，去看这身负盛名的才子命运多舛的一生。

看完之后便后悔了，指尖轻触纸面，带有淡淡的凉意，书卷里的悲凉溢出纸面，让秋夜冷了几分。

万水千山，总有一地故乡。故乡于世间大多数人而言，是无忧无愁的快乐。而纳兰容若生于斯，长于斯，到了最后也葬在什刹海。从书中观其一生，犹如困笼之鸟，故乡是他的囚笼，将万般无可奈何加负其身，他立于囚笼之中，听着来自各地挚友眼中连绵的万里河山。他将无可奈何和希冀写进自己的词中。让世人替他看看，看一眼春秋，听一曲河流，面一壁孤崖便够了。他汇了《饮水词》，让其永流世间，放进每一个人的心中，代看那素未谋面的江南、塞北、中原，而不是单调的繁华与纸醉金迷。

我听过一则传闻，曹雪芹笔下那天真无邪的贾宝玉就是依据少年时的容若而塑，有他那一点单薄的影子。不过容若的命运更加多舛，因为贾宝玉在最后离开了贾府，离开了这片囚禁他的伤心地，选择皈依佛门，在红尘中渡舟寻花，见到了容若所向往的万水千山。而纳兰容若却只能用他枯瘦的手指，提起笔写下那些离愁别恨，用那些无可奈何写下这些年的成长。细细品读容若的诗词，会发现有繁花戏蝶、草长莺飞；有月下独酌、不醉不归，却不属于那年心死的容若。

常言道"天妒英才"，容若也逃不脱这可怕的魔咒，我先前得知他英年早逝，不禁扼腕叹息，可是现在的我知道，死于他而言是解脱，是救赎。曾对他的诗词如痴如醉，我依着他的词，看到他在几丈高的红墙外，用指尖的血花染红宫墙；看见他不惜冒死潜进皇宫里，看到自己的挚爱永远地再也回不来；看见他听见妻子的噩耗时瘫软在地，哭得肝肠欲断；然后看见他在这苍茫的世间独行，孤独地走进当年他父亲明珠为他求名的寺庙中皈依佛门；最后看见他凋零在天地间。我看完后久久沉默未语，我也不知道为什么会这样，或许是我懂得他了。

后来，顾贞观在《金缕曲》中写道："我亦飘零久，十年来，深恩负尽，死生师友。"但他依旧知道自己这一生最对不起的人就是纳兰容若。那个书写下"别有根芽，不是人间富贵花"的纳兰容若，那个尊尚儒学、敬仰汉族文明的纳兰容若。

合上书本，把他那短短的一生轻轻地合上，所见的是几百年后的物是人非，我们隔着的不是纸张而是历史，所以我只能愿你在红尘中等待你的初见，采撷下你素净的心，带你到万水千山，永不回头。

（指导老师：钟凤娥）

点评

本文语言柔和自然，作者本人对纳兰容若的赞叹和惋惜无不深深感染着品读此文的每一位读者。（杨建国）

外国名著篇

Waiguo Mingzhu Pian

小学组

一等奖

阳光总在风雨后

——读《鲁滨孙漂流记》有感

云浮市新兴县西街小学六年级　陈思婕

　　《鲁滨孙漂流记》讲了一个叫鲁滨孙的英国人，在一次航海冒险中遇到海难，孤身一人流落到一个荒无人烟的小岛上。他靠自己勤劳的双手，在荒岛生活了二十八年，最终获救，回到了英国，充分表现了主人公鲁滨孙不畏困难，积极乐观，顽强生存的精神品质。

　　鲁滨孙勇敢面对现实与挫折、积极乐观、不畏困难的精神品质令我十分敬佩，平常人如果遇到鲁滨孙的遭遇，我想大概没有人能活下来，更别说活二十八年了，我真是从心底里敬佩他，同时也为自己平时畏难惧苦的行为感到羞愧。

　　那一次，妈妈给我报了游泳班。出于好奇，我答应妈妈去练。初次来到培训班，看到一些比我小的小朋友在泳池里像鱼儿般畅游时，我羡慕极了，心想，什么时候也能像他们一样来一段水中芭蕾呢？于是我开始了兴致勃勃的学习。可因为初来乍到，每次下水都免不了呛水，要知道呛到水是极其难受的，鼻子发酸，咳嗽不停。还有我肺活量不太好，老师老是让我做憋气练习，又单调又乏味。渐渐地，我越来越厌倦了，甚至不敢下水了，最后哭着闹着叫妈妈取消了课程。

　　读了《鲁滨孙漂流记》后，我想：面对恶劣环境的挑战，鲁滨孙没有绝望和妥协，而是勇敢地面对现实，用顽强的毅力和勤劳的双手与困难作斗争，创造了不朽的传奇。既然鲁滨孙在如此大的困难面前都没有退缩，我那些困难又算得了什么，只要我坚持不懈，勇敢地去面对困难，我也可以战胜困难。于是，我又叫妈妈报了游泳培训班。那次起，我坚持不懈，努力练习，既然经常呛到水，那就寻求别人的技巧，肺活量不足，那就多锻炼。最终，我克服了困难，学会了游泳。

爱默生说过："所有的伟人都是从艰苦中脱颖而出的。"阳光总在风雨后，面对挫折与挑战，不要轻言放弃，摔倒了，爬起来。只有心态乐观，坚持不懈，勇敢面对挫折，才能让困难在你面前低头。

（指导老师：叶玲梅）

点 评

这篇读后感联结现实的部分，讲故事的方式有自己的特点，它不是直接讲一件事，而是把故事分成两半，先讲自己放弃了学习游泳，接着讲《鲁滨孙漂流记》改变了自己的思想，自己又让妈妈重新报了游泳培训班并克服困难，学会了游泳。这样写，把读书与生活交融在一起，使得阅读影响自己的思想这样一个过程显得很直观，也使得生活故事一波三折，生动有趣。（郑文富）

永不言弃
——《德国，一群老鼠的童话》读后感

云山小学 邓玥妍

最近我读了《德国，一群老鼠的童话》，书中描述的是一群生活在灰色大宅里的德国老鼠，有小老鼠莉莉、最最强大的威利巴尔德、狡猾的尤瑟夫、大块头海尔曼、卡琳、卡尔、菲列普、菲里德利克……

莉莉，它是一只独特的老鼠，也是书中我最喜欢的角色。

它，在面临困境时没有自暴自弃。因为有着一身雪白的皮毛和红色的眼睛，莉莉被老鼠们认为是异类，都称它为"白妖精"，但莉莉并没有自卑。召集人分配活动空间时，故意把莉莉分到了没有食物的图书室。虽然没有食物，但莉莉在图书馆里慢慢学会了数数，认识了字，学会了阅读。它享受读书的乐趣，通过阅读增长了见识。

它的坚持，就是不肯放弃。书中描写恶劣的环境，莉莉就在这环境中生存，有好几次遭到无情的打击和生命的威胁，它依然拥有无比的勇气和乐观的精神，最后凭着自己的智慧和知识，带领众老鼠，解决难题，赶跑了威利巴尔德，过上和谐的生活。

不经历风雨，怎么见彩虹，没有人能随随便便成功。童话虽然是用了许多手法所描绘出来的虚拟世界，但是，在生活中又何尝不是这样？记得有次击剑比赛，我的对手是香港代表队的选手，一上来就气势十足，依靠快速进攻连取5分。每次得分，这位选手更是高呼呐喊，仿佛比赛已经取得了胜利。一开始听到这些高呼呐喊声，我很紧张，手心出汗，出招接招的节奏似乎被打乱了。这时对手更加嚣张了，仿佛用眼神在鄙视我，难道这场比赛我要输了吗？我要放弃了吗？这时我趁着摆正头盔的空当，想起了莉莉，它遇到困难时，是那么的勇敢，坚持自己的梦想，永不言弃，我也要向莉莉学习。这时，我静下心来慢慢回想比赛前黄教练提醒的注意事项，平时练习采取的对抗快攻招数……定了定神，我开始按自己的节奏去对抗一味快攻并急于取胜的香港选手。靠着稳健的防守，快速的反击，灵活的战术，我最终以15比13的成绩反胜对手。

成功犹如彼岸，而困难犹如大海。有的人正在努力地游，而有的人却站在岸上想方法。游大海虽然困难，但成功贵在坚持与努力，没有什么过不去的坎。宝剑锋从磨砺出，梅花香自苦寒来。有梦想就要去奋斗，哪怕一路上铺满荆棘，也要永不言弃，勇敢去闯关，相信胜利就在不远的前方。

（指导老师：张绮茹）

点评

不知是有意，还是"暗合"，作者自己在击剑比赛中面对的对手的各种"气势十足"的表现，就如同莉莉所带领的鼠群的遭遇一样，而作者终于能够冷静下来并战胜对手，也恰如莉莉带领鼠群最终取得了胜利一样。这让我们猜想，要么是本文的作者深谙读后感写作之道——"感"与"读"完全契合，要么是读书的感悟提升了作者对生活的认识，对生活的领悟更加清楚、深刻了。还有一种情况，就是作者打通了书本与生活，既会写读后感，又懂得了生活。读书之妙，一至于此。（郑文富）

作者参加击剑比赛时想到了书中人物面对困难时的冷静和坚持，最终赢得胜利，这就是读书的力量。

在艰苦中寻找快乐

——读《瓦尔登湖》有感

佛山市禅城区玫瑰小学五年级　冯书语

《瓦尔登湖》的作者是美国的亨利·戴维·梭罗。1845年，梭罗在瓦尔登湖边建造了一间小木屋，并居住于其内。事后，梭罗把自己的经历写成了一本书，就是《瓦尔登湖》。

在《瓦尔登湖》中，有一个思想贯穿始终，它就是人生的目的与达到目的的方式间的关系。梭罗认为，大多数人都在拼命追求各种生活方式，但却失去了生活的真正目的。如果所有的时间和精力都用在"生存"这部机器上，那么留给生活本身的是什么呢？人们的人生观不尽相同，生活方式也未必一样，但在梭罗看来，几乎每个人都只是花费时间获取衣食住所，而非精神慰藉，因此并没真正的生活。

真正的生活到底是什么？

这个暑假，我在香港参加了一个夏令营，其中有一天的活动是：自己带齐行李，负重步行半天，到营地去搭帐篷。去营地要走好长好长的山路，途中有好多牛粪，大胆的牛还跑上山，趴在路中间挡住我们的去路。在过一条小河时，我掉进了水里，爬上岸的时候，我还擦破了膝盖。过了河，是一片沼泽。我找了一个看上去硬点儿的地方，刚踩上去，身体就立刻往下陷。我急忙跳了回来，硬着头皮继续向前走。

有几次，我好想哭。但是，我想：哭有什么用？还是努力走吧！

走着走着，我们发现路边的一棵树上结满了小小的、圆圆的油甘子。一颗颗油甘子在阳光的照耀下，晶莹发光，可爱极了！我们摘下油甘子嚼了起来，那独特的味道久久萦绕在舌尖，回味无穷……

接着，我们又发现了一些山稔，这种果子在城里可很少见哦。大开眼界的我们边走边吃，无比开心！

登上山顶，不仅有野果，还有漂亮的风景。哦！牛又来"捣乱"了，可我们却有了不一样的感受，它们忽然变可爱了……

到达营地时，我们已经摘了一大盆油甘子和山稔。

真正的生活到底是什么？哦，我明白了：用眼去发现，用心去感受，用身去体验——感恩自然的馈赠，艰苦中也总能找到快乐！

（指导老师：陈丽华）

点评

本文小作者阅读功力强，悟性高，语言表达很有水准，文字朴实简练，叙述生动具体，情理俱佳。通过亲身经历回答阅读引起的对于"真正的生活"的思考，学以致用，值得提倡。（侯桂新）

纯真与责任

东莞市大朗镇水口小学　黄令雅

只有心灵才能洞察一切，最重要的东西，是用眼睛看不见的。

——读《小王子》题记

《小王子》是法国作家圣·埃克苏佩里写给成人的童话，他希望唤起人们的纯真，也告诉了我们要有责任感。

《小王子》主要讲述了作为飞行员的"我"迫降在荒无人烟的撒哈拉沙漠上，在那里认识了小王子，慢慢地了解到他的哀思与经历——因为一朵骄傲的玫瑰花，而放弃了故乡，去宇宙漫游。一路成长，领悟到生命最真的本质。

每个人其实都曾是小王子，怀着一份纯真，对美好世界的向往出发。小王子的花和小羊，每个人都拥有。花代表着纯真，小羊象征着人的欲望。作者最后并没有给小羊画上嘴套，也就说明了欲望的控制权掌握在自己手上。如果不加以控制，任其肆虐发展，自己的纯真则会被一点一点地吞噬，迷失自我。而相反，如果加以控制，就能在生存中保持自己最基本的本质。我们要好好珍惜现在这份童真，以后长大，回过头看看，就能发现在成长过程中，我们得到了什么，失去了什么。

"你知道……我的玫瑰花……我要对它负责！"这句话，是小王子与"我"告别前说的。他去了无数星球，收获了无数道理，可他现在却因为一朵骄傲脆弱的玫瑰花返乡，因为他明白了，他既然驯养了那朵玫瑰花，就要对它负责！对于他来说，那是一朵独一无二的玫瑰花，他必须负责任！

"只有心灵才能洞察一切，最重要的东西是用眼睛看不见的。"生活并不复杂，复杂的是人心。现实社会，每个人都是戴着自己的面具扮演自己的角色。我们所看到的一切，都是别人让我们看到的，那并不是真相。重要的东西应该用心去看，而不是用眼睛。我们无法掀开社会这张帘，应该用心去感受这世界的本质。人心简单，则生活美好。

生活也一样，我们不要把一切想得太复杂，用真心面对就好了。做事情要有头有尾，有始有终，要负责！例如：对于开门，既然老师把钥匙交给了你，你就要负责！对这件事负责！对全班负责！决不可以丢三落四，不可没有责任心！要像小王子一样，做个有责任心的人，对自己负责！

在书中，我随着小王子漫游了许多星球，见识了各种各样的人，领悟了许多道理。在生命中，我还会跟随小王子一起旅游，保持一颗纯真而又负责的心。

（指导老师：李伟军）

点评

这是一篇文笔流畅优美、行文洒脱自然的读后感。文章以感为主，并且所有的感悟都是由《小王子》的内容引发的，在读和感的结合方面做得非常好。小作者紧紧扣住"纯真与责任"，表达了面对复杂的世相，我们应保持一颗纯真的心的观点。不足之处在于，对纯真和负责二者关系的论述不充分不到位。

读《绿山墙的安妮》有感

广东省江门市农林小学六年级　黄佩瑜

转眼间，六年级的第一个学期已经结束了，迎来了美好的寒假。在这个假期里，我阅读了一本有趣的书——《绿山墙的安妮》。

这本书的主人公是一个满头红发、有一双大大的眼睛、小脸蛋上长满了雀斑、身体十分瘦小的、名叫安妮的女孩子。因为她想象力丰富，又总是喋喋不休地诉说着自己对新事物的想法，所以收养她的马修的妹妹玛丽拉不大喜欢她。但安妮以一颗善良、纯真的心打动了玛丽拉，并历经坎坷当上了一名教师。

看完了这本书，其实我挺羡慕安妮的，因为她对生活中的一切新事物都充满好奇并有自己的看法。安妮从小就在孤儿院长大，因此对遇到的每一个朋友都特别珍惜，哪怕是一朵花、一个水塘、一条每天必经的小路，凡是在她生活中平凡美丽的一切，安妮都会给它们取个名字，就好像让它们有了自己的家一样。我觉得这一点我要向安妮学习，不能把身边人对自己的好视为理所当然，而应该想想为他们做点什么。而朋友，这个每天陪我笑陪我哭，有什么困难都会尽力帮我解决的人，是缘分让我们相遇，我又怎么会不珍惜她的存在呢？

相较之下，我比安妮幸运，因为我有一个和父母和朋友一起成长的童年，我的童年是幸福的，多姿多彩的：除了在学校学习知识外，每逢寒暑假，父母都会陪我外出旅游，远离都市繁华，醉心山水之间，领略当地的风俗人情；课余时间，我学会了弹钢琴、弹吉他、游泳、溜冰……在我遇到困难的时候，父母或朋友都会鼓励和帮助我，使我不再孤独和无助。而安妮没有朋友，孤儿院没有一个人真正对她好。但安妮没有被父母去世后的坎坷生活所造成的痛苦打倒，也没有因为没有朋友而苦恼，在遇到马修兄妹之前，她一直在帮别人照顾小孩子。尽管生活十分艰难，但安妮依旧对自己的生活充满着美好的想象。在她的想象中，如果玫瑰会说话，一定会给别人讲有趣的故事；顽皮的小溪会在冰雪下欢笑；她还把自己的影子和回声想象成两个知心的朋友，和它们诉说自己的心事。这一点跟我蛮像的，每当我有烦恼而又不想跟别人倾诉时，我会拿出好多玩偶，想象它们可以跟我聊天，可以和我一起玩，这时我的烦恼就会消失得无影无踪。

看完了这本书，我深深地喜欢上了书中的每一个情节，尤其是那个充满想象力、对生活充满希望的安妮。

（指导老师：简艳倩）

点评

好的作品总是人生的缩影，作者采用对比的手法写出读后感，是真正把书读懂的表现。当我们把书读懂并用来观照我们的生活，书便有了生命。

做个乐观的人
——《昆虫记》读后感

广州市天河区龙口西小学三年级　雷悦廷

　　寒假期间，我认真阅读了《昆虫记》。作者法布尔通过认真、仔细地观察昆虫，记录了它们的习惯、爱好、身体结构等。比如蝉喜欢在枝叶上唱着"知了、知了"，圣甲虫喜欢吃牛粪，红蚂蚁的身体比黑蚂蚁大很多……

　　我最喜欢的昆虫是蝉。它在干黄的土地里待上整整四年的时间，每天只能汲取根须饱满充盈的汁液为生，回到地面后，只有四个星期的生命。但是，蝉却那么的乐观，就算面临着死亡，仍一如既往地开心歌唱。它想把最美的歌声唱给最美的世界，送给喜欢它的人，这就是感恩之心，这就是昆虫之美。蝉妈妈也很伟大，它唱完歌，在生命的最后还生下了蝉宝宝。所以，我觉得蝉是一种乐观的昆虫。

　　读完《昆虫记》，我收获很多，认识了很多以前讲不出名字的昆虫，知道了许多昆虫的趣事，更懂得要热爱大自然，保护好环境，使得大家的生活变得更美好。

　　同时，我觉得，不管是昆虫，还是人类，都会经历从小变大、从生到死的自然规律，重要的是要保持乐观、开朗的心态。前不久，我看到了一则新闻，讲述安徽省一女孩在四岁时因触到高压电导致双臂被截掉了，但是她慢慢适应了用脚做事，长大后基本上能过上正常人的生活。这个女孩就像蝉一样勇敢、乐观！在生活中、学习中，遇到各种各样的困难时，我们要向蝉学习，不轻易放弃，坚定信心，乐观面对，一定能够找到解决的办法。如果身边的同学遇到难事，我们也应帮助他们，共渡难关，一起进步。

（指导老师：邹丹）

点　评

　　小作者从《昆虫记》中不仅了解了昆虫知识，还联想到不管是昆虫还是人类，都有必须遵从的自然规律，因此需要保持乐观、开朗。由书本内容到生活经历，小作者实现了自身认识程度的升华和文章情感的强化。

平等·尊重

——《百万英镑》读后感

东莞市中堂镇中心小学六年级　黎展晔

　　这个暑假，我读了《百万英镑》这篇文章。文章中，作者马克·吐温的文笔十分幽默，用夸张的手法描绘了不同人物在"百万英镑"面前的种种丑态。读后，让我感触很深，并让我深深明白：放下偏见，给予每个人一份尊重。

　　故事主要讲述了两富豪兄弟打赌一个贫穷的人获得一百万英镑，看他会有什么样的结果。而这位贫穷人叫亨利，是一个年轻人。他拥有一百万英镑以后人们开始巴结他，给他吃免费的食物，免费给他制作最昂贵的衣服，邀请他去住最好的酒店等等。他在此期间遇到了他的美丽善良的妻子，还获得了万众瞩目的公爵之位和拥有银行的三万利息，到最后他还拥有一份体面的工作。

　　马克·吐温先生用漫画的笔法勾勒了许多势利眼：衣店老板、饭店老板、美国大使……他们个个都见钱眼开，在金钱面前爱玩一百八十度的大反转。如，当亨利饥肠辘辘，去了一家饭店，老板见他衣衫褴褛，打发他到角落里。当他结账时，每个人都惊呆了，一个貌似穷光蛋的外国人竟持有一百万英镑。老板赶忙赔笑，免去了亨利的餐费，并告诉亨利，他可以无限制地来饭店赊账。当亨利去到服装店买衣服，却屡遭白眼，还给他拿不合身、很蹩脚的衣服。当他拿出一百万英镑时，老板一脸谄媚的笑，还免费给他做了四十多套衣服……诸如此类的人物在马克·吐温先生的笔下栩栩如生，丑态百出。

　　我相信，你肯定不喜欢在风光时被人笑脸相迎，热情接待，而在落魄时却被冷眼相待。可是，那些势利眼就会如此待你。更可笑的，在他们眼里，钱，居然可以成为衡量一切的标准。拜金主义，这种不正当的思想在他们的头脑中竟有了不可撼动的地位。为什么人们要因为钱，把人分上、中、下等来分别对待？为什么要去如此卖命地讨好有钱人，但又对穷人如此傲慢？难道我们应该做一个金钱至上、以貌取人的人吗？

　　不！对于社会的每一分子，或贫，或富，我们都应该平等对待，给予尊重！写到这里，我不禁又想起了鲁迅先生的一件小事。一天，鲁迅先生穿着一件破旧的小衫就去了理发店。理发老板见鲁迅衣着落魄，就马马虎虎地给鲁迅先生理了发。鲁迅先生见他这样，不但没有生气，反而多付了好几倍的价钱。拿着钞票的理发老板欣喜若狂。过了一段时间，鲁迅先生又以一副落魄的样子来到这家理发店。老板一见他，就像见着财神爷一样，把鲁迅先生奉若上宾，又是端茶又是奉水，更是使出了看家的本领来理发。可是，鲁迅先生这一回一分钱都没有多付，只付了该付的钱，还语重心长地说了一句："每一位顾客都是你的衣食父母，请平等对待，给予他们一份尊重！"我为鲁迅先生的做法叫绝，这一做法如同狠狠地扇了理发老板一耳光。同时，我不禁感叹人们的势利，有钱人就巴结，见到穷人就视而不见，真是不平等的社会啊。

马克·吐温著的短篇小说《百万英镑》是一篇很好的作品，它让我们明白到，金钱不是一切，金钱不是万能的。其实，这个世界上比金钱更珍贵的事物有很多：道德，友谊，诚信。所以，请放下你的傲慢，摘下你的有色眼镜，尊重所有人，下一秒，你也将收获满满的尊重，满满的爱！

（指导老师：黎志清）

点评

　　文章结构清晰完整，先简要概括《百万英镑》的主要内容，引出自己的观点"放下偏见，给予每个人一份尊重"，然后结合原著的主要情节和人物形象进行论述，并能拓展到鲁迅先生的例子进行补充论述，最后进行总结，再次强调自己的观点。文章在读和感的结合上处理得比较好，观点明确，主题集中。

我们为何而读书
——读《寻找更明亮的天空》有感

海珠区绿翠小学五年级　罗冠茗

　　我在课余时间很喜欢看书，有一天妈妈让我写一篇关于最近看完的一本书的读后感，我马上就想到了《寻找更明亮的天空》这本书。看完《寻找更明亮的天空》这本书很久了，但我每每想起它，内心还是会涌起各种感觉：有震撼和难过，也有振奋和羞愧。这些感觉引发了我对自己的学习和生活的思考，让我获益匪浅。

《寻找更明亮的天空》这本书是根据作者的真实经历写成的。作者古尔瓦力·帕萨雷，1994年出生在阿富汗，他和爷爷奶奶叔叔婶婶爸爸妈妈以及自己的兄弟一起度过了幸福的童年生活。但是在他12岁时，国家爆发了战争，他失去了最爱的亲人：爷爷和父亲。为了让他和哥哥远离战争和苦难，母亲花钱让蛇头（专门负责难民偷渡的人）把他们送到欧洲。在逃难路上，他和哥哥失散了，他和其他逃难的同胞一起经历了一段九死一生、充满艰难险阻的逃亡之旅。经过一年的逃亡生涯，最后他终于成功地逃到英国。在各种力量和善良的人们的帮助下，接受了学校教育，并通过他自身不懈的努力，成为曼彻斯特大学政治系的一名学生。他希望通过自己的努力，实现自己的终极目标，竞选阿富汗的总统，为了改变自己的同胞和国家的命运而奋斗一生。

书中让我感到震撼和难过的地方是古尔瓦力在逃亡期间所遭受的苦难和他那永不放弃的精神；感到振奋和羞愧的地方是他逃到英国后，在学习上克服了压力和痛苦，积极努力，为了实现自己的理想而奋发图强的精神。

古尔瓦力说他的童年就是一场残酷的生存游戏，才12岁的他，进行了穿越半个地球的逃亡之旅，其间两次入狱，艰苦跋涉一年，行程2万公里，穿越了亚欧大陆9个国家，引用他在书中讲述自己遇险时鼓励自己不要放弃的一段话，我们就可以体会到他到底经历了一些什么："到现在为止，我已经逃亡了整整8个月。而就在这短短的8个月的时间里，我彻底告别了天真的童年时代：我经历过无法形容的屈辱和危险；我曾亲眼看到同胞被人打得遍体鳞伤；我曾跳下高速行驶的火车，也曾在蒸笼一样的货车车厢里一连待上几天，直至差点被闷死；我曾艰苦跋涉，走过崎岖凶险的边境通道，并因此两次入狱，还数次遭到边境守军的枪击，他们的子弹'嗖嗖'地从我头顶飞过。几乎每一天，我都能目睹人对同类所犯下的惨无人道的暴行。既然那么多九死一生的艰难险阻我都挺过来了，眼前这一关又有什么理由不挺过去呢？潜藏在内心深处的求生本能给了我动力。我不想死，不想死在这里……"

看到这些描述他逃亡经历的话，我觉得我们这些生活在温室里的花朵太脆弱了，在父母和家人的呵护下幸福地成长，但是在生活中经历一点小挫折就大惊小怪，觉得自己受了委屈不被理解而闷闷不乐或者产生诸多的埋怨。但古尔瓦力为了在逃难的路上活下去，一个12岁的孩子竟然可以变得如此强大!

古尔瓦力在逃到英国后，几乎不会说英语，在学习上遇到了很多困难，但他还是用满腔的热情，积极向上的态度，拼命学习，克服学习上的难关，努力让自己变得优秀，最终考上了英国著名的大学。从古尔瓦力的身上，我想到了自己的学习，我平时在学习上一遇到困难，就只会逃避，不想做深入思考就放弃说我不会做，不做了，就只想等着老师给我们讲解，给出答案来抄。还有我身边的一些同学，不在学习上努力而是沉迷于游戏，虚度了光阴。这些，真让我觉得羞愧啊！

妈妈在看完了我写这本书的读后感后，她说："古尔瓦力在经历了那么多的磨难后能够找到自己的人生目标，为了改变自己深爱的亲人、同胞和祖国的命运而发奋读书。今天的世界，并不是和平的世界，我们只是有幸生活在一个和平昌盛的国家，你有想过你是为何而读书吗？"妈妈为了让我有更深一层的思考，她给我看了关于正处在战乱中的叙利亚这个国家的一些报道和评论，看到叙利亚那些难民儿童的照片和视频，我的心再次受到了震撼，眼泪不禁湿了眼眶。

看着这些，我终于明白了，从小的方面来讲，我是为了自己而读书，为了长大以后能找到一份好工作，可以独立生活，做自己想做的事；从大的方面来讲，我们要为了保家卫国而读书。书上常说我们儿童是祖国未来的花朵，是国家的未来和希望。建设更美好更强大的国家要靠我们一代又一代的人去努力。周恩来总理在小时候就立下了"为中华之崛起而读书"的志向，我们也要立下为祖国的持久强大而读书的志向。同学们，我们一起努力吧！

（指导老师：阳志雄）

点 评

作者能够结合读书，从大、小两个方面来解读读书的意义，不错！

《寻找更明亮的天空》一书用令人心碎的文字，勾勒出一个难民少年被迫远离亲人和家园后面临的悲惨境遇。帕萨雷没有自怜自夸，字里行间让我们感受到他深深的不幸和强大的智慧。小作者认真阅读作品，联想到自己的生活经历，从"读"中悟出的道理，写出了自己独特的新鲜感受，即"我们为何而读书"。全文用词比较准确，语言生动，饱含激情。这篇读后感找到了"读""感"之间的联系点，分析比较到位。

做个善良的人
——《夏洛的网》读后感

广州市天河区龙口西小学三年级　于芯悦

在寒假里，我阅读了美国作家E.B.怀特写的《夏洛的网》这本书，结识了书中两位可爱的主人公——小猪威尔伯和蜘蛛夏洛。我十分喜欢聪明而又善良的夏洛，它带给我很大的亲切感。

《夏洛的网》主要讲了在谷仓里，小猪威尔伯和蜘蛛夏洛建立起了深厚的友谊，夏洛用自己的丝织出了令人感到是奇迹的网络文字，拯救了威尔伯，改变了威尔伯的命运，并让威尔伯得以安享天年。但最后夏洛死了，只留下了小蜘蛛陪伴着小猪。

夏洛的身上有很多神奇之处，例如它很会织网，又例如它居然识字。但这都不是它吸引我的地方，它最让我敬佩的是它对小猪所付出的真心与帮助，它是如此善良。

在我身边，也有这么善良的人们。我的妈妈就是一个很善良的人，因为她是我们学校的老师，我几乎每天都会跟妈妈在一起上学、放学、逛街等，我觉得有一点非常神奇，走在大街上，人很多，但几乎每天都会有人来向我妈妈问路，如果不是妈妈一脸善良，别人怎么会总是想找我妈妈问路呢？

我的陈老师也是一个很善良的人，她总是包容我们班调皮捣蛋的同学，悉心教导他们，我发现我们班的捣蛋大王已经慢慢有进步了。

我的好朋友邓梓昕、熊子墨和张欣也是善良的人，每当我们一起玩游戏的时候，我不是很明白的规则他们会细心给我解释，当我在游戏的过程中摔倒了，他们会扶起我安慰我，当我输了游戏之后，他们不光不会责怪我，还会鼓励我。我想只有善良，才会让他们这么做。

谢谢夏洛给我启示，我从夏洛，从妈妈，从老师，从我的好朋友等人的身上发现了，做一个善良的人是一件很容易的事情：只要心中有他人，乐于去帮助别人，多为别人着想，多做好事，就是一个善良的人。我也要做一个善良的人。

（指导老师：陈海红）

爱的力量
——读《爱的教育》有感

增城区新塘镇白石小学　赵覃森

　　有一些好书曾让我感动，有一些片段曾让我铭记，有一些深刻曾让我思索。《爱的教育》不愧为一本洗涤心灵的书。这本书采用了日记的形式，记录了一个四年级的孩子安利柯的成长故事：他一年之内在学校、家庭、社会的所见所闻。故事中有善良的卡隆、品学兼优的德罗西、刻苦勤奋的斯代地、可爱懂事的波列科西……他们送给了安利柯最真挚的友谊，最美好的回忆。还有慈爱的父母、令人敬佩的老师，他们给予安利柯最无私的爱，教会了他宽容与理解。字里行间，皆离不开一个"爱"字。爱是伟大的，当我读了《爱的教育》这本书，我更深刻地感受到了爱的意义。

　　爱，多么温馨的字眼！我非常喜欢《新老师》中老师说的一段话："我爱你们，希望你们也喜欢我！我不愿意责备和惩罚你们当中的任何人，也相信你们会让我感到欣慰，我会因为有你们这些学生而骄傲！"作为教师对学生的爱，也许这只是爱的长河中的一朵浪花。平凡的师爱却会产生非凡的力量。书中说：师爱是一种依恋的心情，是一种奉献精神，是一种极端负责的态度，也是一种巨大的力量。爱心能熏陶、震撼学生的心灵，激发他们的自信心和求知欲，养成其良好的情感品质，使之全身心投入到学习中去。

　　爱心能春风化雨，浇灌莘莘学子。是的，亲密融洽的师生关系对自己的影响，常会令人记忆犹新。记得三年级一次写生字的时候，我想交出让老师满意的作业，于是一笔一画地抄写着田字本。过了一会儿，大家陆续举手写完了，可我还剩好几行还没有完成，组长开始抱怨了，"赵覃森，你快点，我们交最后了。"我的脸一下子火辣辣的，一声不吭，埋下头。语文老师吴老师听见了，轻轻地说："虽然这位同学写得比较慢，但刚才我看见他写的每一个字，都很端正，我们不能因为追求写得快，而字写得歪歪扭扭的，你们组稍微等他一下吧！"我听了，有一种说不出的感激，暗暗下定决心，以后不光要把写得漂亮，还要练得稍微快一点。

以后的日子里，吴老师每天都要叮嘱我们，要把字写端正，她总说，能把字写得方方正正的孩子，做人也一定会堂堂正正的。这些话，我都记在心里，经过一段时间的努力，我真的进步不少！吴老师还常常拿我的作业在班级里进行展示，这让我更加自信了。我深深体会到，这就是爱的力量！

好书百读不厌！《爱的教育》使我明白爱其实很简单，爱是付出，爱是包容，爱是欣赏。

（指导老师：吴梅艳）

点评

本文观点明确，一句话表达清楚，引人顿悟。论述紧贴自己的感受，材料紧密结合自己的亲身经历，一件事把人带回生活，令人有所感动。本文文体特征鲜明，有板有眼。开篇先"引"，精练地概括了《爱的教育》的内容，但这概括是有目的的，目的是引出爱这个话题；接着是"议"，从理性上提出了对"师爱"本质和作用的认识；然后是"联"，联系自己的亲身经历写感想，感想真切、动人，给人以爱的启示；最后精炼作结，写出自己的感悟，"爱是付出，爱是包容，爱是欣赏"。（郑文富）

作者透过简洁的语言叙述《爱的教育》的故事，告诉大家爱的力量。然后，作者又运用典型的事例将本文主旨升华了，文章最后告诉我们爱其实很简单，爱是付出，爱是包容，爱是欣赏。（卓细弟）

善良与邪恶

——读《汤姆·索亚历险记》有感

东莞市横沥第二小学五年级　郑诗颖

当调皮的汤姆又翻过高高的木围墙时，一个讲述善良与邪恶的故事就此展开。第一次读《汤姆·索亚历险记》，就完全被它所吸引。它所讲述的故事，以及对善良的刻画、邪恶的剖析无不让我陶醉。不仅是因为其构思巧妙，还因为它对人性的诸多品格的赞赏或讽刺。

小说描写的是以汤姆·索亚为首的一群孩子天真烂漫的生活。他们为了摆脱枯燥无味的功课、虚伪的教义和呆板的生活环境，经历了种种冒险。在这些冒险故事里，汤姆与印江·乔伊之间的较量深深地吸引着我。

在小说里，汤姆与印江·乔伊不止一次交手。最让我印象深刻的还是第一次交手。在坟场里，汤姆和哈克目睹了印江·乔伊杀死医生，还诬陷莫夫·波特。虽然一开始，汤姆因为畏惧印江·乔伊的报复而不敢说出真相，但在法庭上，由于印江·乔伊伪造了证人，想莫夫·波特早些死去，所以善良的汤姆为莫夫·波特作证。

汤姆·索亚是个聪明好动调皮的孩子，在他身上体现了富于计谋、有正义感、善良、勇敢的才能及性格。虽然他不是"好学生"，但在"坏孩子"的外表下，有一颗善良的心。在莫夫·波特即将被判死刑时，是汤姆不惧一切，勇敢地讲出了真相。

而与善良的汤姆形成反差的印江·乔伊，是一个贪婪、狡猾又邪恶的杀人犯！他欺骗了莫夫·波特，让莫夫·波特以为是自己杀了医生，然而是他自己亲手杀了医生。他甚至威胁乞丐帮他做事，还想找道格拉斯寡妇复仇！他是一个邪恶的杀人犯，与善良的汤姆，相差了十万八千里远！

其实善良与邪恶不仅仅是简单的对立，还是共存的。善良和邪恶就好似双生花一样，共同存于世界上。有善良的地方，必定会有邪恶，但人性的善良在邪恶的黑暗中就像一道耀眼的光芒，给人带来希望，带来温暖。

我也曾读过这样一本书——《魔宠》。善良的艾德温、吉尔伯特和丝凯拉为了人们，找到了想要打败人们、夺取权力的帕克莎哈拉，与其对战，最终打败了帕克莎哈拉。这两本书告诉我们："善良终究能战胜邪恶！"

当我们像汤姆遇到印江·乔伊一样，遇到邪恶的人或事时，要坚守心中的善良，勇敢地与邪恶势力作斗争。如果一个人因内心恐惧害怕，不敢坚守正义，任由坏人逍遥法外，我们就会生活在一个黑暗而混乱的社会里。这样的社会，又怎能让我们过上幸福快乐的生活呢？

但如果大家坚守"善良终究能战胜邪恶"的信念，我们的世界就会变得公正、法治，变得文明、和谐！我们就能过上幸福快乐的生活。

（指导老师：张满佳）

点评

这篇读后感开篇用简约的语言概括了作者对《汤姆·索亚历险记》整本书的认识，然后从自己最有感触的情节入手来谈自己的阅读感悟。阅读感悟紧紧围绕对"善良与邪恶"的思考，论述的材料既结合本书内容又适当关联到其他书本的内容，使得论述理据充实。作为一名小学生，其文章语言准确、流畅、简洁，且能对"善良与邪恶"这一命题有辩证的思考，实属难得。

《写给孩子的哲学启蒙书》读后感

深圳市盐田区田心小学三年级　曹玥

　　每天当我放学回家做作业的时候，妈妈都会拿一本书静静地陪在我旁边。有一天，我好奇地探过头去问："妈妈，你看的是什么书啊？那么好看吗？"妈妈没说话，而是微笑着把封面拿给我看。哦，是《写给孩子的哲学启蒙书》，法国人碧姬·拉贝和米歇尔·毕奇一起写的，一套六册。"如果你感兴趣，也可以一起看啊！"妈妈又说。有那么好看吗？我半信半疑地翻了翻，看到妈妈一本接一本地每天坚持看，我也时不时跟着蹭几段，就这么随手翻到哪一章就看哪一章，看着看着居然被吸引住了，整章、整篇、整本地阅读起来。作者说我们和朋友在一起的时候常常不自觉地聊天，既然聊天这么有趣，我们为什么不组织一个"哲学下午甜点"呢？我就把我和爸爸妈妈的"哲学下午甜点"分享给大家吧！

　　"哲学是什么啊？"我曾经看着书名问妈妈这个问题。"是啊！哲学是什么呢？这套书能不能告诉我们呢？"我好奇地翻看着：莱昂无论说什么，他的小伙伴儿奥克塔夫都同意，可是时间长了莱昂却很生气，真是太没意思了！一个乐队里所有的演奏者和演唱者都想按照自己的想法来演奏、演唱，都坚持自己的观点，没办法统一，最后就没有音乐，没有演唱会了。嘎斯帕德反对在动物身上做实验，丽莎很不解，正是这种方法帮我们找到治疗疾病的药物。他们因为交流观点，不同意对方的说法，不断地提问，所以努力思考，能使思想得到提升。哦，原来哲学就在我们身边！哲学就是思考、探究世界和人生的真相！

　　所以，我想对爸爸妈妈们说：请不要对我们的问题不理不睬，认为不值得；请不要打断我们的提问，教训我们那些没什么用；请不要认为只有学习才最重要；请鼓励我们思考，陪我们一起讨论；请和我们一起来一次"哲学下午甜点"吧！

点 评

　　小作者从书本联想到身边与父母相处的现象，并提出了自己的思考。语言生动形象，行文流畅，情感表达细腻。

不要让幸福蒙上尘埃
——读《蓝另一种蓝》有感

潮州市潮安区凤塘镇陈坤标学校六年级　　陈湘洁

　　如果这世界上有另一个你，过着你想要的幸福的生活，你会愿意与之互换人生吗？《蓝另一种蓝》的主人公佐佐木苍子便遇到了这样离奇的问题。与丈夫感情淡薄的她碰上了与她一模一样，但却嫁给了前男友的河见苍子。对现实生活的不满如同蛊惑人心的海妖塞壬，促使她决定与对方互换生活。

　　可是对方的人生真的是自己想要的吗？自己的生活真的如自己所想的那样糟糕？在故事的最后，佐佐木苍子才知道，原来的生活其实挺幸福的。她盲目地羡慕着另一种生活，却在真正体会到后才明白原来生活的美好。为什么会这样呢？这一切的背后，都是人心的贪婪在引导着。人们总觉得自己得到的不够多、不够好，所以不顾一切地去追逐那些触碰不到的事物，却忘记了身边触手可及的幸福。

　　我们也许会抱怨身边人的行为：父母总爱唠叨，朋友间发生矛盾，伙伴们无意间的犯错……我们可能会因此出现一些类似"如果没有……""要是……就好了"的念头，但是这些念头会使我们渐渐地开始烦恼、忧郁，对生活感到厌烦。我记得我小时候有段时期经常因为一些鸡毛蒜皮的小事与父母赌气，对生活也有了这样那样的抱怨。那段时间我的生活仿佛被灰色的情绪所笼罩，成天闷闷不乐。抱怨就像尘埃，很多关心和爱因此无声无息地被它掩埋，失去了原有的光泽，变得毫不起眼，使我不知不觉地将它们忽略。我不禁想到了文中的佐佐木苍子，平时对她很冷淡的丈夫佐佐木其实曾经是爱她的，但这份爱却被她忽略、被"尘埃"埋没了；她的不满抱怨使原本可以幸福美满的感情生活也变得满目疮痍。正如文中苍子说的那样："我们啊，被人爱着，却不知道爱别人。"

古语有云："知足常乐。"我们常常和苍子一样，不知足，觉得自己的生活不幸福。但如果我们仔细地去寻找、去发现生活中一点一滴的小幸福，生活是否会因此而充满阳光和快乐？答案已经揭晓了。其实，将身边的爱和关心"擦擦"、用心去感受，去回报，我们就会发现，自己也是一个幸福的人。当亲人朋友的行为令我们感到有些不满时，我们也不要太抱怨。就像父母的句句唠叨，虽啰唆，但不正是他们爱的体现？

如果让我回答开头的那个问题，我想不论如何选择，都要学会知足常乐，发现生活中的点滴幸福，不要让幸福蒙上尘埃。

（指导老师：冯冬莲　郑秋红）

点评

小作者使用问句开篇，引发大家的思考。文章思路清晰，小作者引用自己的经历，用议论的方式，得出"知足常乐"的结论。

《爱的教育》读后感

罗定第一小学五年级　陈星汛

暑假，我又捧起前段时间舅舅送给我的《爱的教育》来看。每次捧起这本书，我总舍不得放下，因为书中的每个故事都吸引着我，感动着我。

这本《爱的教育》是意大利著名的儿童文学作家德·亚米契斯写的，它是一本日记体小说。它记录了小主人公安利柯在小学四年级这一学期的生活和成长历程，所以，《爱的教育》又名《一名意大利小学生的日记》。然而它又不是一本单纯的日记，因为里面还有父母、姐姐给他写下的劝诫和启发性的文章，另外还有几则老师在课堂上宣读的精彩的小故事。这本处处充满着爱的小说，最触动人心的是那平凡而细腻的笔触之中体现出来的亲子之爱、师生之情、朋友之谊、乡国之恋……那蕴含着的深厚而又浓郁的情感力量，真的非常感人，非常真切！读着这些朴实而细腻的文字，我犹如沐浴在爱海之中，心胸变得无比地广阔！

读了这本书，我感觉自己长大了。以前，我总会有很多不满的情绪：埋怨同学为我起绰号，埋怨妈妈不让我看手机，埋怨奶奶煮的菜太咸……现在看来，我觉得这些都是芝麻绿豆的小事，根本不值一提。因为这本书中的很多人物都是心胸宽广的，他们总是替别人着想，不会为自己的小事而斤斤计较，是他们让我看到自己的不足。以前的我，真是自私。今后，我一定要做一个心胸广阔、有爱心的男子汉！

著名作家歌德说，读一本好书，就是和许多高尚的人谈话！读了《爱的教育》这本书后，我感觉自己与许多高尚的人进行了一番谈话，从中收获了很多做人的道理。

（指导老师：肖春理）

点评

好书可以净化人的灵魂。小作者勇于解剖自己，表达自己的真实想法，与书中的人物主动进行参照对比，思想得到了升华；由于真实，文章也取得了成功。

乐观，绝处逢生的一线曙光
——读《鲁滨孙漂流记》有感

佛山市三水区乐平镇中心小学四年级　陈殷炜

"我希望世上的人都要从我最不幸的处境中取得一个经验教训，这教训就是：在最不幸的处境中，我们也可以把好处和坏处对照起来看，从而找到聊以安慰的事情。"这是鲁滨孙独自在荒岛生活了28年总结出来的宝贵而富有启示的经验。在鲁滨孙最艰难，最痛苦无助，甚至极度绝望时，乐观积极的生活态度，给予了他生存的希望，信念与信仰最终帮助他创造了奇迹。乐观，绝处逢生的一线曙光，这是我从鲁滨孙身上得到的人生启迪。

鲁滨孙乘船前往南美洲，途中遇上大风，船也被掀翻了，所有的同伴都死在海里，只有他一个人，被大浪冲到了一个人迹罕至的荒岛。他在荒岛上遇到的种种困难与险境，是我们常人所无法想象，无法体会，更是无法克服的。为了建一个安全的容身之所，在完全没有工具的情况下，他费了一整年的工夫，才把小小的木栅栏围墙做出来；为了解决食物，他要把仅有的一点麦子，反复种植，到了第四年，终于吃到了自己种的粮食。他还要去打猎，把捕捉到的山羊圈养起来……他还要时刻提防野兽侵袭、野人的侵犯，终日过着食不甘味、寝不安席的日子。

"我开始尽量安慰我自己，把当前的好处和坏处加以比较，使自己能够知足安命。"于是，当他陷在一个可怕的荒岛上，没有返回家园的希望时，他想到了自己至少还活着，没有像他同船的伙伴们一样，被水淹死；当他想到自己与世隔绝，困苦万状时，他又想到了上帝既然用神力把他从死亡里救出来，一定也会救他脱离这个境地。……在如此险恶艰苦的日子里，鲁滨孙就靠乐观精神，积极面对生活，用自己的双手和智慧，完成了一项又一项伟大的工程，使自己得以在荒岛上顽强地生活了28年。

乐观，绝处逢生的一线曙光。鲁滨孙乐观积极的生活态度，正是我们生活中不可或缺的一种精神。前段时间，我正是为了学习上的事情而困苦万分，从而陷入了深深的自责与自卑之中。从小，爸爸妈妈就夸赞我聪明伶俐，学习能力比哥哥强；幼儿园的老师经常让我当同学们的小老师，带领大家学习、游戏；小学一至三年级，每次考试，成绩总是班级第一名，在年级里也是名列前茅。就在我洋洋得意之时，四年级上学期期末考试，我没有拿到大家期待中的班级第一名。我急躁不安，我拼命安慰自己或许这次退步只是自己的粗心大意罢了。谁知道，下学期的中段考，第一名依然不是我。拿到成绩的那一刻，我惊讶，我伤心，我自责。我仿佛听到了爸爸妈妈声声的哀叹，仿佛看到了老师们失望的眼神，仿佛听到了同学们嘲笑的话语……我悲伤不已，但也不知所措，只能沉迷于叹息无奈之中，完全没有从自身去寻找失败的原因。读了这本书，认识了鲁滨孙，了解了他令人难以置信的事迹，我猛然醒悟：悲伤、自责并不能解决困难，我只有乐观面对，直视问题，调整自己，改进不足，才能摆脱困境，重新找回属于自己的那片天地。

在那一刻，我竟然豁然开朗了。

生活不可能永远都是一帆风顺，挫折与失败并不可怕，只要乐观面对挫折与失败，想方设法战胜它们，我们的人生才会光彩有力！

乐观，绝处逢生的一线曙光，这是我从鲁滨孙身上得到的人生启迪。

（指导老师：曾妙娟）

点 评

写《鲁滨孙漂流记》读后感的很多，但此篇可称优秀。结构精巧，条理井然，切中肯綮，表达流利，尤其是对作品的每一句叙述都饱含自己的独特体会，作为四年级的小朋友殊为不易。（侯桂新）

学会独立，勇敢面对

——《小鹿斑比》读后感

东莞松山湖实验小学　符意笛

《小鹿斑比》出自奥地利作家菲利克斯·萨尔腾之手，作家发挥想象塑造了小鹿斑比的世界，其中让我感触最深的就是小鹿斑比一直害怕失去妈妈，内心充满了无助与恐惧，但在鹿王的帮助下慢慢学会独立生活，最终成为鹿王。我渐渐走进小鹿斑比的生活世界，似乎看到了我们自己。

小鹿斑比没出生几天，他的妈妈就不见了，他很害怕，很无助，他害怕独自一人遇到猎人，他一直在大喊："妈妈！妈妈！……"他不知道危险的魔爪早已伸向了他。这时，鹿王出现了，他对斑比说："你已经长大了，难道就不能独立生活吗？真不害臊！"说完后转身就走了。鹿王走后，斑比没有再喊妈妈了，他对鹿王说的那句话若有所思，小鹿斑比暗下决心不能让别的鹿瞧不起自己，所以不能再依赖妈妈了。自此以后，斑比的妈妈总是莫名其妙地不见了，又莫名其妙地回来了，但是斑比没有再感到害怕和无助，因为他已经学会了独立。

看到这里，我想起以前看到的一幕：有两个小孩子摔倒了，一个小孩子的妈妈立刻跑上前，把宝贝扶起来，搂在怀里，心疼地看这看那，检查有没有摔伤，对宝贝嘴里不停地说："都是妈妈不好，别哭，摔疼了没有？"另一个小孩的妈妈看到后，站在孩子的对面，安静地看着自己的宝贝，大声鼓励道："宝贝，勇敢点，妈妈相信你可以的，自己爬起来，大胆地走过来，妈妈相信你！妈妈爱你！"这位妈妈不停地鼓励着自己的孩子，不一会儿，眼见摔倒的小孩子自己慢慢爬起来，一步步摇摇晃晃地走向妈妈，走到妈妈面前时，孩子的妈妈给了宝贝一个大大的拥抱和深深的吻……

当然就会有两种不同的结果产生：

第一个小孩永远生活在父母的保护下，遇到一点风吹雨打就会退缩，躲进父母构建的温室里，不敢独自去面对。第二个小孩坚强又独立，从小就会独自解决困难，勇敢地面对生活中的风风雨雨。

温室里的花朵因为无法适应外界环境而枯萎死去，动物园里饲养的狮子因为长期有人喂养，忘记了捕食技能，从而无法野外生存。同样，人生路上会遇到许多"拦路虎"，我们终究有一天会长大离开父母，独自面对世界去闯生活，所以我们要从小学会独立，勇敢面对，这样才会活得更好。所以，我们要从现在开始有意识地锻炼自己独立生活的能力，勇敢面对生活难题，培养自己的抗挫能力，让自己的羽翼更加强劲有力，最终有一天能够搏击长空，自由翱翔。

（指导老师：文艺术）

点 评

　　很多时候，读书就是读自己，所以小作者说"我渐渐走进小鹿斑比的生活世界，似乎看到了我们自己"。文章精要地概括了小鹿斑比内心成长的历程，从小鹿的"独立"联想到现实中的教育问题，通过对比，再次强调了独立教育对孩子成长的重要性。文章观点集中，思路清晰，论述清楚，是一篇优秀的读后感。

不忘初心，方得始终

——读《小王子》有感

东莞市高埗镇西联小学六年级　黎俊宇

"一千个人的心中就有一千个哈姆雷特"，借用这句话，我想说："一千个人的心中就有一千个小王子。"《小王子》——它是一个美丽的童话，也是一本深奥的哲学小说。每一次阅读，都会让我发以深思，让我懂得很多道理，受益匪浅。

《小王子》讲述的是被困于撒哈拉沙漠的"我"遇见了小王子，与小王子成为好友。其间，听小王子介绍了他游历七个星球的所见所闻，以及他在他的B612小行星上的生活状况，他所爱的玫瑰花。最后，小王子在蛇的帮助下死了，他的灵魂回到了他的星球。

小王子，一位天真无邪、追求精彩的"王子"。在他的身上，我学到了许多。在日常生活中，我们经常会遇到令人头疼、烦恼的事。我们何不学一学小王子，抱着无忧无虑的心态为一幅画而兴奋，为一朵玫瑰而伤心，为那不凡的生活感到幸福。当我遇到失败而丧失信心时，小王子的话："沙漠之所以会如此美丽，那是因为在某一个地方藏着一口井。"——这大大鼓励了我。

我最喜欢书中的一段话："每个人都能看见星星，但对于不同的人来说星星的意义是不一样的。对旅行者来说，星星是向导。对一些人来说，星星不过是天空中的微微亮光。对学者来说，星星是要研究的课题。对生意人来说，星星是金钱。但他们的这些星星都是缄默无声的，只有你的星星，是那样地与众不同。"每个人所看见的星星不一样，对事物的看法不一样。记得有次我被选入参加镇的英语口语比赛，同时我也要参加学校的篮球队训练，每天的训练和学习让我备觉身心疲惫。渐渐地，我开始抱怨，也开始担忧，抱怨的是这种没有任何"自由"时间的训练，担忧的是自己在比赛中得不到好的成绩。再读《小王子》，小王子说他总觉得星星对着他笑，因此他也对着星星咯咯地笑。顿时，我明白了：我只有乐观地看待事物，才能够享受其中的学习过程，而不会因为担心结果而焦虑，甚至放弃。后来，我每天都认真地去完成自己的任务，坦然地面对各种困难和挑战，因为我知道，总有一颗星星在照耀着我，那颗星星就是——希望。

《小王子》如清水般澄明清澈，涤荡着我们的心灵，使人安宁并心生暖意。我相信，《小王子》一定会陪伴在我的左右，引导我不顾风雨，义无反顾地勇往直前。

（指导老师：吕芷堃）

点 评

这是一篇规范的读后感，作者采用"引－议－联－结"的结构模式，结合故事和书中的关键句段，感悟到"希望对人生的引领作用"。文章思路清晰，语言流畅，文采斐然。如果观点再集中明确一些，论述再充分一些，文章会更加精彩。

有缺陷并不代表你的人生不再光明

——读《吹小号的天鹅》有感

华南师范大学附属小学五年级　李亦豪

一只不能说话的吹号天鹅，一把从比林斯商店抢来的小号，一只娇艳的天鹅，一段还债的远程，一段爱的追求，《吹小号的天鹅》使我久久不能平静。

路易斯是一只生来就是哑巴的雄天鹅，为了说出自己的想法，路易斯学会了在石板上写字，可是其他天鹅是不识字的，路易斯还是没办法向他心爱的雌天鹅倾诉衷肠。为了帮助路易斯，天鹅爸爸从乐器店偷来了小号。路易斯练了一遍又一遍，终于从小号里吹出了心底深处的歌。乐声不仅打动了塞蕾娜，也赢得了人们的尊敬与赞赏。

我很佩服路易斯。他天生有缺陷：不能说话。这是一个巨大的打击：一只吹号天鹅如果不能说话——嗬，他就无法得到雌天鹅的喜爱，无法生儿育女，他就会一无是处。而路易斯不是这样，路易斯不仅接受了爸爸给他的小号，还认认真真地练习，他虽然不能说话，但并没有灰心丧气，他通过自己的努力，弥补了自己不能说话的缺陷。

在现实生活中，也有许多像路易斯一样，自己虽然有缺陷，但依然奋发图强，弥补缺陷的人。

比如刚刚离开我们的霍金，他是一个神话，一个当代最杰出的理论物理学家，一个科学领域的巨人……或许，他只是一个坐着轮椅挑战命运的勇士。他在轮椅上坐了四十年，全身只有三根手指会动，演讲和答问只能通过语音合成器来实现。然而他撰写的科学著作《时间简史》在全世界拥有无数的读者。他被人称为"宇宙之王"。"我的手指还能活动；我的大脑还能思维；我有终生追求的理想；有我爱和爱我的亲人和朋友；对了！我还有一颗感恩的心！"从这段掷地有声的话语，可以读出霍金的乐观与坚强。他是多么的伟大啊！

人生的坎坷道路不可能一帆风顺，也不可能绝对公平。只要你有不服输的精神、战胜命运的斗志以及对美好生活和光明的向往，你就能战胜命运，战胜厄运。

（指导老师：吴彩虹）

点评

著名作家E.B.怀特的《吹小号的天鹅》描写了一只天鹅努力学习音乐的故事，被誉为"二十世纪读者最多、最受爱戴的童话之一"。看完《吹小号的天鹅》，小作者的感受可能很多，但小作者并没有面面俱到，把自己所有的感受都一股脑地写上去，而是联想到现实生活中那些"虽然有缺陷，但依然奋发图强，弥补缺陷的人"，以霍金为例进行深入挖掘，写出了自己的真情实感。

也谈社会的进步

——读《火星崛起》有感

广州市天河区龙口西小学六年级　陆斐然

从小我就对浩瀚的宇宙充满了好奇。在地球之外，那些闪烁着微弱光芒的星星上，是否真有外星人？如果有的话，那么他们会有怎样的文明？因此，我最喜欢读的就是科幻小说。这个假期，妈妈跟我分享了《火星崛起》三部曲。一口气读完，感慨很多。和妈妈讨论后，我觉得这不仅是一部科幻小说，也是一部有着深刻社会意义的小说。

《火星崛起》讲述了一个在火星的地底深处，被金种人压榨的红种人联合其他低阶人种进行反压迫并最终取得胜利的故事。

首先，书中讲到了人种歧视。关于书中的人种划分有金种、铜种、黑曜种、灰种、粉种、红种等。其中金种人在文中是进化得最好的一个人种，他们用谎言和暴力统治着这个世界，并且绝对不允许其他有色人种越界，动不动就进行屠杀。这让我想到了希特勒的人种论。他认为日耳曼人种才是最优秀的，并对他认为的劣等人种进行屠杀。在第二次世界大战期间，约600万左右的犹太人被杀，这是多么让人震惊的数字。而现在，人种歧视依然存在。白种人看不起其他有色人种，黑人经常遭到不公正的对待。在2014年，18岁的黑人青年迈克尔在街上行走时就被白人警察连击数枪身亡。所以，我觉得人类文明进化的最高标志应该是种族歧视的消失，人生来平等，如果有色人种受到不公正待遇，自然会引起反抗，让社会动荡。这也是《火星崛起》要传达给我们的思想。

其次，这本书讲到了社会的阶层划分和统治问题。妈妈说这是一部乌托邦科幻小说，我查了所谓乌托邦就是不能实现的理想社会。为什么不能实现呢？它是人人平等，没有阶级，按需分配的。但它是人治社会，并不是通过科技和法制来进行治理的。文中的戴伦就被个人英雄主义化了，一旦他死了，那么又有谁能够统治世界？世界是不是又要陷入战争？所以，社会要进步，实现真正的平等，靠的是发达的科技和法制，还有高度的文明素质。

当然《火星崛起》还有很多值得推荐的地方，比如它跌宕起伏的故事情节，对外太空和武器的充满丰富想象力的描写等等，都深深吸引了我。

每读一本书，都感觉自己有所得，却更感觉到自己的渺小，我一定要努力学习，用所学的知识去解开那些未解之谜。

　　读书是易事，思索是难事，但两者缺一，便全无用处。——富兰克林

（指导老师：李颖虹）

点评

　　小作者通过阅读已然开始思考许多真实的社会问题，如人种歧视、社会阶层等等，阅读让你站在了更高的平台。

坚韧的力量
——读《老人与海》有感

东莞松山湖实验小学五年级　罗亮

　　我的床头上经常放着一本书——《老人与海》，薄薄的一本书却给予了我坚韧的力量，让我在遇到困难想退缩的时候，再鼓起勇气，坚强面对，是我努力前行的一盏永不熄灭的精神之灯。

　　《老人与海》是美国著名的作家海明威写的，故事非常简单，讲的是古巴老渔夫桑提亚哥在连续八十四天没捕到鱼的情况下，终于独自地钓上了一条大马林鱼。但这鱼实在太大了，把他的小帆船在海上拖了三天，让他筋疲力尽，最终被他杀死了绑在小船的一边，但在归程中一再遭到鲨鱼的攻击，老人拼尽全力与鲨鱼搏斗，最后回到港口时大马林鱼只剩下鱼头鱼尾和一条脊骨。

　　故事虽短，但是主人公桑提亚哥面对困难的那份勇气和执着，让我们看到了一个"硬汉"形象，他是一个值得我们尊重和学习的人。虽然生活和岁月给老人的折磨，令他"后颈上凝聚了深刻的皱纹，显得又瘦又憔悴"，"身上的每一部分都显得老迈"了，可是他的那双眼睛"跟海一样蓝，是愉快的，毫不沮丧的"。尽管命运那样捉弄他，连续八十四天捕鱼没有任何收获，作为一名渔夫，并且一直觉得自己是最优秀的渔夫，这对桑提亚哥来说真的是天大的笑话，但是他没有就这样低头，他一直抱着希望，他一直认为自己依然强壮如牛。"一个人并不是生来要被打败的，你尽可以把他消灭

掉，可就是打不败他。"这是桑提亚哥的生活信念，他敢于向命运抗战，向自己的极限挑战，因为他始终抱着希望，他没有苟且偷生，没有浑浑噩噩。他是一个充满了力量的英雄，他面对艰难困苦时所显示的坚不可摧的精神力量仿佛是一盏照亮我们前进的明灯。

在成长的路上，我曾经退缩过，面对困难，我也常常选择放弃，或者抱怨别人，但是看着老渔夫坚强地与艰苦生活做斗争并且自得其乐的时候，我会感到非常羞愧。我仅仅是为生活学习中的某些小事而苦恼，但是桑提亚哥他却是在跟命运的捉弄作战。其实世事无常，每个人都会遇到这样或那样的问题，正如书中所说"没有一桩事是容易的"，我们应该向老渔夫桑提亚哥那样与命运抗争，不抱怨，即使失败了，也是一种胜利，因为我们感悟了过程，吸取了教训，取得了经验，历练了人生，这样我们才是强者、智者！

（指导老师：姚湘斌）

点评

作者从《老人与海》一书中感悟到"坚韧的力量对人生的意义"，全文紧紧围绕"坚韧的力量"这一关键语，从书中摘取典型的句子、典型的情节、典型的形象进行分析论述，把读与感紧密结合起来，并在此基础上和自己的生活体验相结合，达到了"阅读启迪人生"的目的。这样的阅读感悟无疑是极其有意义的。

读《窗边的小豆豆》有感

东莞市樟木头镇中心小学六年级　齐睿

刚打开这本书，看到的不是纯黑色的枯燥的文字，映入眼帘的，是几幅五颜六色的水彩画。真是一本奇怪的书啊！我这样想到。看到前几页，脑海中立刻出现一个学习成绩差、比男生还淘气的女孩子形象。天哪，她哪有女生的样子，我这样想到。再翻几页，果不其然，她要转学了，看来这是个悲伤的故事，我继续想，可是，我想错了！

真实的故事，是这样的：一个叫小豆豆的活泼可爱、喜欢幻想的小女孩，因为她一些奇特的想法害得老师不能上课，小豆豆转学了，来到了一个叫"巴学园"的学校，在这里收获了友谊和知识。"巴学园"并不是一个水平名列前茅的学校，甚至不被外人熟知，可那里是孩子们的天堂，那里有用电车做的教室，孩子们可以根据自己的喜好去选择上什么课，如果孩子们上午上完了所有的课程，下午便可以出去玩。所有的孩子都是自由自在的，多好的一个地方啊！这可能就是现在的孩子们梦寐以求的地方了，但是这对于现在的孩子来说只能是一个美好的梦想，说了你可能不信，这里的主人公"小豆豆"，也就是后来的大作家，著名的亲善大使黑柳彻子本人哦！她可是在这所学校里长大的，这所学校造就了今天辉煌的"豆豆"，看来这所学校绝不是浪得虚名的。

除了巴学园里的有名的"小豆豆"，巴学园的校长也让人印象深刻，他是一个了解孩子的好校长。在他的巴学园里，没有又高又冷的围墙，没有让人感到压抑的教室，更没有会体罚学生的凶狠老师。他带领孩子们装成妖怪在晚上练胆量，他允许孩子们出去散步，他办的运动会让残疾孩子也能体会到胜利的喜悦，他教的孩子成绩一定会越来越好，但绝不是只会工作的有体温的"机器"，他理解孩子们天马行空的想象，不断地把孩子们领上正确的道路，对古灵精怪的"小豆豆"也不例外。

当然，最让我印象深刻的还是那个活泼、可爱、淘气上了天的小女孩。文中的"小豆豆"，被许多老师认为是"怪胎"，但真实的"小豆豆"是善良的，纯真的，是即使没有吃的了，也仍然把笑脸挂在嘴角上的小天使。这让我想起了小时候的自己，还记得没有上小学的时候，我也是一个天不怕地不怕的小淘气包女孩，也有很多稀奇古怪的念头，幼儿园的老师也许是新老师吧，整天都板着脸，不怎么笑，她长得挺好的，眼睛大大的，但是牙齿没长好，有点龅牙，可是对于小孩子来说，看到老师的两颗龅牙还是很奇怪的。终于，一天上课时，忍不住了，站起来说："老师，您的牙齿是龅牙齿！"小朋友们哈哈大笑，"龅牙，龅牙……"一个个此起彼伏地叫着，老师气得脸通红通红，把我赶了出去，罚我在走廊里站了两节课。后来，我再也不敢问她什么了，因为我怕受罚。看了小豆豆的巴学园经历，我是多么羡慕她啊！

这本书很快就读完了，我一直沉浸在一种快乐的气氛里，哪怕到了后来，战火连天了，巴学园里的一切也都没有改变，依然快乐幸福。当然，一颗颗炮弹毁灭了多少人的幸福，也引起了我的一些反思，也许这是需要我们警醒吧！

（指导老师：杨雯雯）

时间的守护天使——《毛毛》

顺德区桑麻小学六年级　苏心弦

　　时间是什么，大概一万个读者有一万个哈姆雷特。可是《毛毛》一书却告诉了我们一个发人深省的答案：时间是生命，生命就在我们的心中。米切尔·恩德把它形象化地比喻为昂扬着生命力的时间之花。时间到底是怎样的东西？时间是我们自己的吗？在小说里，抽象的时间概念被分解成一系列鲜明而又具体的形象：我们需要重新思考时间的意义。

　　《毛毛》是德国作家米切尔·恩德所写的幻想文学小说。书中的主人公是一个不知年龄，也不知来自何方的小女孩"毛毛"。毛毛虽然一贫如洗，却见义勇为，为了挽救病入膏肓的人类，她不顾自身安危地往返于候拉师傅的世界与人类两个世界。她有一种神奇的平静和抚慰的力量，让我们感到温暖，她是一个特别的孩子，是我们人类的一位守护天使。

　　《毛毛》这本书里还写了一系列鲜明而又具体的形象：时间窃贼灰先生，有预知能力的乌龟卡西欧佩亚，时间之花，时间操纵者候拉师傅……充满妙趣的字里行间里，我读出了隐约的讽刺与教训，我们不得不对"时间"一词进行思考，我们不知不觉地开始反省我们的生活方式。在高速发展的今天，人们一味地把时间当作金钱，在一味地争分夺秒的同时，生活也失去了它本应有的样子，变得机械、麻木、毫无感情。这本书绝不仅仅是面对儿童的幻想文学，我觉得它更像是全人类的精神药剂。我希望更多的人通过阅读这本读物能反省自己，也希望更多的人能通过这本儿童文学，了解小孩眼中大人们机械化的世界。现代文明的弊病在米切尔的笔下暴露无遗。他批判现代人的物质欲望；批判冷酷的人类；批判人类愚蠢的时间观。这本书还是一种警告，敦促我们这些迷途的羔羊回头是岸。也许我们真的需要慢下来生活，仔细想想我们该如何度过生命中的每一秒时间，赋予时间什么样的意义吧。

那个讨厌的灰先生，也许读过《毛毛》的人会对他产生不少的疑惑。米切尔先生没有把灰先生这种社会上的恶瘤渺小化，而是循序渐进，逐渐揭示了灰先生面具背后的丑陋与残酷。灰先生并不是靠暴力或某种神奇的道具来获取时间。他们仅仅凭借一副和善又彬彬有礼的假面，巧舌如簧地行骗。对于灰先生，尽管我们肉眼看不见，但他们是一种现实的存在。注视着他们的是我们灵魂的眼睛和精神的眼睛。没错，现实中的灰先生就如同寄生虫，寄生在我们的脑海里，令我们泯灭了善良的人性，使我们变得功利。我们戴着伪善的面具，用时间换取利益，我们的脸上不再有发自内心的笑容，终于我们成了自己最恐惧和最讨厌的灰先生。

米切尔·恩德先生告诫我们："时间就是生命，而生命寄生于人们的心中。"所以我们必须明白一点：时间被剥夺就等于生命被剥夺。因此，我们要找到自己的时间之花，温暖它，呵护它！让它开得更鲜艳！米切尔先生让我懂得了道理，让我深深地喜欢上了这本书。

我最喜欢的一本书是《毛毛》，这是一本能感动大人和小朋友的书。那位时间的守护者毛毛，我觉得我是需向她学习的。其实这个故事常在我们每个现代人的内心世界里上演，正因为精神的力量远远地超出物质的诱惑，所以这是"毛毛"胜利的法宝。我希望有更多人能从中得到教诲与反省，在掩卷后能找回失去的自我。

（指导老师：张莹）

点 评

《毛毛》是德国作家米切尔·恩德的一部轰动世界的时间幻想小说。《毛毛》与《格林童话》齐名，荣获12项国际国内文学大奖。《毛毛》是现代人诠释时间的最佳底本，是一本对现代物质社会进行尖锐批判的奇书，书中表达了对人类的无限挚爱，对人性回归的强烈渴望。小作者采用的是先述读，后发感想的写作形式。小作者在读懂原作的基础上做出了自己的分析和评价，即"时间被剥夺就等于生命被剥夺。因此，我们要找到自己的时间之花，温暖它，呵护它！让它开得更鲜艳！"小作者重新思考了时间的意义，语言清新质朴。

读《窗边的小豆豆》有感

罗定第一小学五年级　谭心睿

如果有人问我："你最喜欢的一本好书是什么？"我会毫不犹豫地回答："肯定是日本作家黑柳彻子写的《窗边的小豆豆》啦。"

一个书香飘逸的寒假，我在市图书馆一看到《窗边的小豆豆》这本书，就无限神往，被深深吸引住了。书中讲述了作者在上小学时的一段真实的故事：有点淘气的小豆豆被原学校退学后，来到巴学园。在小林校长的引导和大家的爱护下，一般人眼里"怪怪"的小豆豆逐渐变成了一个大家都接受和喜欢的孩子。巴学园里亲切、随和的教学方式使这里的孩子们度过了人生最美好的时光。

读了这本书，我发现巴学园有很多有趣的地方，其中最吸引我的是巴学园的上课方式：在第一节课开始的时候，由女老师把当天课程表上全部课程的问题都满满地写在黑板上，然后对学生们说："好，就从你自己喜欢的那个题开始做吧！"同学们喜欢什么就做什么，至于那些不喜欢的学科，只要在放学以前做出来就成。为此，我想到了我们学校每周星期三下午第三节的社团活动课，校长引进了很多校外培训班的资源，开设了很多兴趣班，用来增加我们的课外知识，丰富我们的课外生活。我们可以按照自己的兴趣，喜欢哪个社团就参加哪个社团。我毫不犹豫地参加了版画社团，母亲节的时候，我还专门刻印了一幅版画送给妈妈。妈妈喜出望外，惊呼家里出了一位"小画家"，搞得周围的邻居都知道了且纷纷称赞我，让我既不好意思，又开心。我想，要是语文、数学、英语这些科目也可以这样自由选择就好了，那我们的学校不就是书中的巴学园了吗？

当我看到小林校长教学生们跳韵律操；带领孩子们在晚上装妖怪，行夜路，练胆量；经常和学生们出去散步，在散步的过程中还教同学们学习相关的知识时，我是多么地羡慕啊。想想我们的郭校长，他虽然和小林校长一样，很亲切随和，可是，他好像很忙，经常来去匆匆，不是带一群领导来参观检查，就是去别的地方学习开会。唉，郭校长怎么可能有时间像小林校长那样带领我们在晚上装妖怪，陪我们散步呢？

看了《窗边的小豆豆》，让我对沉闷的学习生活又有了新的期盼。要是郭校长和老师们都看到这本书就好了，他们看了后一定会受到启发，把我们的学校变成现实版的巴学园吧。想想那灵动自由的课堂，还有像小林校长一样和我们玩成一片的校长，那该是多么幸福的校园生活，那该是多么令人振奋的事情啊！

（指导老师：张超桃）

点评

这篇读后感情感真实，开头对原著的简述也体现了小作者较强的归纳能力。讲述感悟的时候展开详述原著中的有关细节，再与现实生活进行对比，表达了小作者美好而真实的愿望。

扼住命运咽喉的海伦·凯勒

——《假如给我三天光明》读后感

平远县第一小学五年级　王睿璇

歌德说："读一本好书，就像和一位高尚的人谈话。"今年寒假，我在悦叮网上读了海伦·凯勒的《假如给我三天光明》。这本书主要记录了海伦·凯勒从小到大的生命历程，我被书中海伦·凯勒的不屈不挠的品质深深感动了。

在《假如给我三天光明》这本自传体小说中，海伦·凯勒用轻快的画笔勾勒出她变化多端的命运的图画。书中描写了海伦·凯勒这个双目失明，双耳失聪，一开始还不能说话的女孩子，在老师安妮·莎莉文的帮助下，进入哈佛大学学习，掌握了英、法等多国语言，成为世界上第一个完成大学教育的聋哑人。海伦·凯勒在不同寻常的悲惨遭遇中，仍然坚强乐观地面对人生，让我很佩服。

最让我钦佩的是海伦·凯勒的不屈不挠的坚毅精神。她刚"学会说话"后不久，就要面临人生第一个转折点——面对众多观众做一次演讲。这对正常人来说都会有极大的心理压力，何况是眼盲耳聋、而且说话的能力还没练好的海伦·凯勒？可想而知，海伦·凯勒有着多么坚强的毅力，多么乐观的心态！如果上台演讲的是健全的我，也不一定有她那样出色的表现，因为我一上台就紧张，懦弱的心脏跳得比龙舟上敲的鼓还快。从今以后，我也要像海伦·凯勒一样勇敢，像她一样用坚强的毅力去战胜自己的懦弱、战胜自己在学习上的一切困难。

轻轻地合上《假如给我三天光明》这本散发着油墨香气的书，我想起了贝多芬的一句话："我要扼住命运的咽喉，它妄想使我屈服。苦难是人生的老师，通过苦难，走向欢乐。"海伦·凯勒就像贝多芬一样扼住了命运的咽喉，在人生的道路上创造了辉煌，创造了奇迹。在她的身上，我除了学会了坚强、勇敢，还学会了宽容，更学会了要怀着一颗感恩的心去面对世界，面对人生。

（指导老师：吴丽辉）

点　评

海伦·凯勒励志的人生经历感染了小作者，小作者用自身的例子对主题思想进行了阐述。另外文章还引经据典，让文章更生动，使文章更有说服力。

祈求和平，珍惜幸福
——读《妈妈，我还是想你》有感

广州市增城区水电二局学校　王子荷

全世界的幸福都抵不上一个无辜孩子面颊上的一滴眼泪。——题记

灯光下，阅读《妈妈，我还是想你》，我不禁泪流满面。

这本书讲述的是伟大的苏联卫国战争时期（1941—1945年），数百万苏联儿童死亡的悲惨故事，故事是当时幸存者的口述实录。书中的每一章节都让人揪心、痛心，也让我体会到自己是多么幸运，生活在和平年代，而这些孩子却饱受战争的折磨，在硝烟中苦苦挣扎，大喊，却无人理会。他们当中有俄罗斯人、白俄罗斯人、犹太人、乌兹别克人、塔吉克人、乌克兰人……作者S.A.阿列克谢耶维奇以独特风格记录了这些孩子们眼中的战争。

"她用破布片把它裹起来，摇晃它……" "妈妈在她的棺材前重复着一句话：三岁两个月，三岁两个月……"这两句话选自书中一篇文章《她开始轻轻摇晃，像摇晃布娃娃……》。这个三岁多的小姑娘是季玛——本文口述者邻居家的小孩。她在战争刚刚结束后，从地上捡到了一个像柠檬形状的手榴弹。她非常开心，因为她以为那是一个玩具。她摇晃着它，我可以想象她当时的表情，一定是满脸笑容，然而厄运降临了，这个三岁两个月的女孩被炸飞了，随同她的笑容。她的母亲悲痛欲绝，天天对着她的棺材说着同一句话。三岁两个月，就像一粒豆子刚刚钻出土壤，可这小豆子却枯萎了，结束了一生，多么令人痛心啊！战争，可恶的战争。

法伊娜·柳茨科所说的故事更令我痛心，"她跑向一边，喊叫着'这不是我的女儿！不是我的！'"

法伊娜的一家被宪兵队抓住了，他们把人们分成两队，一队孩子，一队大人，大人即将被打死。法伊娜在心里默念着：那里有我的妈妈，我不想没有妈妈。接着，她便飞奔过去，大喊着："妈妈，妈……！"她的妈妈两眼惊恐，跑向一边，疯了似的叫着："她不是我女儿，她不是我的女儿，她不是！"看完这一段叙述，我红了眼睛。妈妈真的很伟大，法伊娜妈妈为了让她继续活下去，以这种方式来保护女儿。法伊娜说她亲眼看到自己的妈妈被打死，还有自己的哥哥姐姐……她独自活了下来，独自艰难地一人成长，没有母爱，没有了亲情。战争，可恶的战争。

看到这里，我想起了叙利亚的孩子们，想起了那个死在海滩上的三岁的小男孩，他们的国家正遭受着战争，他们的生活也是如此地凄惨。和我一样大的孩子，本应和我一样，在阳光下奔跑，在教室里接受知识，在爸爸妈妈的怀抱里撒娇，但是他们……我情不自禁地流下眼泪。为自己的国家感到骄傲和自豪！

我希望空气中不再弥漫着硝烟味，地上不再布满弹壳，全世界的孩子都能和我一样在阳光下自由地奔跑……

（指导老师：林冰）

点 评

文章引用原著的两个故事并结合现实中的叙利亚问题，揭示了战争的残酷和可恶，进而提出"祈求和平，珍惜幸福"的主题，描写生动，中心突出。

坚持+努力=成功
——《绿野仙踪》读后感

潮州市潮安区实验学校六年级　翁润轩

　　漫长暑假，我读了好多书，其中有一本叫《绿野仙踪》，读完之后，我感慨万分。

　　这本书讲了多萝西被龙卷风卷到了一个陌生的国度，她先后认识了三个好朋友，他们一起通过努力，坚持不懈，最后都实现了自己的梦想。

　　其中，书里有这么一个情节给我的印象最为深刻：书中有一个神秘的人物，名字叫奥兹。只有他才能让多萝西他们的梦想成真。奥兹住在河的对岸，这条河的河水湍急，暗流汹涌。从来没有一个人渡过这条河，也从来没有一个人见过奥兹。所有的人都劝多萝西他们放弃，但多萝西他们坚信，他们一定能找到奥兹。功夫不负有心人，历经千辛万苦，凭着坚持不懈，最后他们找到了男巫师——奥兹，在奥兹的帮助下，实现了各自的梦想。

　　这种"坚持+努力"是一种多么可贵的精神啊！我练过毛笔字。现在，关于字在"米字格"里的结构，线条的粗细，字的笔法该运用哪些书法知识，我基本理解了。我还觉得我写出的字越来越有书法味道呢。并且，我现在也能理解和体会老师所说的，在写作品时，如何展现出自己的个性（虽然现在我做不到）。你若问我原因，那我告诉你：就是"坚持+努力=成功"在起作用。

　　以前刚开始练毛笔字，关于"米字格"的作用，字在"米字格"里的结构布局，线条的粗细变化，什么"垂露竖""蚕头雁尾"……这些我完全不懂。但每一次的作业，在老师的点评下，我一点一滴地积累并理解了这些书法知识。在平时的练字里，我也特别注意这些书法知识在字中的运用。不管平时作业有多少，每个星期我至少有三个晚上坚持练字。寒、暑假基本是天天写。就因为这样，我的毛笔字才会写得越来越好。

　　同样，多萝西他们也历经考验，吃过好多的苦头。但坚持下来了，他们才能成功地找到男巫并实现自己的梦想。反之，没有坚持，没有努力，他们能成功吗？

　　此时此刻，我忽然有了写诗的冲动：要想成功，需有坚持，还需努力。

两者缺一，成功无望。

同学们，努力努力再努力，坚持坚持再坚持，你就一定会成功的。

（指导老师：张逸鞶）

点 评

小作者能从《绿野仙踪》中感悟到"坚持＋努力＝成功"这成功的法则，十分难能可贵。

《昆虫记》读后感

黄畲中心小学四年级　杨乐如

《昆虫记》这本书使我十分着迷，读完后我才知道原来昆虫世界有这么多的奥秘。我知道了蜜蜂是怎么"回家"的，蟋蟀是怎样"盖房子"的。还弄清了"螟蛉之子"这一表述是错误的，蜂抓青虫不是当成自己的儿子养，而是为自己的后代安排食物。

第一次读《昆虫记》，不知怎的，就被它吸引了。这是一部描述昆虫们生育、劳作、狩猎与死亡的科普书，平实的文字，清新自然，幽默的叙述，惹人捧腹，人性化的虫子们翩然登场，多么奇异、有趣的故事啊！

走进《昆虫记》，我知道了这部书主要讲了昆虫们的生活以及为繁衍种族所进行的斗争。主要涉及昆虫的本能、习性、劳动、婚姻、繁衍和死亡。透过昆虫世界折射出了人类社会，折射出了人生。

走进《昆虫记》，它告诉我：我们人类并不是一个孤立的存在，地球上的所有生命，包括蜘蛛、黄蜂、蝎子等昆虫在内，都在同一个紧密联系的系统之中，昆虫也是地球生物链上不可缺少的一环，昆虫的生命也应当得到尊重。有人说《昆虫记》是一个奇迹，是由人类杰出的代表法布尔与自然界众多的平凡子民——昆虫共同谱写的一部生命的乐章，是一部永远解读不尽的书。

走进《昆虫记》，我找到那段优美的文字——每当凝视池塘的时候，我都不会感觉到厌倦，在这个小小的绿色世界里，不知道会有多少生生不息的、忙忙碌碌的小生命。表面静静的池塘，实际上是一个生命的乐园：深处有着活泼的水甲虫、悠闲的水蝎、沉静稳重的软体动物等，它们在这个美丽的水中乐园里觅食、繁衍后代，将生命之歌演奏得强劲、激昂。文章在表现昆虫世界的同时，也传达出作者对生活的思考和感悟。小小的蜂巢在建筑技术上可与任何杰出工程师的作品媲美，蜘蛛的网能给人们科学与艺术的诸多启迪……这对人类的生活产生了深刻的启示，尊重自然，敬畏生命，人类才能富于诗意地栖息在这个美丽的星球。

"以一颗天真的心，叙述一个妙趣横生的世界。经历一个多世纪，启迪无数童蒙稚子，是一部不朽的世界科学经典。"这已经是很多人读完《昆虫记》后对它的评价，我也是这么认为的。

（指导老师：杨恭良）

点　评

本文语言优美，文字流畅，对各种小昆虫的描写生动形象。小作者从自己独特的体验中抒发出对昆虫世界的情感，有一定的立意。（杨建国）

读《天蓝色的彼岸》有感

阳江市海陵岛经济开发试验区雄鸥小学六年级　曾钰铃

在不久前，我读了《天蓝色的彼岸》这本书。

这本书是英国作家艾利克斯·希尔所著。书中主要讲了小男孩哈里有一次和自己的姐姐雅丹吵架后出了门，因发生了车祸去了另外一个世界。在这个世界里，哈里正排队等着去天蓝色的彼岸，可是他还挂念着自己的爸爸、妈妈、姐姐、老师和同学们，却又不知如何传达他自己的心声，直到他碰上了那个叫阿瑟的幽灵。在阿瑟的带领下哈里溜回人间，安慰伤心的父母，向亲人和朋友们告别，并向他们表示歉意和爱……

　　书中让我感触最深的一句话便是："决不要在你怨恨时让太阳下山。"这句的意思是：在你睡觉前，决不能敌视任何人，特别不要敌视你所爱的人和爱你的人。因为你很有可能今天晚上一躺下，明天早晨就再也起不来了。而我们又何尝不是这样呢？每天都在抱怨父母对自己不够好，却一点也没有考虑过父母的感受；每天都在抱怨老师布置的作业多，却一点也没有考虑过老师的用心良苦；还有每天都在抱怨同学对自己不够友好，却一点也没有想过自己有多么地自私。当我读到哈里在看到对手杰菲·唐金斯给他写的文章之后向他说的话，"杰菲！是我，哈里。我就在你旁边，我这次回来不是来报仇的，不是来让你做噩梦的。我回来是想跟你和好的，向你道歉……我们现在和好吧！"，我感到哈里是一个多么坦荡的小孩子啊。他知道自己错了，就勇敢承认道歉。然而我却没有做到知错就改。记得有一次，我不小心把同学的玻璃水杯给弄碎了，怕会被同学责骂，赶紧在同学不知道的情况下逃走了……读了这段话我的脸红了，我是一个多么不负责任的人，做了错事，不敢面对，反而逃避责任。读到这里我后悔万分，良心受到谴责，和哈里比，我真是小人一个。

　　读了这本书后，我深深地感受到了生命是很宝贵的，当我们活着时要好好珍惜身边的人和事物，否则，当死亡来临的时候我们所有的爱恨、思索、贪恋、失望，以及苦心经营的东西都将失去意义，因此，我们都应该好好珍惜当下的一切。

（指导老师：何爱银）

点评

　　文章的结构简洁合理，作者对原文的理解也十分深刻透彻。文章"读"和"感"紧密结合，故事概括扼要，细节叙述具体，感情表达真挚。小作者边叙边议，能引起读者的感情共鸣。

一等奖

路

——《无声告白》

广州市执信中学 　郭柏君

"莉迪亚死了，可他们还不知道。"

小说从这句话开始，如流水般淌过。几十年前的美国，一座湖边小镇上，一家五口贯穿始末的矛盾被看似波澜不惊的文字一层层揭开。淡如流水，却刻骨铭心。

一家人的矛盾早从父辈开始：父亲身为中国移民，在当时的美国显得与众不同，自卑的种子从小便被种下；母亲在平权主义尚未普及的环境下长大，却一心想成为一名医生，最后却因为婚姻和孩子不得不放弃自己的梦想。

在母亲试图重读医学院而离家出走复归后，二女儿莉迪亚因害怕母亲的再度出走，一遍遍接受着母亲希望她成为医生的意愿；长子内森则因对航天的关注不被寻妻心切的父亲理解而与他发生矛盾，而后关系变得僵化。在之后的日子里，莉迪亚身上的压力不断增大；哥哥内森则成了她眼中唯一同情、理解她的人，成了维系这个充满矛盾的家庭的纽带；小女儿汉娜则几乎不被关注……

随着时间流逝，莉迪亚的成绩不断下滑直至不及格，此时哥哥内森却将离开小镇前往哈佛进修，并因为莉迪亚试图阻挠他离开、与他讨厌的男生杰克"约会"等事与莉迪亚的关系降到冰点……成绩的压力，父母的期盼，哥哥的离去，一切的一切在杰克坦白自己真正喜欢的人时说的一句"至少我不用别人来告诉我，我想要什么"之后走向终点。莉迪亚想到了那个湖，她曾经掉进去过，她不应该再浮上来，强迫自己成为另一个人。

"没关系的"，她告诉自己，然后，她就跨出小船，走进水中。

一个悲伤的故事在作者的笔下缓缓流淌。种族，性别，家庭，人生道路……这场悲剧的参演者数不过来，父母令人窒息的关爱，令人喘不过气的期待，同学疏远的态度，哥哥的离开，杰克的一句话……一根根稻草的堆叠之下，莉迪亚沉入了池塘。在这场悲剧中我们唯一可以庆幸的，只是我们不再生活在一个充满歧视的年代里。

尽管如此，仍然有人为我们安排着我们的路，而或许有一天，这条路也会通向池塘边的木码头。悲剧在几十年间发生在世界各地：因父母的期盼带来的压力，因父母的压力带来的压力，因父母画定的道路带来的压力，几乎不可察觉地成为套在孩子脖颈上的绞索的拉力。父母的规划看似是对孩子的关爱与呵护，实则是父母把自己的梦想和目标放在孩子身上，把自己幻想的目标强加于孩子，就如同小说中母亲把成为医生的目标、父亲把多交朋友的目标强加于莉迪亚一样。在小说中，这些目标无疑是父母自己的目标，可是现实中，这些目标可能只是父母对孩子未来的缥缈幻想，带着父母都无法理解的沉重压力，轰然落于孩子的肩上。

诚然，父母为了孩子未来的发展而为孩子订立目标无可厚非，但目标的订立，应更多地考虑孩子自身的能力和意愿，而非以父母的愿望为主。压力也许能带来动力，但与孩子的天性不容的巨大压力无疑会给孩子的努力带来抵触情绪；不仅不能让孩子为自己的目标做自主的努力，还有可能让孩子对人生规划产生抵触。如此订立的目标，无论何时都有着长久的不良影响：短时使人重负，长时使人消沉。

但无论是只想过普通的生活，还是想成就一番事业，人生的目标都应该被订立。没有目标和有着被人盲目安排的目标一样会令人生陷入混乱；或者说，因为没有自己合理的目标，才可能有别人定下的盲目安排。文中莉迪亚因害怕母亲再度出走而选择放弃自己想要的正常生活，选择顺从母亲成为一名医生；放弃了自己的目标而活在母亲的目标之下，最终导致了本可以避免的悲剧。

如果不敢自己铺下自己的路，就只好等别人用他们的方法来铺我们的路。若只是路还好，我们却要在这路上走上一生。

点　评

　　自己的人生到底应该自己做主，还是接受有经验、爱我们的人的建议，这个问题值得我们每一个人思考，毕竟，我们的一生是如此珍贵。

　　《无声告白》是伍绮诗耗时六年写就的一部长篇小说，讲了一个过度承载了父母期望的混血女孩莉迪亚因为无法抵御外界压力，最终走上了不归路的故事，探索了身份危机、人生成就、种族、性别、家庭以及个人道路等问题。小作者通过阅读分享了自己的具体感受和得到的启示，提出了"要敢于自己铺下自己的路"，寻找真实的自己。小作者的见解有一定的深度。

我在故我思

——读《苏菲的世界》有感

佛山市高明区沧江中学　　何熙

　　读完乔斯坦·贾德的《苏菲的世界》，我开始懵懵懂懂地思索着所谓"我"的存在，并以此为开端，思索哲学，品味哲学。《苏菲的世界》有如春天的一声惊雷，撞开了我混沌的世界，从此，我窥见了哲学美丽的光彩。

　　《苏菲的世界》由一个14岁的女孩苏菲不断收到神秘来信拉开序幕。"你是谁？""世界从哪里来？"这些问题看似普通，却引起了苏菲的深思。在老师艾伯特的引领下，苏菲运用自己的智慧，不断学习、思考着，最终发现自己不过是上校写给女儿席德的一本书中的人物。故事有一个开放式的结局，以苏菲和艾伯特逃离书的世界，来到席德所在的世界画上句号。

　　全书将近一半都是哲学的硬知识，从苏格拉底讲到达尔文，从古雅典的哲学起源讲到启蒙运动……哲学的种种在我们面前平铺开来，一览无遗。因此我并未能一遍读懂，而是反反复复咀嚼，同时也在不断思索，譬如故事最开始的那个问题："我是谁？"

　　我们很少会有人去思考这个问题，因为我们每个人都对这个世界，对自己太习以为常了，对此感到理所当然，很少有人去问一个"为什么"。也很少有人去思考"为什么"。对此，作者用了一个很生动的比喻：宇宙就好像魔术师从帽子中拉出的一只兔子，而我们人类则是兔子毛皮深处的寄生虫。我们都在兔子的毛皮深处舒服地躺着，对魔术师的秘密毫无兴趣。只有哲人，不停地顺着兔子地细毛向上攀爬着，想探究魔术师的秘密。我们比哲人们缺少的只是一颗好奇心和智慧的头脑。

我不也是那众多人中的一员吗？可是，在懵懂的童年，我曾不止一次问大人这些看似简单的问题，想要弄懂"为什么"，就好比一个想要弄懂魔术师秘密的寄生虫，在顺着兔子的细毛向上爬。但是，如今的我却在快节奏的时代里，不断重复"家——学校"这样两点一线的生活，不再对身边的事物抱有好奇心，也不再为之去思考。这是不是就是成长的过程？我不知道！不过我知道，我正在不断适应世界，不断失去触发我思考的好奇心。

正当我的生活如沉默的死水时，《苏菲的世界》犹如一块石子击碎了平静的湖面。它唤醒了我的好奇心，重新去思考那些问题，再一次问自己"我是谁"。不是向他人寻求一个"你就是你"的回答，而是自我反思：有没有一个对自己的认识？我问了自己，也有了一个答案：我是父母的女儿，是学校的学生，是社会的一分子。我的身份取决于我所处的环境，在怎样的环境下，我就有怎样的身份。虽说这个问题并没有确切答案，一万个人就有一万种回答，可是，至少我思考了，这使我有了一个对自己的认知。

但是，书中的故事又让我糊涂了：我是否真的存在？正如故事中的一个小细节：故事中苏菲收到神秘来信这个片段分别以苏菲的视角和席德的视角呈现了两次。我两次看这个片段，有着不同的感受。看苏菲，就像在看一个普通得不能再普通的故事，一个14岁女孩的经历。看席德，则有了一种代入苏菲的感觉：在不知晓的地方，有一个人正在看由自己演绎的故事。只是不知道席德在看苏菲的故事时，是否知道自己也是一本书里的存在，还有写下这一切的作者，又是否在哪儿暗自窃笑。

不过，当我想到书中的一句话时，我便豁然开朗了。那是笛卡尔的一个哲学命题——我思故我在。意思是：我不能否认自己的存在，因为当我在怀疑时，我就已经存在！简单点来说，就是我在思考、怀疑时，一定要有一个"执行者"，而这个"执行者"就是"我"，这是不容置疑的。所以，否认自己的存在是自相矛盾的，我是真实存在于这个世界上的。因此：我思，故我在。

但是，我想将这句话反过来说，就是——我在，故我思。我所有的好奇心，所有的思考，都是建立在我存活于世界这个基础上。因为我活着，所以我要不断去思考，不是只单纯地活在世界上，而是还要思考自己在社会上的定位，思考自己活着的价值，思考怎样活得有意义，而不是浑浑噩噩，直至生命终结的那一天。

保持好奇心，是为了从重复又无趣的日常中找寻到值得去思考的问题，这也是所有发现的前提。而思考，则是所有明悟的原因。思考的不一定是深奥的问题，也可以是对日常生活琐事的反思，只要能对你有所触动，有所启发，这一切就都是有意义的。

因此，哪怕不是哲学家，只要活在这个世界上，就有必要去思考，要保持新生婴儿般的好奇心，思考世界，思考人生，思考自己，使自己的人生有意义。我思故我在，我在故我思。"我"思考，所以证明了"我"的存在，正因为我存在，所以我要不断去思考！

（指导老师：严静华）

点 评

　　《苏菲的世界》是一本有哲学意味的书，作者阅读此书，有如第一次面对哲学启蒙。文章开头总写《苏菲的世界》对自己影响之大，接着概述书中故事，主要部分则用来呈现自己读后的感悟和思考。这些思考以自我认知为中心，并且在"我思故我在"的基础上更进一步，提出"我在故思"的命题，对于一个初中生而言相当深刻，从中体现出作者的敏感多思和好学上进。（侯桂新）

人性的复活

——读《复活》有感

清远市广铁一中（万科城）外国语学校　李佳轩

　　与托尔斯泰其他的作品不同，《复活》中充斥着无法言喻的现实感。此书前后历时十年之久才写就。作为托尔斯泰最后的一部长篇小说，它被公认为俄国文学史上的明珠。

这本书的故事很简单：贵族聂赫留朵夫青年时代曾诱奸了姑妈家中的养女玛丝洛娃，致使她怀孕被赶出家门，最终沦为了一名妓女，后被人诬告而进了监狱。而聂赫留朵夫在法庭上认出了玛丝洛娃，他良心发现，想要弥补她，而引出的一段关于自我救赎的故事。

男主聂赫留朵夫在法庭上认出了女犯玛丝洛娃，过往的事情在他脑海中展开，巨大的罪恶感和惭愧纠缠在一起，使他良心发现，开始不计一切地帮助玛丝洛娃。萌发出想要帮助女犯的想法时，过往一直沉睡在他心中的人性苏醒了，而一直盘旋在他心中的兽性渐渐消失了。在聂赫留朵夫的人性复活后，他猛然发现，自己过去沉溺在其中的花天酒地的生活是多么地使人厌恶，而过去与他百般交好的高官贵族也是多么地阴险虚伪。而他在醒悟之后想尽办法摆脱上流社会，去寻找真正有意义的生活。在此途中，他曾到过乡村，去过监狱，发现了过去从来没有发现过的一个事实：上层压榨劳动大众，使他们的生活十分煎熬。在看清了上层的丑恶嘴脸后，聂赫留朵夫不禁萌发了对穷苦平民和弱小者的同情，对革命者心生敬佩，以及对官僚的憎恶之情。在看清了一切之后，聂赫留朵夫进入了一种全新的生活，他的人性复活了，精神面貌也改变了。对于他而言，过往的黑暗生活已经不在了，而散发着光辉的生活在未来等着他，这就是标题"复活"的含义。

同理，"复活"的不止是聂赫留朵夫，还有玛丝洛娃。玛丝洛娃原本是一家的养女，美丽、活泼，有灵性，与聂赫留朵夫产生了一种纯洁的情感，但自从他诱奸了玛丝洛娃后，玛丝洛娃的人生就产生了翻天覆地的变化。在她怀孕后，她曾找过聂赫留朵夫，但他却冷眼相待，而被赶出家门后，她又遭到了许多的嘲讽和玩弄，这接二连三的打击，致使她变得堕落了。因为生活的逼迫，她成为一位妓女，抽烟喝酒。玛丝洛娃此前的境遇，可以说是再悲惨不过了。正如一枝含苞待放的花骨朵，本该在最美好的年华绽放的，却早早地枯萎了。

原本就要这样一直堕落下去的玛丝洛娃，在监狱里遇见了满含愧疚的聂赫留朵夫，对于他的请求，她只摆出了一张冷脸，并不当真。而在此刻，她的人性的一面复活了，在聂赫留朵夫一次次的帮助下，她又重新爱上了他，但没有答应聂赫留朵夫结婚的请求。原来，玛丝洛娃认为跟聂赫留朵夫在一起会拖累他，转而跟政治犯西蒙结合。这样一个女子，为了不拖累心爱的人，宁愿放弃一个贵族大老爷，去嫁给一个政治犯，可见其精神境界之高。

人性的复活乃是本书的主题。人性，影响着自身的精神道德、伦理甚至是整个社会的风气。每个人的内心都有两种属性：人性和兽性。当人性压制了兽性，人自身的情感就会更丰富，处事也就更为冷静，而当兽性处于上风时，人自身就会如同野兽般，只有野兽的思考方式，没有真正属于自己的灵魂。

猴子从不知多少年前开始进化，最终成了人，也就有了人性。但在几十万年过后，这种被命名为"人"的高级动物却慢慢少了人性，少了那份爱，只留下兽性的人在操纵着那副躯体。聂赫留朵夫曾就是这样的人，大学时代的他原本朝气蓬勃，但却因为受到他人的影响和环境的诱惑以及他自身的改变，他逐渐沉迷在这种浮华的生活中，过着醉生梦死的日子。聂赫留朵夫学生时代的好友谢列宁则与他有着相似的地方。他原本也是一个正直、友好、热情的人，但因为在官场不得不戴上假面具去迎合上级，时间长了，这张假面具也就难揭下来了。

托尔斯泰被列宁称为"俄国革命的镜子"，这点可以从他的作品反映出来。托尔斯泰当时所处的时代是帝俄时期，黑暗的官僚制度和贵族阶级令他愤怒不已，而当时农民的悲惨境遇更使他同情，二者不禁引起了他的深思。为了表达心中的愤怒，托尔斯泰执笔写下了这部作品。

虽然当时正处于黑暗时期，但托尔斯泰笔下的聂赫留朵夫却是一个会反省自我、自我赎罪的人，在聂赫留朵夫的身上，我看到了作者对这个社会残存的美好期待，纵然身处黑暗，难以挣扎，但人性永远不会消失，它埋藏在人们的心底，如同一丝光，虽微弱，却照亮了黑暗，给冰冷的社会带来温暖，正是因为这微弱的光引导着社会，时代才会不断改变。

点 评

作者对托尔斯泰名著《复活》的阅读理解和分析归纳很见功力，能够透过文本内容进行深入的思考，对作品、人物性格、人物命运的解读层层深入，语言纯熟，叙事流畅，是一篇很有意义的读后感。

简爱，简爱

——读《简·爱》有感

东华初级中学（生态校区）八年级　梁莹

　　我慢慢地发现，简爱，不仅仅是意味着简·爱，还是简单的爱。

　　起初喜欢这一本书，是因为自身对于复古的英国旧世纪有着一种难以言说的执念。那个时代是光鲜的，也是灰暗的。

　　华丽的庄园里，华丽的礼服，骄纵的权贵；而华丽的街道旁，破旧的衣服，落魄的穷人——这一幕在当时的英国是很常见的。

　　而主人公简·爱，也出生在这个繁华又可悲的时代。传统中，女子是丈夫的从属，是婚姻的附属。嫁入豪门是当时女性的追求。现在看来也许十分荒诞，但在当时却是潮流。但在我眼里，简·爱不是这样。简·爱极有自己的主见，她自尊，对美好生活有无限向往，真真是一位奇女子。

　　相信很多人都对这句话非常熟悉："你以为，因为我穷，低贱，不美，矮小，我就没有灵魂没有心吗？你想错了！——我的灵魂跟你一样，我的心也跟你的完全一样！……就如我们站在上帝跟前是平等的——因为我们是平等的！"这是男主人公为试探简·爱假意要与富家小姐结婚时，简·爱拒绝留下来的愤怒回答。她追求自尊，就如同她明知自己与罗切斯特身份悬殊，但仍然敢于去爱，去承认，去追求；但她不能忍受爱情的不真诚与不平等，她追求的是精神的平等。

　　简·爱还有一个突出的特点：那就是固执。这种固执来源于善良。罗切斯特与简·爱的初次相遇并不浪漫。面对罗切斯特粗鲁地拒绝她的帮助，她仍然对他说："先生，没有看到你能够骑上马，我是不能让你留在这条偏僻的小路上的，天已经这么晚了。"这种不达到自己的目的不罢休的劲，终于使罗切斯特妥协。简·爱这个时候还不知道他就是庄园的主人，而她仍然愿意倾力相助。这种固执与单纯的善良，深化了简·爱的人格。

　　也许有人说这场浪漫的爱情历经千番波折，终成眷属，曲折复杂。但是我要说，其实这场爱情，是一场非常简单的爱情。这里的简单并不是意味着他们结合过程简单，而是他们都很纯粹。他们有着共同的语言，有着那晚对"绿衣仙子"神秘的默契。他们抛开了当时所谓权贵与所谓卑微人民的枷锁，想爱就爱，爱得轰轰烈烈。他们对对方的爱都是看重对方的内心美。他们对于爱的要求都很简单，就是他们都认为双方要真心相爱才是爱情，而并不是追求荣华富贵的伪爱。我认为他们对于自己的爱情都有超乎当时社会思想的纯真与质朴，甚至在当今，也是非常超前的。有人能像简·爱那样"善良有礼的皮囊下，一身铮铮傲骨"，软化罗切斯特曾经"像印度皮球一样坚硬的心"？他们的浪漫爱情是超越时代的，我想，这也许也是此书能够流传至今的原因。

这本书，是十九世纪的童话。我想起了很久之前发生在我身边的一个事例。我的一位亲戚与自己的男朋友相恋了很久，我们身边的人都以为他们定是要步入婚姻的殿堂的。可最后他们却分手了。我问她原因，她沉默了一会，叹了口气对我说："太难了。他没房没车，工作月薪也不高，我与他结婚了怎么生活？"其实，这只是我身边众多事例中的一个，我相信世界上这种事情，多如浩瀚星辰。这是最常见的，也是最可悲的。我们总是追求平淡的一生，不希望自己的人生有过多的偏差，因此我们的内心总是渴望平庸。我们害怕自己追求的结果不是自己想象的那样，所以最后决定放弃。但我始终认为，简·爱不怕。若她怕，又怎会不惧所有与罗切斯特热恋？简·爱的爱情确实像童话，但它仍能给当今许多女性对爱情的深思。

最终喜欢这一本书，却并不是缥缈的执念，而是喜欢上了简·爱的爱情，这一场简单的爱情。纯真，却又热烈。

我慢慢地明白，简爱，不仅是简·爱，还是对真爱的思考。

点评

作者喜欢《简·爱》这本书，是因为喜欢简·爱这个人，喜欢简·爱对爱情的态度。这篇读后感层层剖析简·爱的爱情观，简·爱追求自尊、人格平等的爱情，其实质是简·爱内心的善良和对真爱的思考在发挥作用，作者认为这是当今女性应该思考的一个问题。作为一名初中生，对这个问题有深刻的思考，并得出了自己的结论，很难得。文章语言流畅优美，给文章增色不少。论述的思路还可以再清晰一些，逻辑还可以再严谨些。

人的价值=尊严+爱

——读《简·爱》有感

平远县田家炳中学八年级　丘荟晗

"我们的精神是平等的。就如你我走过坟墓，平等地站在上帝面前……"合上书本，我的脑海中渐渐浮现出一个身影：她身材矮小，其貌不扬。就是这么一位平凡的女子，在她的身上却有着极其强烈的自尊心，她以一种不可抗拒的魅力吸引了成千上万的读者；她是现代女性独立的永久楷模；她的故事是人间宏伟爱情的辉煌史诗；她用自己的一生诠释了怎样才算"扼住命运的咽喉"……

《简·爱》这本书讲述了一位从小即成为孤儿的英国女子，在各种磨难中不断追求自由与尊严，坚持自我，最终获得幸福的故事。

纵览全书，我感受到男女主人公曲折起伏的爱情经历；在简·爱身上我学习到敢于摆脱一切旧习俗和偏见，敢于反抗，敢于争取自由和平等地位的独立精神，更感受到当今新女性的形象：自尊、自重、自立、自强。

尊严

简·爱生活在一个父母双亡、寄人篱下的环境中，孩子的尊严被无情践踏，然而，简·爱没有自甘堕落，最终成就了这样卓尔不群的她。当简·爱突然得知罗切斯特还有一个疯癫的妻子的时候，她坚定地选择远离爱人，用理智战胜了诱惑，让自己赢得了尊严！

在英国，一位名叫Geoff的流浪汉，在他52岁那年成为剑桥大学的高龄大学生。Geoff用自己的努力来回答曾经那些"质疑的声音"，维护了尊严！

"自尊是一个人灵魂中的伟大杠杆，一个人只要还未失去生活的支点，他就一定能撬起美丽人生。"留一点自尊给自己，即使生活时常以痛吻你，你却仍能报之以歌！

爱

简·爱和罗切斯特的爱情并不是一帆风顺的。在一系列一波三折的风浪后，他们终于敞开心扉，冲破世俗观念，幸福地走到了一起。

"如果说简·爱的离去是迫于内心的尊严而不得不做出的一次理性选择，而最后她的回归，则是出于对爱的执着追求，是又一次理性的选择。"

在《简·爱》这本书中我们看到的不仅仅是一个"灰姑娘"的故事，还有简·爱身上那种特立独行的新女性的形象。她追求真正的幸福——美好的精神世界和高尚纯洁的心灵。

她那对精神平等的执着想法，正如舒婷的《致橡树》中所说的那样："我必须是你近旁的一株木棉，作为树的形象和你站在一起。"

在当今金迷纸醉的社会中，人们追名逐利、嫌贫爱富，为了金钱和地位，迷失了自我，摒弃了自尊，遗忘了初心。而简·爱，她义无反顾为人格、为爱情抛弃所有。她展现出来的力量，是难能可贵的，更让身处金钱万能的社会中的人们的灵魂得到净化！

我们要在物欲横流的时代里逆流而上，用尊严与爱书写自己的人生价值！"在一个非常实在的现实环境中，去寻找、去发现一种诗意。"

（指导老师：赖金梅）

点　评

　　文章开头引用原文的一句话，以及两个小标题，准确地捕捉到了原著之魂。小作者的感悟是深刻的，为引证自己的想法，引用的英国流浪汉的故事、舒婷的《致橡树》也是准确到位的。

温柔乡与荆棘丛
——读《美丽新世界》有感

广州市执信中学　苏昕

如果可以选择，你愿意在温柔乡里耽于安乐，还是于荆棘丛中觅得自由？一直以来，我未曾将这个命题纳入思考——直到我邂逅了阿道司·赫胥黎的《美丽新世界》。这本书令我惊艳又心折，于掩卷后仍久难平息。

《美丽新世界》得名于莎翁的剧作《暴风雨》中的台词："人类有多么美！啊！美丽的新世界，有这样的人在里头！"赫胥黎用这高妙的隐喻为整个"新世界"蒙上了一层晦涩的阴影，毕竟这句台词恰恰充满了讽刺意味——说出这句话的米兰达从小与世隔绝，于是才会在初探人世时便被它迷住，对等待着她的种种无常乱象一无所知。

我曾以为"安乐"是幸福的至佳量度，而《美丽新世界》则用堪称绝妙的构想颠覆了我的观念。赫胥黎笔下的"新世界"如一座虚架在现实世界上空的怪诞浮岛：它物质丰富，科技发达，可身在其中的人却失去了个人情感，没有思想自由。人们沉溺在和乐的"温柔乡"里，既无反省之思，又无抗争之实。这个世界看似荒谬之极，却恰令人毛骨悚然——反乌托邦大师的离奇幻境下，影射的是刻骨的真实。

再稳定的社会都有涌动的暗流，而连暗流都不存在的社会，只能是混沌的死水，是病态的麻木。而"美丽"的新世界中，比"死水"更可怕的是被精心设置的"温柔乡"。"新世界"里，基因设计为每一个人塑造了人生轨道，药物麻醉则令他们不偏不倚地将这冰冷路走到尽头。这个世界里，没有爱情与亲情，婚姻成了匪夷所思的笑谈，生育被唾弃为最污秽可耻之事。人们用合成药物满足各种身心需求，在肤浅庸俗的娱乐活动中令自己获得快感。因为"愚钝"与"不反抗"写进了民众的基因，于是每个人都达到了字面意义上的"安居乐业"。阶级矛盾不复存在，民众沉浸在愉快的蒙昧中，勤勤恳恳地侍奉上层，全心全意地化作社会的"齿轮"。

文中的主人公约翰是个"新世界"的闯入者。作为一个从小意外流落到印第安部落的胎生子，约翰注定是个不为世俗所容的"野蛮人"。他对新世界感到厌恶与恐慌，曾不顾一切地试图击碎它，却在"文明"的铜墙铁壁前败下阵来。他的观念与行为和"新世界"公民格格不入：依恋母亲，信仰上帝，渴望神圣的婚姻和至死不渝的爱情——而这些恰恰是所有"文明人"不解而不齿的。

这样一个新世界里的反叛者，注定要激起两种文明的对撞。当约翰为新世界里的公民赫姆沃尔兹朗诵《罗密欧与朱丽叶》时，他自己动情得几欲落泪，而对方却忍不住爆发出狂笑——因为他实在忍受不了这"猥亵""荒唐""滑稽"的剧作。最后，约翰"愤愤地合上书，站了起来，像一个从猪猡面前收起珍珠的人，把书锁进了抽屉"。读到这里，我长舒一口气，原来这疯狂的世界中，至少还有一个人执拗地拥抱着被人类背弃的珍宝。唯有此时，我才从约翰身上感到了作为"人"的亲切，这种亲切把我从彻骨的寒意中解救了出来。

然而，这又是一个更令人叹息的隐喻——约翰，一个令我们感到亲切的美好人性的化身，一个力图把大家带出囚牢的勇士，却不过是"新世界"中的"野蛮人"，一个痴愚又滑稽的、供人夸张地惊叹取乐的小丑。眼见让人之所以为"人"的爱与尊严被践踏至斯，我不由得被更刺骨的寒冷浸没。

那么，新世界何以使人面目全非，其根源在于它的价值观。赫胥黎最令我折服的便在此处——他塑造了一种看似荒诞的价值，却饱含讽刺的哲思。如新世界的总统所言："稳定当然远远不如动乱那么热闹；心满意足也不如跟不幸做殊死斗争那么动人；也不如抗拒引诱，或是抗拒为激情和怀疑所颠倒那么引人入胜。幸福从来就不伟大。"是故，人性中美好的情感与热烈的冲动被视为"不安定的因素"，因而被弱化殆尽。为了维护"安定"，上位者努力屏弃了一切引起人类感情波动的事物，阻止了爱情、亲情、英雄主义、阶级跃升的野心，以及对真理至道的渴求。为了保证社会的高效运作，人们失去了自身多样发展的需要，磨灭了人格里的自由天性。

可是，政府的稳定民心，本质是一种提线木偶式的愚弄。人们的愉悦欢笑，正如傀儡在嘴角上扬。公民不再是独立的个体，而仅仅是服从于上级的、精妙的社会细胞。社会的安定以牺牲个人的人格为代价，科技的腾飞背后埋葬了无数没有灵魂的躯壳。这是一个最高效的社会，每一个齿轮都被充分使用；这也是一个最粗暴的社会，用最廉价的"设置"来换取虚伪的幸福。

在新世界中，"人"不再有"人"之根本——无人格，无人权，无人性。这般"美丽"的世界，不过是一个文明的弥天大谎；高效运转的社会，正是埋葬了每一个人的灵魂的墓地。最后，世界上最后的"人"，约翰，被不似人的世人迫害致死。从此，我对这个世界彻底绝望。

我以为，社会首先由人所构成，而人格的差异决定了社会必定充满矛盾与纷争。人性本没有善恶之分，一切的因素构成完整的人格。而人格被割裂后的人终究是残损的，有缺憾的，只是没有灵魂的躯壳。那么，由万亿具躯壳搭建起的"美丽新世界"，究竟为谁而建呢？

我不禁想追问，社会发展的目的究竟是什么？在我不成熟的思考中，这是为了让更多的人走出蒙昧，得以拥有健全的人格与自由的思想，有追求自己的幸福的机会与可能。然而人性决定了社会从来不会趋于稳定，人们在贪婪与无私、懒惰与进取、狭隘与高尚间博弈，勉强让社会维持着千疮百孔的平衡。可即便是这样钢丝般的稳定，也是伟大的。它是泥沼中开出的不完美的花，小心翼翼地，顽强坚韧地，展露着人类对美好的希冀与向往。

真正的幸福绝对不是一场大梦。它可以不瑰丽，不迷人，也许只是荆棘丛中一朵脆弱的花——却极真实，极生动，极鲜活。

"我不需要舒服。我需要上帝，需要诗，需要真正的危险，需要自由，需要善，需要罪恶。"约翰对总统说，"我现在就要求受苦受难的权利。"

这才是人间。

在人间，每个人的灵魂都是独立的。人们也许终身无法接受对方的思想，在彼此的信仰冲突中内耗。人们仇恨，宽恕，战争，和解，在激烈碰撞中延续人类文明，从战场的灰烬中向死而生。

在人间，自由是烙印在灵魂中的终极信仰。人们带着不完美的身躯降世，却有选择自己人生的权利。他们做自己的主宰，为自己的决定负责，为自己的错误承担后果，为自己的努力荣耀。他们不做任何人的傀儡，为自己所执所信征战一生。

在人间，幸福可以艰难而伟大。不美丽的世界里，人们没有能麻痹自己的甜蜜幻觉，没有让自己热爱苦难的条件设置——可那么多的人，依然拥抱着棱角遍布的世界，在荆棘丛生的路途上流着血蹒跚前行，时而仰头，得见天光。

这是荆棘遍布的丛林，这正是人间。

如果可以，我愿意选择落入"荆棘丛"。是的，我要求幸福的权利，我要求自由的权利，我要求受苦受难的权利——我要求生而为人的权利。

毕竟，这世界不尽美丽，可我爱她。

（指导老师：曾湖仙）

点评

读罢此文，我被作者的认知与思考所折服，作者的解读让我们明白了"安乐"并非幸福的最佳度量，荆棘遍布的人间才有幸福可言。

作者用最朴实自然的语言揭示出最尖锐深刻的矛盾，恰如文中所言的"新世界"和自由幸福的辩证矛盾。文章内容充实，思想深刻，字字珠玑。（杨建国）

通往另一个世界的门

——读《摆渡人》有感

茂名市茂南第一中学八年级　杨景淇

一个夏日的中午，我忽然被《摆渡人》这本书迷住，这本书讲述的是中学女孩迪伦死于一场火车意外，接着来到了灵魂的荒原，几经周折后，与她的摆渡人崔斯坦打破戒律回到现实的故事。

最让我忘不了的是崔斯坦来到现实世界的那一幕。

崔斯坦是一位摆渡人，他的生活、他的世界、他的思想都仅限于荒原之中：简单、纯粹，没有休息，也不需要温暖。他的任务是不停地把荒原中已经死去的灵魂引领去所谓的"天堂"。他必须竭力完成每一个任务，他要讨每一个灵魂的欢喜，他要在夜晚的危险中保护灵魂，甚至连他的样子都要随着灵魂的改变而改变。他像星，在黑夜中拼命地发光，温暖着他人，却不敢把光留给自己，这多么像我们现实生活中的成年人啊！

直到他与迪伦相遇、相恋，他才鼓起了勇气，敢于直面自己，直面世界，敢于打破戒律，来到迪伦的世界中。

在那扇大门的面前，崔斯坦犹豫了，他害怕失败，害怕这一扇大门不属于自己，害怕那扇大门背后的世界。

如果你是崔斯坦，你会犹豫吗？多少人曾经告诉你，他们曾经在一扇门前的失败经历，这种像被蛇咬一样可怕的体验镌刻在你心灵上吗？那种恐惧的心理像细菌一样传染给你了吗？

现实中，由一个世界通往另一个世界的大门无处不在，至于打不打开，就要看你自己的选择。

在这一扇大门前的你，或许跟崔斯坦一样，过着最无趣的生活，做着最讨厌的事，经历着最失败的过去，但，你又已经习惯于这样的生活了。

当这样的你，遇到这样的大门，你可能会害怕，可能会惆怅——因为你害怕这一扇门的后面又是另外的一个"失败"，惆怅这扇门后的未来。

害怕什么呢？去打开吧！这往往是成功与失败之间的壁障！最牢固又往往是最脆弱的一道障壁！

有人说，即使失败九百九十九次，也要再一次尝试，哪怕只是为失败的九百九十九次凑个整。

去打破那个障壁，去迎接那个"未来"，谁知道它是成功抑或是失败呢？

若是崔斯坦没有迈出那一步，若是他没有勇气，那么，他的终点将永远都只是那个荒原！

去打破吧！走向人生的未来吧！不要再在那扇门前徘徊了……

（指导老师：文鹏燕）

点 评

　　对原文的介绍体现了作者高度的概括力，小作者将笔力集中于"通往另一个世界的门"，即面对机会时是否有把握住机会的勇气，语言极富鼓动性，确是一篇励志佳作。

二等奖

苦难是强者的一块垫脚石

——读《假如给我三天光明》有感

增城区正果中学　郭丽珊

　　海伦·凯勒自幼两耳失聪，双目失明。但她自强不息，一生都在与黑暗的搏斗中不断前进。

　　海伦幼时很任性，她因失明难以与他人交流而倍感孤独，直到沙利文老师的到来——"朋友，你可曾在茫茫大雾中航行过，在雾中神情紧张地驾驶着一条大船，小心翼翼地缓慢地向对岸驶去？接受教育以前的我就仿佛这样一条黑暗中的航船，没有罗盘，也没有探深绳，不知岸在什么地方。光明！给我光明！我发出无声的呐喊，终于盼来了爱的光明。"

　　此前，海伦的世界是黑暗寂静的，她就像是被困在孤独的牢笼中的小鸟，欲逃脱而不得。而沙利文小姐对海伦的教育似一把打开新世界的钥匙，她终能飞出牢笼。此后，海伦的世界变得诗意盎然起来，处处皆有鸟语花香。然而，这条前人从未踏足的道路充满艰险，但她毫不畏缩，毅然在这荆棘丛生的迂曲小路上蹒跚前行着。

　　我最佩服的是海伦的坚毅，她面对生活对她的刁难毫不畏惧，而是用坚如磐石般的勇气一路披荆斩棘，最后为全世界作出杰出贡献。

　　巴尔扎克曾经说过："苦难对于天才是一块垫脚石，对能干的人是一笔财富，对弱者是一个深渊。"

　　毋庸置疑，海伦是一个强者。《骆驼祥子》中祥子与海伦一样拥有坎坷的一生。他们之间最大的不同就是祥子没能像贝多芬那样扼住命运的喉咙。

他屈服于命运，自甘堕落，最终沦为一具行尸走肉。

他是一个弱者。

命运掌握在自己手中，我们可以信命，但绝不能认命。挫折总是难以避免的。有些人在堕入深渊后从此一蹶不振，变得平庸。而有些人却百折不挠，在打击中如凤凰涅槃般重生，高鸣于苍穹。

世上从来没有绝对的公平，如海伦·凯勒自幼不能视听；贝多芬身为一个音乐家，后来却丧失听力；米开朗琪罗一生受限于他人，未能充分展现自己的才华；《钢铁是怎样炼成的》中的保尔失明后历经辛苦写成的作品在寄出途中丢失……

"三分天注定，七分靠打拼。"如果没有后天的努力，就算先天条件再优越也是枉然。命运掌握在自己手中，如果海伦整日颓废无心学习，那么她也不会有今日的成就。

"黑发不知勤学早，白首方悔读书迟。"有许多人因惰性错失机会，也有许多人因为失败而踌躇不前，却不知，我们反而要感激苦难。

"感激不幸，感激苦难，感激我们生命中的一切。"因为正是这些幸与不幸铸成了完整的我们。

"用荆棘来铺设我们攀登人生高峰的阶梯，坎坷使我们的生命变得丰满。"人有旦夕祸福，因此在人生旅途中我们才会有高昂与低落、得意与失意、幸福与痛苦。这些丰富的人生体验让我们正视了自身的不足，坚定步履，迈向成功。

"亭亭山上松，瑟瑟谷中风"，生长在悬崖边上的苍松，风吹不散它屹立于绝境的勇气，雨打不尽它满身的郁郁葱葱，毒辣的炎日晒不干它心中名为希望的一汪清泉。它注定与日月同辉，与岁月同歌。

若我们能像苍松一样不向命运屈服，不向磨难折腰，反而引以为傲，终有一日，定能攀上高峰，与它一同赏尽山巅的云山雾海，阅尽四季众生百态，望尽山麓下延伸至天边的无垠绿野。

我们要掌握命运，而不是被命运掌握。

---- 点 评 ----

内容上，本文表达的是由海伦的坚毅引发的感悟。作者从三个方面表达自己对"坚毅"的认识：一是要做一个强者；二是无论先天条件如何，后天都要努力；三是正确地看待生命中的幸与不幸。三者层层深入，给人以多方面的启发。

写法上，本文也有优点：一是在证明坚强的重要性时，作者恰当地运用了对比论证的方法；二是行文中恰当地引用名句，引导了读者的思维，增加了文章的文采；三是作者自己的语言，描述、抒情与议论相交融，读起来有感染力。（郑文富）

放下

——读《简·爱》有感

东莞市南城中学　黄清韵

风，浅吟在耳边。像是诗人的喃喃自语，看不见，摸不着。悄悄地，吹开了我的日记。扉页上，看上去一片空白，但笔画过的痕迹纵横交错，我的目光，落在了书架上的她——《简·爱》，思绪渐渐抽离……

初识她，只是一个偶然的雨夜。我只身一人，闯进偌大的书房，我拿起我的日记，笔下飞快地吐露出一个又一个狠毒的词，心中的苦闷感越发浓郁。我狠狠地摔着周边所有的书，房里，一片狼藉。我仿佛听到谁的一声轻叹，于是，我便看到了地上的她。

我胡乱抹了脸上的泪水，随意地擦了擦书上的灰尘，席地而坐，翻开了她。穿过书页，我看到了她。那个被舅母关在房中蜷缩成一团的她，那个因为好友去世而哭泣的她，那个面对罗切斯特先生毫不退让的她。她在一步一步地成长，我在一步一步地退缩。

我扔下书，捂着脸，泪水从指缝中流出。我好恨，我恨那个人，我恨那件事，为什么……我想报复，我该怎么办？"第一次报复人，我尝到了滋味，像喝酒似的。刚一喝，芬芳甘醇，过后却满嘴苦涩。"她淡淡地说道。我呆住了，我怔怔地看着那本书，脑海中挥之不去的，是她，是那句话。

"我该怎么办？我感觉自己就像是个一碰就爆的气球，怨恨愤怒像藤蔓，在阴暗潮湿下破土发芽，生长蔓延，占据了我的整个心房，我放不下。"我无奈地揪着衣领，像条濒死的鱼在拼命挣扎。直到我又看到了她。

"生命太短暂了，不应该用来记恨。"她目光望向远方。我攥紧了拳头，我不明白，她也曾被无数苦难折磨，尖酸刻薄的舅母，表里不一的校长，喜怒无常的罗切斯特先生。她能说她心里没有一丝怨恨吗？我不信。她不会放下，我也不可能放下。"不，孩子，你错了。人生在世，谁都会有错误，但我们很快会死去。我们的罪过将会随我们的身体一起消失，只留下精神的火花。"她摇摇头。"这就是我从来不想报复，从来不认为生活不公平的原因。我平静地生活，等待末日的降临。"

我还想辩驳，我并不相信她。但她说的话又真真切切地敲在我的心上，我想开口，她却先我一步："生命太短暂了，没时间恨一个人那么久。"我再次陷入了迷茫，人生短暂，有多少人把一生浪费在嫉妒、怨恨、不满中？它们就像锁死在箱子里的宝藏，诱惑着人们将它们拿起，就再也不舍得放下。可这到头来还不是一场空？把时间丢在刻毒的咒骂中，什么也得不到。

也许是我错了。她，一个平凡而朴素的人，并不是从一开始就没有任何怨恨，而是她拿起过，却也能做到放下。在舅母临终前，她终究还是去看了她。我也该放下了。

我拾起散落一地的书，捡起日记，把字迹一点点擦除，留下来的，只有深深的痕迹。她像是一道疤，警醒着我：是时候放下了。

我看向了她，把日记放下。

"咔哒"，是锁开的声音，我终究看到了那盒子中的宝藏，原来放下便能收获幸福。

今夜的风格外清凉。

（指导老师：陈莉）

读《追风筝的人》有感

茂名市育才学校　黄诗乐

风筝在空中飘荡，向往蓝天白云，也向往着无限的自由。他，是追风筝的人。

少年的阿米尔是阿富汗的一位富家公子，母亲早逝，唯有仆人哈桑与懦弱的阿米尔交好。在一次风筝大赛中，懦弱的阿米尔无情地背叛了哈桑，眼睁睁地看着哈桑被别的富家公子欺负。从此，无尽的悔恨与自责折磨着阿米尔的内心。为躲避阿富汗随时可能爆发的战争，阿米尔的父亲带着他移民美国。多年后，成年的阿米尔终于忍受不了内心对哈桑的愧疚，决定鼓起勇气回阿富汗向哈桑赔礼道歉，却被告知哈桑的死讯。

小说的结尾，阿米尔从敌人的手里救回了哈桑的儿子——索拉博，可索拉博在饱受摧残和折磨后出现了精神障碍。只有提起风筝（那是阿米尔与哈桑童年的最爱）时，索拉博才会露出那抹灿烂的笑。

小说的结局也许并不完美，但在让我们感到一丝伤感的同时，也让读者有种如释重负的感觉。阿米尔为他曾经犯下的错悔恨过，承担过，勇敢面对过，其中难免有许多苦楚。但人生就是这样，有些错误，就是要用一辈子来弥补的。

事实上，作者卡勒德·胡赛尼笔下的阿米尔何尝不是我们每一个人的影子呢？阿米尔一生都在承担曾经犯下的错所造成的后果。而茫茫人海中的我们不也是在追寻与怀念中度过浮浮沉沉的一生吗？

书的后半段写阿米尔终于得到心灵上的救赎。值得庆幸的是，他也在漫长的自我救赎中重新寻回心中丢失已久的"风筝"，成为一名真正勇敢的男子汉。

读《追风筝的人》，就像品一杯略带苦味的茶，苦涩中又夹杂着一丝甘甜，让人感悟人生的真谛，体悟生命的价值。

（指导老师：汪婷婷）

 点评

前半部分是一篇成功的导读介绍；结尾画龙点睛，感悟升华。

女性的人生价值

从化区第四中学　陆欣怡

人生的价值究竟是什么？女性的生命价值有哪些？敢问自己在这世间可有价值？近日，我细细品读《居里夫人传》和《假如给我三天光明》，从书中的这两名奇女子的人生经历中寻找答案。

艾芙·居里曾为她的母亲——玛丽·居里写过一本传记《居里夫人传》。是怎样的一位母亲值得自己的女儿深情写下此传？

书中讲述的是居里夫人一生的历程。居里夫人1867年出生在波兰华沙，是家中五个孩子中最小的一个。她的父母一生从事教育事业并恪尽职守，居里夫人6岁时作为班里年龄最小的、个子最矮的学生开始学习，一直到15岁中学毕业，成绩一直是名列前茅，17岁在外地独自生活，担任家庭教师。教学之余，用晚上的时间学习，决心去巴黎求学。24岁的居里夫人来到巴黎，独自度过四年的学习生活。与丈夫皮埃尔结婚后，两人共同研究科学。他们几乎一生都在实验室里做实验。结婚一年后，女儿伊雷娜·居里出生，生活发生改变。居里夫人既要照顾女儿，又要从事科学研究工作。居里夫妇在简陋、恶劣的条件下，从铀沥青矿废渣里提取出新元素——镭，1903年共同获得诺贝尔奖。丈夫皮埃尔40岁时不幸因车祸离世，居里夫人坚持自己的科学道路，再次获得诺贝尔奖。在历经世界大战时，她毅然前往前线救死扶伤，发明医疗车便于治疗伤者。居里夫人是一位淡泊名利、服务社会的科学家，又是一位不让须眉的杰出女性！

无独有偶。

海伦·凯勒，一个独特的生命个体以其勇敢的方式震撼了世界，她是一个生活在黑暗中却又给人类带来光明的女性。她的自传《假如给我三天光明》向我们诠释着人生的价值。

海伦·凯勒1880年出生在美国，她的到来使家里充满欢乐。她从小就对一切事物充满了好奇心，咿咿呀呀地学说话，刚满周岁就会走路。但是一场高烧，让海伦·凯勒失去了视力和听力，她开始变得性情古怪，乱发脾气，爱搞恶作剧。莎莉文——一位聋哑教师，将海伦带出黑暗的世界，深刻影响着海伦的一生。海伦嗜书如命，通过自身比常人多一百倍的努力，20岁考上哈佛大学。毕业后，海伦经历过一番挫折，终于走上一条为社会服务的道路。她与莎莉文共同在实现理想的道路上艰苦而幸福地前进着，一路上受到许多社会名人的热情帮助。海伦开始尝试参加电影拍摄，到杂耍剧院客串，到各地演讲募捐，以此来警示人们珍视生命，珍惜造物主赐予的一切。她还致力于为残疾人造福，建立慈善机构。海伦·凯勒把自己毕生贡献于社会，被评为"二十世纪美国十大偶像"之一。这就是海伦·凯勒的价值人生，这就是一个活出惊叹号的女性世界！

于是，我知道了独立自主的女性不为他人左右，勇往直前。

居里夫人与海伦·凯勒相差3岁，她们之间存在着相同的发光点，在生命的河流中，找到了自己的人生价值。她们皆是女性，她们出生时所处的黑暗年代，有着对女性极大的歧视。居里夫人为实验室可以获得资助，硬着头皮决心参加院士的竞选，但是一些老的院士坚决反对接纳女性！海伦·凯勒是一位聋哑人，从小伙伴极少，虽然有父母和莎莉文的陪伴，但在她成长的道路上，免不了旁人的嘲笑。她们没有错，只是生活的年代不一样罢了。但她们从没有放弃，一直不断学习，从知识中汲取力量，让自己成为一个思想独立、有自我想法的女性，不屈服于任何流言蜚语。

坚持不懈的女性能够战胜困苦，大放光芒！

居里夫人如何获得如此高的荣誉？这归功于她一直不断地学习。无论是十五岁之前在校读书的那股拼劲，还是在巴黎研究科学的无限热情，都令旁人惊叹不已。居里夫人思想独立，理想追求支撑着她在一个小阁楼孤独地度过四年的日日夜夜——那是在巴黎一人留学的经历。在很多人看来，这种日子未免太过艰苦，孑然一身，单寒羁旅，无依无靠……海伦·凯勒考入哈佛大学后，大学生活也并非如她期待的那般好，如何听课，成为她上大学重要的一课。由于身体的缺陷，所有课程都只得由莎莉文拼写在手上，海伦因此苦恼不已。她没有放弃，想方设法让自己学到知识。海伦说过："我的心越来越热切，奋勇攀登，渐渐看见了更广阔的世界。"她是一个不服输、不肯向命运低头的女性。她们坚强不屈，坚持不懈，是值得歌颂并长存于世界历史长河中的女性。

巾帼不让须眉，奋斗的女性推动人类前进的车轮！

海伦·凯勒改变了残疾人的悲惨宿命，让可怕的疾病看起来不堪一击！让脆弱的心灵坚强起来！让战争在人类的命运里无法咆哮！居里夫人提炼的镭，对社会有这么大的用处，不仅在科学上非常重要，而且对某些疾病具有特殊的疗效，尤其是在治癌方面。当战争来临之际，可以运用自身的知识救死扶伤，可以为祖国尽一份力，这是她的人生价值。面对莫大的荣誉时，居里夫人从未迷失自我，淡泊名利的她令人心生敬佩。海伦·凯勒为社会奉献了一生，同样把对人生的感悟传授于社会，她写成的《假如给我三天光明》让多少不被上帝眷顾的孩子，找到了使自己活下来的勇气。她们——居里夫人、海伦·凯勒是每个女生心中的英雄，是全人类的杰出代表！

谁说女子就是弱小？谁说女子不如男？谁说女子的价值就只是相夫教子？居里夫人和海伦·凯勒给了我们答案——女性只要足够努力，一样可以光芒四射！每个女性的人生价值可能不一样，但只要认准了目标去奋斗，自然就能展现出自我的一番风采。作为当代的女性，生活在美好年代的女性，我们更要发愤图强，像她们一样追寻属于自己的人生价值！

（指导老师：徐燕云）

点评

阅读两本书，将书中的两位杰出女性进行对比，整合提取出她们的共同点，以此来探讨女性的人生价值，这样的读书方法显然是有意义的。本文也由此显得视野开阔，格局大气，材料充实。结构上作者善于单独成段点题和过渡，写作技巧丰富娴熟。

扼住命运的喉咙

——读《贝多芬传》有感

广州市增城区水电二局学校　黎雨晴

　　我曾想象过那是一双怎样的眼睛——像天边散不去的乌云般阴郁的、坚毅不屈的，抑或是犀利的、充满着疯狂的？抱着好奇，我翻开了刚到的《贝多芬传》，带着好奇与学习的心理，探进了贝多芬的世界。

　　不可否认的是，贝多芬的人生就宛如一场盛大的悲剧，或者说是一场勇士与命运抗衡的斗争，他自己所创的钢琴曲第三乐章就是对他的这一生完美的诠释——悲怆而激烈，骚动且潇洒。见过贝多芬的人都说："他的眼里常燃烧着奇异的威力。""在褐色而悲壮的脸上，这双眼睛射出一道犷野的光。"我想，他的眼睛恰好就是他不屈于命运的体现。

　　贝多芬的悲剧开始于他的童年，从小被"捆绑在洋琴上"的他，承受了许多同龄人所无法承受的压力。当他成年后，更残酷的命运便毫不客气地扣响他的生命之门，一场场噩梦接踵而来：战争的来临、爱人的背叛、亲朋好友的离散，而更令人难以接受的是，他的耳朵日夜作响，听觉一天天衰弱下去，这对一名音乐家而言，就宛如一封死亡判决书，毫不留情。

　　那一年，他的耳朵彻底失聪，命运一次次嚣张跋扈地向他发出挑战，在精神和肉体的双重压力下，贝多芬曾在崩溃之际写下一封绝笔书。但最终，这位伟大的行动家站了起来，深渊并未让他屈服。这一次，他毫无忌惮地把这些痛苦宣泄在艺术中，沉溺于音乐之中，甚至达到废寝忘食的地步。他凭借着自己对音乐的热爱以及感情创造了音乐史上的一个个奇迹。他眼里闪烁着坚毅不屈的光芒，还有那从未消失的、野兽般的疯狂，他一次次扼住了命运的喉咙。那种不屈的、与命运抗争的精神，使我彻底折服。

　　"我却愿和我的命运挑战，只要可能；但有些时候，我竟是上帝最可怜的造物……隐忍！多伤心的避难所！然而这是我唯一的出路！"这位生活的巨人曾如此无畏地说道，并不只是说，他也正是这么做的。他的眼神、他的行动、他的音乐，无一不在向命运发起攻势，无一不在说"不，只是这些，休想让我折服，我将扼住命运的喉咙"。这不由得使我联想到自身，以及当代的我们。

我们没有贝多芬这样悲剧且戏剧的人生，有的只是日常的琐碎和渐渐堆积成山的烦恼，我们担着振兴中华的重任，我们背着沉重的学习包裹。我们也会时而抱怨出身、抱怨老天、抱怨自己，时而颓靡不振，时而虚度人生。但读完《贝多芬传》后，我想困难也并不只是带给我们困难。我开始想：每次考试失利后，鲜红而讽刺的分数带给我的是什么？更多的应该是鞭策与激励。每次失去宝贵的事物后，心痛与崩溃的心情带给我的是什么？更多的应该是变得坚强与成熟。就好像我的英语，曾经打击得我体无完肤，无论我花多少心思在这门科目上，它依旧"不动声色"。每次分数下来，我都禁不住怀疑自己的努力是否有成效，但在这样的打击下，我依旧咬紧了牙关，告诉自己，再坚持一会儿，就一会儿，最后，成就了我英语上的高分。

所以，打击并不算什么，对吧？它只不过是让你认清楚自身的处境和该做的事情，这未尝不是好处。那么，看清楚困难不过是成长路上的试金石后，我们还害怕什么呢？贝多芬可以在被噩梦的潮水吞没时创作出血与泪的艺术精华，用生命为后人展现出一个坚毅的韧性，不屈的灵魂，我们为什么不可以在面对困难时，勇敢地冲破屏障，战胜痛苦呢？

试试看吧，正如这位伟大的行动者所说："通过苦难，走向快乐！"停止怨天尤人的乏力，付之于行动上来！相信吧，生命将在你与磨难擦出火花的瞬间诠释它存在的意义，扼住吧，那不过如此的命运的喉咙！

（指导老师：何才珠）

点评

作者在这篇读后感中概述了贝多芬悲剧且戏剧的人生经历，联想到了自身，联系到了自己的学习生活，中心明确，条理清晰。

《贝多芬传》是法国著名作家罗曼·罗兰《名人传》中的一部传记。在这部传记中，罗曼·罗兰着力刻画了贝多芬为追求真善美而长期忍受苦难的心路历程。小作者联系自己的切身体验，把自己在现实生活中的所作所为同书中感动自己的人或事进行了比较，提出面对困难时，要勇敢地冲破屏障，战胜痛苦。小作者的认识比较深刻，全文层次清晰，语言也比较流畅。

生存与爱

——读《摆渡人》有感

东莞市茶山誉华学校　李赵安旭

如果命运是一条孤独的河流，谁会是你灵魂的摆渡人？当在死亡面前，生存与爱，你会选择谁？

人一生在世，面临着命运的无数风雨，面对这不平的波澜，你是否觉得独自一人在这风雨中太孤独，太寂寞，渴望出现一人来摆渡你的灵魂让你感受到"爱"？或者，你对此已麻木，那么读读《摆渡人》吧，你也许可从中得到救赎。

15岁的女孩迪伦是《摆渡人》中的主人公，她原本是一个普普通通的单亲女孩儿，但在一场突如其来的交通事故中，她成为唯一的罹难者。她就如这社会上那些无助、悲怆的人一样，但她与前者相比更为悲惨。在书中，她的灵魂必须穿过荒原，躲开恶魔的吞噬，才能抵达灵魂的栖息地。

在书中有这样一种角色，他们在荒原上保护灵魂不被恶魔吞噬而成为魔鬼，引领灵魂穿过荒原去到灵魂的栖息地，当然，偶尔他们也会有失败的时候，他们被称为摆渡人。崔斯坦就是其中一个，他保护过、引领过无数的灵魂穿过荒原，去到了灵魂的栖息地。但是，他不知道，自己的终点在哪里？他不知道，为什么自己会有这样的宿命？他不知道，如何才能改变自己当下的命运安排。直到，他遇上了迪伦。

从年龄与经历来说，他是一个饱经沧桑、经历丰富的人，见过了无数需要引领的灵魂，经历了无数次的恶魔攻击，内心早已波澜不惊、心如止水，只是机械地、重复地穿过荒原。与其说他是一名摆渡人，不如说他是一个无处可去的孤独灵魂。他已经完全习惯了宿命的安排。直到，他遇上了迪伦。

在崔斯坦眼中，迪伦是个特别的女孩，她没像别的灵魂那样去抱怨，而是平和地接受事实。两人慢慢地有了爱恋。当迪伦到了灵魂的栖息地后，为了崔斯坦她不顾后果重返荒野。她只知道：我要走回去，我要陪伴他，我要拯救他——摆脱他的宿命！

爱，使她充满了力量。前途即将如何？不知道。能否找到他？不知道。如何面对恶魔的吞噬？不知道。但她有勇气，爱使她踏上了寻找崔斯坦的冒险之路。

没有了迪伦的崔斯坦，重复着自己毫无意义的摆渡生涯。也许太久的禁锢，以至于他再次遇到迪伦时，除了惊喜，更多的却是对未来充满了恐惧；他不敢尝试，甚至不敢想象，自己还能去哪里；他才是荒原上需要"摆渡"的灵魂，而迪伦才是崔斯坦的灵魂摆渡人。

爱牵引着他们，回到原点，回到事故的起点，时光倒流的刹那，奇迹必然诞生。

迪伦回到了事故的现场，并且从事故中苏醒了过来；而崔斯坦，却在不远的地方，微笑地看着她。

她说："原来你在这儿。"

他说："我在这里。"

作者在这本书中似乎想表达这样一种观念——世上不存在幸运与不幸。为什么呢？书中的迪伦，她的遭遇在常人的看法中是"不幸"，可她遇到了崔斯坦，她收获了"爱"，有了"爱"的迪伦还能说是不幸的吗？前文有这样一个问题："当在死亡面前，生存与爱，你会选择谁？"

每个人的选择是不一样的，但我会像迪伦那样选择"爱"，因为迪伦是孤独的，但她遇到崔斯坦，她便不再是孤独的，而是充实的，为什么呢？因为她有"爱"，人们常说"爱"是一种高尚的情感，是从内心深处表达出来的，当她收获了"爱"后，不就是等于说，她收获了"心"和情感吗？是愿意空虚地走在世间放弃"爱"，让自己难受地生存下去，还是选择为了让自己不后悔不空虚，拥有情感、拥有目标而一搏地"爱"？我想，该怎么选择应该不言自明。

人这一生，我想最贪的不是钱财，而是生存的时间，人一生最怕的不是别的，而是死亡，但比死亡还可怕的是你失去了"爱"。"爱"可表示多种情感，所以如果失去了"爱"，就会像最开始的崔斯坦那样，行尸走肉一般，循环往复地做着同样的事，但这个样子是什么也收获不到的，是在人类中属于最悲惨的。但有了"爱"后便不同了，罹难的迪伦，她虽然没有抱怨自己的悲惨，可她真的不在意吗？我想应该不是，而是她早已对人生麻木，可她对崔斯坦产生了爱后，迪伦改变了，她有了一种不知从何而来的勇气，这勇气的名字叫"爱"。是"爱"给了她情感，给了她方向，让她不再迷茫，创造了奇迹！

"爱"不仅仅是一种情感，更是一种力量，更是一种奇迹！它使人类的一生有了色彩，更添了无限的美好。

当你身坠命运孤独的河流时，去找到你所爱的人，因为那是让你不再孤独的灵魂摆渡人。如果命运是一条孤独的河流，谁会是你灵魂的摆渡人？当在死亡面前，生存与爱，你会选择哪一样？

（指导老师：周圆）

点评

　　文章的开头和结尾，小作者都在问"在死亡面前，生存与爱，你会选择哪一样"。一再地发问，说明这是作者一直在思考的重要问题，并且作者在行文中已经做出了自己的决定：选择爱。因为从《摆渡人》这本书中，作者感受到了"爱不仅仅是一种情感，更是一种力量，更是一种奇迹"。文章首尾呼应，结构圆融，语言优美，值得肯定。论证分析能力稍弱，尚待进一步强化。

读《童年》有感

平远县石正中学九年级　凌文莉

　　我们的童年是快乐的，是纯真的，是值得每个人回忆的，现在回想起童年那些不堪言说的"小插曲"，仍旧能令我捧腹大笑。

　　但是，苏联著名作家高尔基的《童年》中的阿廖沙却经历了常人难以想象的童年。

　　三岁就目睹父亲离去与安葬的他，随母亲到外公家生活。被辱骂、殴打是家常便饭，一家人的钩心斗角导致了最终的分崩离析。然而就是在这样险恶的环境中，阿廖沙却没有被暴躁、贪婪、自私的外祖父同化。

　　他能辨善恶，分是非，他顽强、善良、勇敢、乐观、爱憎分明、乐于交朋友，这对我有很大的触动，使我懂得了环境并不是完全影响人的要素，阿廖沙能成长为这样一位优秀的人，纵然有外婆影响的因素在，但关键还在自己身上。我敬佩阿廖沙，他可以在一潭污水中保持良好的品德，我们又为什么不能呢？

想起现在的我，一遇到挫折就喜欢怨天尤人，觉得老天对我不公。成绩一下滑，要么埋怨所处班级气氛不够好，要么埋怨同桌太差劲，要么埋怨家里没有给我创造优裕的条件，完全没有想过把问题归咎在自己身上。自从读了《童年》，我才明白，原来环境对人的影响并不大。我应该要像阿廖沙那样，即使周围环境像一潭污水，也要做到"出淤泥而不染，濯清涟而不妖"。

上了初三，我住进了学校，学习压力大，而且不适应住宿环境，但我没有怨天尤人。要换以前，我起码得和好友诉上三天三夜的苦，然后整天闷闷不乐，摆着一张臭脸。每当我支撑不住，对环境极其鄙弃，不愿再好好学习的时候，我便想到了《童年》。阿廖沙在如此恶劣的环境中都能成长为一个坚强、勇敢、正直和充满爱心的人，我有父母的呵护、老师的鼓励、朋友的支持，我为什么不可以成为这样的一个人呢？

想罢，我便重拾信心，把笑容挂在脸上，把烦恼和一切不满都抛到九霄云外去，不断暗示自己：我一定可以的。不为什么，只因为我想要成为像阿廖沙一样坚强、勇敢的人。

《童年》总能在无形中给我心灵带来愉悦与慰藉，给我指引生活的方向，更是一盏永不熄灭的指路明灯。我们只有体会到生活的困苦，才能感受到幸福的来之不易，才会珍惜现在的美好生活。

（指导老师：陈晓婷）

点评

见贤思齐，这篇读后感践行了这一理念。小作者以《童年》主人公为榜样要求自己，结合学习中生活中的小事来谈，具有很强的说服力和感染力。

随着奶酪的变化而变化
——读《谁动了我的奶酪》有感

潮州市湘桥区城南中学七年级　刘晓玲

阅读是一门艺术，在阅读中发现乐趣，享受乐趣是我们追求的目标，只有这样才能真正把书读透，汲取其中的精髓，从而充实自己。今天，我读完了《谁动了我的奶酪》一书。

美国著名作家斯宾塞·约翰逊的《谁动了我的奶酪》，有四个主人公——小老鼠嗅嗅、匆匆，小矮人哼哼、唧唧。他们生活在迷宫里，以奶酪为食。有一天，他们发现了一个储量丰富的奶酪c站，便在其周围开始了自己的幸福生活。但是有一天，奶酪突然全部不翼而飞！这个突如其来的变化使他们的本性暴露无遗：嗅嗅和匆匆随变化而变化，头也不回地进入迷宫，并很快找到了贮藏有更多奶酪的奶酪n站；而小矮人面对变化却犹豫不决，他们始终不愿面对现实，幻想着总有一天奶酪会回来的，他们整天郁郁寡欢。经过了激烈的思想斗争，唧唧终于穿上了久置不用的跑鞋，重新进入了漆黑的迷宫，踏上了未知的路。而哼哼依然接受不了现实。

奶酪是一个比喻，它代表了我们最想要的东西，可以是一份工作，或是一份友情、一份健康，还可以是优良的成绩……你的"奶酪"又是什么？我们每个人都可以在四个主人公身上找到自己的影子。面对突如其来的变化，你是像匆匆一样随机应变，还是和哼哼一样犹豫不决？

如今的我们生活在一个多变的时代，每个人都可能面临着和过去完全不同的境遇，如果你足够细心，你会发现你的"奶酪"在不断变化。假设有一天你的"奶酪"突然不翼而飞，没有心理准备的你可能会手足无措，这时你会怎么做？犹豫不决还是行动起来？你可能无法马上采取行动来补救。这时，如果我们拥有匆匆和嗅嗅那种决心、勇气与行动力，就会很容易找到下一块"奶酪"，甚至还可能会发现下一个"奶酪n站"。

在失去"奶酪"的那一刻，如果没有及时采取行动来补救，可能失去的就不仅仅是"奶酪"了。"行动，只有行动，才能决定价值。"没有行动，何来所谓的结果？只有行动，才能在"迷宫"里逐步寻找"奶酪"。

当前方的道路一片漆黑时，我们需要将决定下得迅速、果断。当你已经失去"奶酪"了，你是在原地犹豫徘徊，还是义无反顾地踏上未知的路？你必须在有限的时间内做出你认为正确的选择。只有这么做，才能尽快找回"奶酪"。

著名作家雨果说过："一个有坚强心志的人，财产可被人掠夺，勇气不能被人剥夺。"既然已经失去了"奶酪"，那就不能再失去寻找"奶酪"的勇气，要克服恐惧与困难，不然你可能连出发的机会都没有。

"不要为打碎的玻璃杯而伤心。"既然我们对已经变化了的事物无能为力，那么再伤心也无济于事。我们要做的，是调整好心态，寻找下一个机遇，果断地踏上未知的路，不安于现状，伺机而动。我们得到、拥有、失去"奶酪"，是必然的。总是沉浸在失去"奶酪"的痛苦中，是无论如何也找不到下一块"奶酪"的。

生活从来不会遵从某个人的意愿，因为生活是客观存在的。变化随时会发生，积极地面对变化会让你发现更多"奶酪"，不管我们是否意识到，新的"奶酪"就在不远处，等着我们去发现。

（指导老师：姚熙）

点评

全文语言自然流畅，行文思路清晰，观点突出。用自己独特的视角发表议论，深入理解原书所要表达的主旨：我们要做的，是调整好心态，寻找下一个机遇，果断地踏上未知的路，不安于现状，伺机而动。

那只蓝色的风筝

东莞市松山湖实验中学　罗晨希

《追风筝的人》讲述了12岁的阿富汗富家少爷阿米尔与他父亲仆人的儿子哈桑之间的友情故事。作者虽没有华丽的文笔，但却用那温暖细腻的笔法勾勒出三代人之间的友谊与温情、背叛与救赎，带给我极大的震撼与感动。

当仆人哈桑——阿米尔最好的伙伴，被以阿塞夫为首的其他富家少爷围在角落里施以暴力时，阿米尔——哈桑最信任的朋友，却蜷缩在阴暗的角落里默默注视。他没有挺身而出——像哈桑过去无数次为他挺身而出那样，接受一切可能发生在他身上的后果。他有时间也有机会去扭转那个黄昏发生的事情，但他没有，他是个懦夫，是个失败者。

事情过去之后，阿米尔因为懦弱而极端害怕直至惭愧不已。他无法面对哈桑，最后甚至栽赃他，让他永远离开了这个家。

那只蓝色的风筝——一切罪恶的源头，它完成了自己的使命，也使阿米尔一生背负着惭愧与悔恨，直至等来灵魂的救赎。

当中年的阿米尔偶然得知哈桑的消息时，他不顾危险，踏上了前往家乡阿富汗的路，开始了灵魂的救赎。但时间是可怕的，因为它可以让一切都改变。记忆中那个温暖而充满回忆的家早已变成了残垣败瓦。他目睹了阿富汗战乱不断、民不聊生的惨状，同时也见到了儿时的老管家拉辛汗，并得知了哈桑的死讯。

哈桑死了，阿米尔的救赎却没有停止。哈桑唯一的儿子索拉博落入了阿米尔儿时的宿敌、那个欺负哈桑的人——阿塞夫手中。儿时的懦弱和愧疚缠绕着中年的阿米尔……一场救赎再次开始。

故事的最后，阿米尔救回了索拉博，可此时的索拉博却因精神上的伤痛完全精神失常，唯有说起风筝——阿米尔和哈桑最喜欢的玩物时，才会不自觉地笑起来……

为什么阿米尔生活在天堂般的美国，远离硝烟弥漫的故土，却依然有着挥之不去的愁绪，仍然想着那个令他魂牵梦绕的阿富汗？是哈桑，那个兔唇的哈桑，那个陪伴他度过漫长岁月的哈桑，那个他最愧对的人，让他的心灵永远处在忏悔和不安中。也许故事的结局并不完美，索拉博的沉默不语让我悲伤痛心，但他放风筝时的一丝笑容，又让我觉得如释重负。也许人的一生就是这样，犯错，错过，再用一生时间去挽回、去弥补。

其实，生活中的每一个人都是阿米尔，都在不断追寻着那早已逝去的哈桑，或哭或笑，或疲倦或欣慰。我想，书中的情感不仅仅是亲情，是友情，能够沉下心来阅读的人，更能从中体会到共鸣和真挚的情感，也会折射出自己曾经有过的心绪。比如，伤害别人时的快意和不安；亲人有困难时的无能为力；失去信念时的彷徨；应该担当责任时的推脱，以及时常涌上心头的愧疚、不安和无助……这样的情感没有任何修饰和包装，是一个人面临变化时来不及思考而由心底流露出来的情感。作者胡赛尼的笔犹如一把尖锐的刀，拨开层层伪装，直至人性最深处，将人性的真实刻画表现得淋漓尽致。

最后，生活的大门终于向阿米尔敞开，他也得到了灵魂的救赎，明白了彼此的意义——以生命为代价。

读完这本书，那只蓝色的风筝始终在我脑海里高飞着，盘旋着，看似自由，却又受着约束。而我们的人生，不也是这样吗？

（指导老师：潘艳荔）

改变世界的"苹果"

——读《史蒂夫·乔布斯传》有感

广州市执信中学　欧俊琪

有这么一种说法，从古至今有三个苹果改变了世界：第一个苹果诱惑了夏娃，第二个苹果砸醒了牛顿，而第三个苹果则在乔布斯掌控中。因为英语书上的一篇文章，我对乔布斯这个大名鼎鼎的人物才有所了解，而在看完《史蒂夫·乔布斯传》后，我深深被他折服。

《史蒂夫·乔布斯传》是由著名作家沃尔特·艾萨克森在过去两年与乔布斯面对面交流40多次，在对乔布斯100多位家庭成员、朋友、竞争对手和同事进行了采访的基础上撰写而成的。它介绍了乔布斯有如过山车般精彩的人生、犀利激越的性格以及追求完美和坚持不懈的激情。乔布斯颠覆性地变革了我们现在越来人性化的个人电脑、动画电影、音乐、手机、平板电脑以及数字出版等六大产业。六大产业啊，这是一个多么伟大的企业家，实在让人由衷地敬佩。

"苹果"——世界技术潮流的代名词，全世界都为之着迷的品牌，曾经的掌舵人乔布斯在"苹果"的发展历程上功不可没！就只有乔布斯，才能让1997年每股价格不足14美元的"苹果"股票一路高涨至今，成为商业奇迹；只有乔布斯，才能让创新的灵感得以实现在现实产品上；只有乔布斯，才能让苹果受人追捧，全球热销；也只有乔布斯，才能在事业鼎盛期追梦前行，一路奔驰！让我最敬服的是：乔布斯能以最简洁的方式、带有煽动性的语言把高科技产品介绍给普通人，让人心悦诚服，为之痴迷，继而疯狂购买。而他所创造的技术、销售等等奇迹却是无人可复制，只能望尘莫及！

"领袖和跟风者的区别在于创新"，乔布斯的创新天赋是无人能及的，他的大胆设想，与众不同的管理，使他成为创造力、想象力以及持续创新的终极标志。反观古今中外，任何人的成功不仅仅要有天时、地利，还要有人和。乔布斯所处的时代，刚好是信息技术崛起的时代，这无不为乔布斯创造了有利条件，而他与史蒂夫·沃茨的合作，就是强强联手的典范，他们由此改变了世界！他们的发展历程让我明白了：想要成功，既要有渊博的知识，超人的想法，过人的胆识，迅速掌控市场发展趋势的能力，高效的时间支配，还要有一个强的合作者！乔布斯就明白这点，他懂得市场的需要，一步步让沃茨改造一部能适应市场的电脑，而且他们创造了四天四夜完成一个作品的奇迹！如今，我们正在为三年后的中考而奋斗，适应现状的同时，要迈着勤奋的脚步，平时不断积累知识，为了几年后的梦想苦一点、累一点，好好奋斗！进一步把握自己的未来！

他是一个生命的勇敢者，在坚持自己梦想的道路上，一直与时间生命赛跑。即使在饱受癌症折磨的十年岁月里，在生命的最后一刻，他也没有停下自己追逐梦想的脚步。"你的时间有限，所以不要被教条所限，不要活在别人的观念里，不要让别人的意见左右自己内心的声音，最重要的是勇敢地追随自己的心灵和直觉。"这是乔布斯在斯坦福大学2005年毕业典礼上的铿锵有力的演讲中所说的。我每次听到他纯英文的演讲都热血沸腾，"如果你把每一天都当作最后一天去生活的话，那么有一天你会发现你是正确的。"因为他，我不再恣意地挥霍自己的时间，而是规划自己每天的时间，一步步设立自己的学习目标，向着高目标前行；因为他，我不再天马行空，毫无效率地学习，而是主动地总结原来的经验、教训，让自己各方面变得越来越好；因为他，我不再对一些人、事毫无主见，而是慢慢地培养自己独立思考的习惯，告诫自己，什么是对，什么是错的；因为他，我勤奋努力，上进好学，每天都在为实现自己的梦想而前行一小步！我深知"天道酬勤"，就让我也做一个与时间赛跑的强者吧！

乔布斯的点滴，都是财富。于我而言，的确如此，对于其他人也如是吧！那个被咬一口的"苹果"也将被我们铭记！他用自己一贯的创新精神、永不服输的精神筑起了苹果公司，他用自己的个人魅力让大家折服，他用顽强的意志与病魔做了近十年的斗争。他永远和时间在赛跑。说他是个伟大人物一点也不夸张，因为他的确是一个能让对手折服、让大家敬重的人！"Stay Hungry, Stay Foolish! 保持饥饿，保持愚蠢！"他的精神将永远激励着我，让我勤奋、努力、勇敢前行！

（指导老师：欧阳怡）

用爱去教育，用心去体会

——读《爱的教育》有感

珠海市金鼎中学　余碧儿

　　教育一直是人类进步的关键，只有受了教育才能有所提升，鲁迅先生说过："教育是根植于爱的。"而《爱的教育》这本众人皆知的名著则将爱与教育之间的关系刻画得淋漓尽致。

　　还记得，那是一个临近傍晚的黄昏，我独自坐在操场上，手里正是这本《爱的教育》，风轻摇着草叶，原本淡淡一层洒在叶上的阳光也微微颤动了，一切显得那么宁静与祥和，将风撩拨起的丝发夹在耳后，空气中有着似乎是阳光的，令人安心的味道，缓缓翻开书页，看着淡黄纸上的文字，我也许根本没有想过就这样感受到了爱的教育，随着书页的翻动，我不禁被它吸引，有那么几次还带着未干泪痕的脸上又绽开了笑容。

　　合上书页，却也并没有驱走脑海里的万千思绪，这些蜂拥而来的记忆像是吞没了我，一件一件往事流水一般经过心头……

　　还记得那是小学的时候，是几年级的事已经记得不太清楚了，那时我生性顽皮，我的班主任，同时也是我的英语老师，可算是为我操碎了心，上课捣乱不说，一点斯文女孩子的模样都没有，老师教育过我不知道多少回了，每回表面上像是知道改正了，背地里也还是依旧我行我素。记得又是一回

"例行"教育，我正紧张地等着这回老师会说我什么，风刮过身后的竹叶，竹叶沙沙作响，在耳边回荡，老师语重心长地对我说："碧儿啊，老师也不想和你说太多的大道理，老师是很希望你能成为一个优秀的人的，老师是希望你能有一个好的前途的，"老师的语气里并没有往常的生气。我悄悄地拿眼看老师，却发现她的眼睛里溢满了温柔与期望，我心里生出一股苦涩，我想起自己以前种种让老师痛心的行径，忍不住把头低下去，害怕自己下一秒就会被这种既苦涩又带着爱的感觉压垮。记得老师和我说了很多，同以往不同的是，我第一次感受到了被宽恕的感觉，更加觉得自己不对了，以前老师那样苦口婆心劝我，我怎么还会觉得老师烦呢？阳光照射在身上，只觉得好像缠了我很久的黑暗被打散了。

一段往事叩开了我的心灵，我不禁仔细端详手中的书，作者是意大利作家埃迪蒙托·德·亚米契斯，这本书记录了他四年级时所见到与发生的人和事，被公认为世界上最富有爱心的读物。爱，是看不见，摸不着的，只有触动了心灵时，才能真切地感受到；而教育，又是我们每个人成长中必不可少的一个过程，但是每当我们受到教育时，又是否常常忽略了其中蕴含的爱呢？

爱与教育实际上是密不可分的，因为爱，才会教育。父母对我们的教育是为了让我们能更好地成长，老师的教育是为了我们的前途，以及教会我们做人的道理，这些都是不溢于表面，而是暗藏于心底的爱。

生活像是一座花园，爱就像春天，为盛开的花朵抹上幸福的色彩，没有爱的世界是孤独的、枯燥的。每个人都应该开一扇心窗，让爱洒进心房，就像穿过窗子的阳光一样，能照亮整片心灵；每个人都应该留一片土地，播撒下爱的种子，就像雨后的万物，在心里生根发芽；每个人都应该带上一双爱的眼睛，能够发现爱，并跟随它的踪迹。

每个人，都应该有一次爱的教育！

（指导老师：陈燕宜）

点 评

　　爱，要触动心灵才会被感受到，所以教育要触动心灵。因为爱，才会教育，所以受教育者要正确对待教育，要能够发现教育中的爱。这是本文的作者对"爱的教育"的认识。（郑文富）

起跑线 ≠ 终点线

——读《假如给我三天光明》有感

茂名市茂南第一中学八年级　吴彩欣

成功真的取决于起跑线吗？

读了《假如给我三天光明》后，我找到了答案。

书中的主人公海伦，一个生活在无光、无声、无语的黑暗中的残疾人，依靠着自己的努力，从哈佛大学毕业，成为千千万万人心目中的偶像。如此振奋人心之所为，就算一个正常人也不一定能做到吧？更何况海伦这样一个极其不幸的聋哑人？

与常人相比，海伦拥有太多的劣势，在人生的赛道上，她不得不承认自己输在了起跑线上！面对残酷的现实，我相信她一定是身心备受煎熬。但是聪明的海伦不甘于沉沦，不屈服于命运的安排，而是勇于扼住命运的咽喉，打破磨难的枷锁，用自己平凡卑微的努力，一步一步，博得不凡的人生。

谁说后天的勤勉就不能弥补先天的不足？谁说"起跑线"就决定了"终点线"？看！海伦的一生就为我们做了最好的诠释。

人生路漫漫，并非一场百米的短跑，所以何必在意起跑速度的快慢？即使你天资聪慧，才智过人，那又如何？方仲永成功了吗？没有！不仅没有，还浪费了上天赐予他的天赋，结果可悲可叹。

在现实中，因为我生活在一个单亲的家庭，所以我一直非常自卑，觉得自己什么都不如别人。还刚入学时，我甚至不敢与他人交流，不敢在众人面前表现自己。每当看到那些老师眼中的好苗子在谈笑风生时，我就暗暗下定决心要超越他们。

于是，这个小小的愿望成了我奋斗的动力源，我就这样不紧不慢地追赶着，从未停止过前行的步伐。当人生的第一张奖状呈现在我手上时，我所有的激动与兴奋都化作了无声的泪水。我知道，我成功的背后，仅仅是那未停止过的脚步。

没错，我是输在了起跑线上，但当别人停下脚步时，我仍然在拼命地奔跑，因此，我相信，成功终会属于我！

当你错过太阳时，请不要流泪，不然你将错过月亮和群星！输在起跑线上并不可怕，可怕的是你被现实所迷惑而停滞不前！

我愿像海伦一样，做一只蜗牛，尽管背着重重的壳，也要一步一步向上爬，不紧不慢、永不停歇地爬向终点线……

（指导老师：文鹏燕）

点评

小作者视角独特，从当下热门的"起跑线"概念切入，找出自己与海伦·凯勒的共通点：已经输在了起跑线，但不代表会输在终点线。这样的海伦恰巧构成正面的事实论据，方仲永作为反面论据也很有说服力。独特的视角加上严谨的逻辑论述，令人无可辩驳。

读《群山回唱》有感

金山中学　谢皓茵

我们也许都曾经孤身一人迷失在连绵的群山之中，但只要我们呐喊出声，群山间的回音就会回应我们，连绵不绝。它们会填平我们的不安与忧惧，指引我们找到回家的路。我们不会孤单，我们不再孤单。

失落是《群山回唱》重要的主题，无论是记忆、真诚还是爱，在这个巨大的命题之下都被贴上了悲悯的标签。《群山回唱》由一个极富悲剧色彩的童话故事开篇，残忍与仁慈只是一体两面。父亲讲述的这个故事既决定了阿卜杜拉和妹妹帕丽不可逆转的离别，也决定了两条完全不同的人生轨道只能等到年华老去才能相遇的命运。命运与贫穷错杂交织而铸成的悲剧，像电影《异形》中的怪物产下的邪恶之卵一般，深埋在阿富汗每一寸土地之下，随时都可能破土而生。

弥漫的文化乡愁是早期胡塞尼作品里最常见的情感，一草一木的描写间蕴藏着的正是他对故乡最纯正的思念。而对于风格日渐成熟的胡塞尼来说，他选择将视线收拢，由大时代悲剧逐渐转换到了移民者本身的飘零不安上。

与《追风筝的人》《灿烂千阳》中所描绘的战争悲剧不同，《群山回唱》试图表现的是背井离乡的移民者的心理缺失。他笔下刻画的人物再不是与命运抗争的普通百姓，而是以旁观者的身份审视着战争给身处国家之外的子民带来的另一层面的苦难。移民作家的精神迷茫与困顿往往源自双重文化的抉择，无论是在故乡还是移民国，他们都找不到自己的归宿。《群山回唱》中的主角大多是逃离故乡的阿富汗人，他们一方面努力融入异国生活，一方面又不得不在怅然间寻求自己的定位。作为移民者的他们被传统的美国人当作认识阿富汗的窗口，但阿富汗对于他们而言却恰恰是"最熟悉的陌生人"，无论是瓦赫达提太太的全盘否定，还是阿卜杜拉的畏缩退守，阿富汗成为每个人都无法逾越的心灵樊篱。彷徨，毋庸置疑地在每一代阿富汗移民者心中烫下了烙痕。

《群山回唱》中胡塞尼的乡愁再也不是一遍遍地白描童年的回忆和复刻成长中的失去，取而代之的是延展移民者们内心深处真正的漂泊苦楚。这是移民作家们普遍难以超越的，是流落异国所带来的切肤之痛。在早年的作品中胡塞尼一直回避着这种漂泊不安的宿命，转而去写童年、友谊和战争，试图借此为自己的乡愁寻找得以安身立命的沃土，寄托他那无处安放的回忆。胡塞尼之前的作品，一直试图还原阿富汗人民真实的日常生活，但那对作者来说却如同重揭旧创，每次的刺痛都足以让他哽咽让他窒息。关于移民作家的写作，哈金曾提出过一个耐人寻味的观点，即"家（祖国）意味着到达，而不是回归"。借由《群山回唱》，作家不用沉溺于记忆，他与现实之间达成了和解，完成了对自我的真正剖析，也因此，这部新作少了前作动人心魄的人性关怀，却多了几分移民者的彷徨不安，是卡勒德·胡塞尼更成熟作品的阐述。

更值得一提的是，《群山回唱》在塑造的几位异国漂泊者中，还将视线拉回，塑造了一个官家子弟的角色。这可以被看作是胡塞尼对阿富汗暴力统治阶级的消极抗议。这个少年懵懂无知，却已经渐渐明了父亲权力下的罪恶与血腥，他恐惧不安，却终将臣服于铁血政权之下。胡塞尼将这个故事收入《群山回唱》中，刺痛着每一个期待着阿富汗光明的读者。

"以前他会蜷缩在父亲粗大的臂弯里，幸福地睡去。如今这已变得难以置信。可他会学着再次爱上他……当他转过身，走回家的时候，最大的感受将是宽慰。"

卡勒德·胡塞尼这样写道，现实最终还是抹杀了孩子眼中那最后一丝纯真，世界翻起新的篇章，阿富汗的世界依旧荒凉。

喜欢群山回唱这个名字。

在山与山之间、沙漠和荒原之上，什么秘密在风沙中轻轻呢喃，继而被带走，最后在夕阳泛着橘色的光辉中隐退，直到在那广袤的黑色夜空中渐渐消失，直到再也不见。

点 评

作者的感受真实、深刻，有自己独到的见解。思路清晰，语言流畅。

英雄

——《老人与海》读后感

广州市执信中学　尤芷萱

正如他所言，他的心，即便是血淋淋地被挖出，也可以不竭地跳动几个小时。那股奔涌在他体内的热血，年少时，灼热躁动，年老时，汲取了大海的冷静、岁月的沧桑，在依旧灼热的同时，更多了份顽强与豁达。

《老人与海》不过是薄薄一本书，我花了两个小时看完，却花了很长很长的时间思考，思考那位老人，思考是他身上的什么让我奉他如神明，思考他为什么在如此凄苦的境况下依旧如少年一般悍勇无畏。海明威一再言明，他只是要写一个故事，写一个英雄，写一段传奇，无他。

那么，英雄是什么？从前我热爱武侠，"英雄"这个词反反复复出现，有时是年少潇洒的无畏少年，有时是气势如龙的中年英豪，有时是心若止水的白发老者，他们如此不同，却拥有着共同的力量——让你虔诚地仰望，无论是成是败，他们都以一种光芒万丈的姿态映照人间。那么亮的光，几乎要灼伤了眼。

是否伏尸百万，流血千里，把功勋建立在枯骨上，才是英雄？是否悍勇无双，天下无敌，独立绝顶傲视人间，才是英雄？是否广济天下，宾朋四海，一呼百应号令群雄，才是英雄？不是，这样的人，可以称之为虎将、高

241

手、君王，却不能担起"英雄"二字。英雄，他的光芒不来自于他的功勋，而来自于他的精神——那种精神，包含了对艰难险境的强烈征服欲，包含了对强手的尊敬与对弱者的宽容，包含了对世间名利的不屑一顾。如此，方可尊敬地称他一声——英雄。

桑地亚哥，年迈的渔夫，无功无业，我却真心地愿唤他一声，英雄。桑地亚哥对于险恶的大海，始终是跃跃欲试的状态，如战士面对敌人时那样地莫名兴奋，饱含征服欲。作为渔夫，他最强大的对手，便是海，他活着的意义便是每日每夜地与海展开无休止的搏斗。海的力量，不仅仅是波浪掀起时的骇人，它的无际，是它最强大的武器。海用它的广阔，对挑战者宣称：人类是多么渺小，多么渺若尘埃。桑地亚哥在三天三夜中，抗争的，不是那条始终未露出水面的大马林鱼，而是广阔莫测的海——他不知道将要航出多远，他不知道此时此刻平静的海面下是否暗潮涌动，他不知道在远离陆地的茫茫水域中有什么可以依靠……三天三夜的细腻描写，已将他的抗争过程缓缓道出。老人毕竟年迈，他一直重复着，但愿那男孩在就好了。我想，在一次次的自语背后，是他在竭力与寂寞无助周旋。海，这样强大的对手，年迈的桑地亚哥最终还是在归途中让大马林鱼被鲨鱼追食。从结果上来说，老人的这次出航无疑是失败的，不仅无功而返，更加速了他生命之烛的燃烧。然而，尽管他明知无望，却仍全力敲击着凶残的鲨鱼；他年迈体弱，瘦弱干瘪，可竟也在面对他一生的对手大海时，还是展现了不输于年少时的悍勇血性。永不言弃，永不言败，这是英雄的姿态。

在我看来，正是因为成败之中包含着天时、地利、人和等不以人的意志为转移的客观因素，我们才会对那些在失败面前表现出浩然之气的悲剧英雄肃然起敬。方寸之地，如何容得下东海蛟龙？成败之尺又如何评判得出惊天动地的英雄气概呢？当雄姿英发的周瑜无奈地感慨"既生瑜，何生亮"时，我们能否认他是英雄吗？当兵败被俘的文天祥在狱中高歌"人生自古谁无死，留取丹心照汗青"时，我们能否认他是英雄吗？英雄也是有血有肉的人，在追求各种目标的过程中，他们有成功，也有失败。成败不过是一时一事的，唯有超越成败的精神才更能彰显出英雄的本色。如果拿上一把僵化刻板的成败之尺，又怎么指望能量得出"惊天地，泣鬼神"的英雄气概呢？这就像燕瘦环肥，各尽其美，正因为美本身并不以胖瘦而论。以成败论英雄，就像是以胖瘦论美人，其结果只能是亵渎英雄，唐突佳人。当文天祥、史可法，一路兵败如山倒，却仍然奋然抗争时，没有人会说他们不是英雄；当斯巴达克斯和他的战友们面对强大的罗马军团流尽最后一滴鲜血的时候，没有人会说他们不是英雄；当苏格兰的华莱士临刑之前高呼"自由"二字的时候，高尚的人们将无法抑止他们激动的泪水。

当成功成为衡量英雄的标准时，手段就变得无关紧要。于是，卑鄙成为卑鄙者的通行证，而高尚只能成为高尚者的墓志铭。如此急功近利、不择手段的英雄观对于当今工具理性膨胀、人文精神衰微的现实社会来说，到底是会纯化我们的道德，还是会泯灭我们的良知，不是一目了然吗？以成败论英雄，看得见英雄的功业，看不见英雄的气节；看得见英雄的意气风发，看不见英雄的怆然失意；看得见功成名就的正剧英雄，却看不见壮志未酬的悲剧英雄。

今天，我们呼唤英雄，是因为英雄身上寄托了我们崇高的情感；我们景仰英雄，是因为英雄身上凝聚着我们超越平庸的理想。当我们面对着大漠孤烟、长河落日的瑰丽景象时，会深深地为大自然雄浑的气势所感动。同样，当我们面对着悲歌慷慨、壮怀激烈的英雄事迹时，又会被英雄身上那种超越成败的恢宏气度所折服。

古往今来，英雄之气于天地之间驰骋，在不同的境遇中演化出无穷的故事，或慷慨激昂，或悲壮雄浑，然而不变的是英雄身上那种超越成败的杰出的才能与品质、非凡的胆略与豪情。"滚滚长江东逝水，浪花淘尽英雄"，而当是非成败转头成空，最终留下的，是一段激昂于天地之间、不能以成败来论的英雄气概。正如桑地亚哥，他以他的勇敢、谦卑、淡泊，多少年来，成为人们口口相传、永不褪色的传奇英雄！

点 评

太多人解读《老人与海》，但我更倾心这篇，作者没落俗套讨论"硬汉精神"，而是赋予这种精神一个新的代名词——英雄，而桑地亚哥精神正是我们呼唤的英雄精神。

本文的语言恢宏大气，与作者描写的"英雄气概"相得益彰。文章能够结合现实发表议论，立意新颖，不落窠臼。（杨建国）

一等奖

让法情统一，成法治中国

广东省云浮市邓发纪念中学高二　陈嘉圣

阿加莎在其经典小说《东方快车谋杀案》中写道，大侦探波洛最终发现了凶手与被害人之间血海深仇的真相。然而，他选择了编造谎言，帮助阿莫斯特朗一家掩盖杀人事实。

小说中波洛深陷于法情两难的境地。我们姑且不论这是否正确，但不得不承认在社会活动中，人们往往纠缠于法律与人情的取舍。即使放眼今天之中国，"法治"二字的意义也绝不局限于将明文律例奉为圭臬，它还要有情感的斟酌，人性的考量。

法，是一种不得偏倚的硬约束。正如韩非所言："法分明，则贤不得夺不肖，强不得侵弱，众不得暴寡。"于自身而言，在一个法治上轨道的社会，你不得猥琐行事，你不得龌龊为人，你有权维护自己，你有权捍卫正义。于社会而言，法律是一团烈火，"从荒原上滚过，只留下平整的大地，不要多余的野草"，它将"江歌案"中的邪恶燃成灰烬，它在"宪法宣誓"中绽放光芒。一个社会，无法治不足以辨黑白，无法治不足以明是非，无法治不足以振纲纪。无法治，更不足以谈公义，不足以分清浊！

情，是一种植根于良知的软约束。歌德有言：一部恒久与健全的法律，必然是情感与理智的统一。儒家伦理建立在"人性本善"的基础之上，毋庸置疑，这亦是对人情伦理于社会作用的肯定。"道之以政，齐之以刑，民免而无耻；道之以德，齐之以礼，有耻且格。"如若一味用冰冷的政令治理社会，用铁血刑法鞭笞百姓，势必会导致人心惶惶，社会永无宁日。前车之鉴如周厉王，作为一国之君，以酷刑钳制百姓口舌，闭目塞听，甚至自鸣得意，岂不昏庸可笑？最终镐京民众群起反抗，身为国君，结局却是苟活于世。但执法过程中若能携人情道德加以引导，"约之以礼""法外容情"，亦不失为一种彰显良知的做法。20世纪末，德国的英格·亨里奇枪杀案的最后判决，生动诠释了"法外容情"的含义，它也告诉我们在这世界除了刚性的冰冷的法律，还有人性的良知。而2015年广东惠州的许霆案，亦因主审法官给予了被告人充分的同情与理解，在法定刑下减轻处罚，这份判决也被誉为"最伟大的判决"。

法与情，于个人如是，于社会如是，于国家民族亦如是。法是一个国家的筋骨，情是一个国家的血液。有了强劲的筋骨，血液才能流得鲜活，法治中国才能昂首阔步。法与情，是高悬于个人头上的达摩克利斯之剑，其以公平的目光审视一言一行，其以肃穆的眼神裁断一举一动。无数个情法统一整合之人，共同缔造一个法治中国，大美中国。大美中国，美在法治社会，美在人情伦理，美在情法统一。

恰恰如《圣经》所言：让凯撒的归凯撒，让上帝的归上帝。

点评

　　本文旨在讲清楚法情统一的重要性。观点鲜明，分论点论证坚实，论证方法多样融合，读来在情在理，法情统一的社会令人向往。作者先用《东方快车谋杀案》中结尾的情节引申出话题，但并不急于立论，而是先指出了法律与人情纠缠的状态，然后进入分析。先分析法的"硬约束"作用，再分析情的"软约束"作用，二者都讲清了，本文要讲的道理"法情应统一"的道理也就说清楚了。当然，法与情二者如何统一的问题，纵使说不清楚，也应该表个态度，这又是原则问题了。本文条理清楚，层次分明，例证充分，语言生动。（郑文富）

《偷影子的人》读后感

广东肇庆中学（完全中学）　陈锦荣

没有准备的旅行总是崎岖的。——题记

去年我刚上高一，一学期都沉浸在失败和沉闷之中，月考失败，期中考失败，就连期末也毫无进步。我无处宣泄自己的情绪，就想到可以通过读书来治愈自己的心。偶然间，我在网上看到了一本叫《偷影子的人》的小说，很是吸引我的眼球，于是我立马购买这本书，然后经过焦急的等待，终于到货，我二话不说就读了起来。

《偷影子的人》是法国作家马克·李维写的一部疗愈系小说，主要说的是一个拥有"偷影子"的超能力的小男孩因为转学去到一所新小学，认识了各种朋友，有野蛮的小霸王马格、常常陪"我"聊心事的校园警卫伊凡，有帮助"我"竞选班长，愿望是成为医生的面包师的儿子吕克，还有"我"的老师雪佛太太等，同时还有"我"一直想追求的美丽的女同学伊丽莎白，但处处受到"情敌"马格的困扰。"我"父亲搞外遇与母亲离婚，此后"我"一直跟母亲相依为命，但"我"也不断想念父亲，希望他能给"我"写封信，回来看看"我"，参加"我"的毕业典礼。在一次与母亲的旅行中，"我"在沙滩边认识了一个更令"我"动心的聋哑女孩克蕾儿，"我"想追求她而放弃与马格为伊丽莎白争斗，"我们"立下约定以后要再次相见，却因为旅行结束而再无消息了。

突然笔锋一转，开始写到"我"长大后成为了实习医生，在那里"我"几乎已经忘记克蕾儿，而认识了"我"的"真爱"苏菲，她也是实习医生，随后又劝吕克放弃继承父亲做面包师的工作来追求小时候的梦想——医生，吕克本来很不情愿，但最后也相信了"我"，"我们"三个聚在一起，苏菲和"我"为了转正医生而努力准备考试，吕克则为了成为实习医生而奋苦学习，三个人一起相处得很融洽。在一次三个人一起去海滩玩的时候，"我"路过了儿时与克蕾儿放风筝的地方，登上了两个人的"秘密基地"，顿时想起了克蕾儿，想起了自己忘记了曾经与她的约定，"我"疯狂打听克蕾儿的行踪，最终向旅馆的人打听到了克蕾儿在城里的音乐学院学习，吕克为

"我"如此疯狂而感到苦闷，但他却尽力帮助"我"。在此时，吕克受够了当医生的麻烦和恐惧，他决定回到家里继续学做面包，而"我"也无法挽回，在吕克最后的帮助下，"我"成功与克蕾儿相遇，在这里故事结束了。

在文中，有一个吸引我眼球的超能力——偷影子，在故事里这个词诠释为"我"与别人的影子重叠在一起时，"我"就能把他的影子偷到，这时"我"的影子能够跟他的影子交流，从而"我"就能知道他内心的想法或者是不愿说出来的话，相比于读心术，偷影子能更加直接地了解别人的心声，从而比读心术更高超，这也为这篇文章增加了许多新意。起初"我"发现这个超能力时非常惊讶，也很抗拒，因为"我"不想知道别人的痛苦。但随着成长，"我"慢慢接受了它，并且尝试用它来帮助内心困苦的朋友。在现实生活中，即使我们没"偷影子"的超能力，我们也要主动了解身边的朋友，站在他们的立场想事情，像这样，我们就能像故事中的小男孩一样，交到更多朋友，发现更多知音。我想作者表达的"偷影子"应该就是这种意思。

同时我也读懂了一样很重要的东西，就是做每一件事前一定要有明确的目标并坚持下去。我们经常被问：你们的初心是什么？"初心"在故事中完全没有被提到，但作者把它表达得淋漓尽致。"我"很竭力劝吕克当医生，最后成功了，但是吕克还是不能忍受当医生的感觉，又回到家里学做面包。因为他的"初心"不是当医生而是当面包师傅，因而吕克最终也放弃了。再比如"我"在小时就喜欢克蕾儿，长大后忘记了她，爱上了苏菲，但是碰巧让"我"重拾了以前与克蕾儿的记忆，"我"还是义无反顾地寻找回克蕾儿。因为"我"的"初心"是喜欢克蕾儿，所以当"我"记起她时还是疯狂地寻找她。就像著名作家莎士比亚说过：有些人只拥吻影子，于是只拥有幸福的幻影。因此"初心"对于每一个人完成每一件事都很重要，一旦有了"初心"，就要坚持下去。

我终于找到了我一直失败的原因：做事没有初心，总是三心二意、三分钟热度，想好一件事不能坚持下去。读完这本书，我觉得我有了新的目标了，我会一直坚持下去直到成功，我也相信幸福一定会拥吻我的。

点评

　　作者在读完《偷影子的人》后，有着颇深的感受。文章一大亮点在于作者能够将自己现实中的困惑结合书中故事情节展开阐述，使得文章有血有肉。

　　《偷影子的人》讲述了一个老是受班上同学欺负的瘦弱小男孩，因为拥有一种特殊能力而强大：他能"偷别人的影子"，因而能看见他人心事，听见人们心中不愿意说出口的秘密。他开始成为需要帮助者的心灵伙伴，为每个偷来的影子找到点亮生命的小小光芒。书中的"偷影子"类似于读心术，只不过每个人的影子都有独立的一面，它们既能透露主人的遭遇与隐私，也能对主人的一切发表意见，并且可以表达自己的态度。小作者在深入理解文章内容的基础上，没有进行枯燥的说教，而是反思现实生活中自己的所作所为。综观全文，思路清晰，语言流畅，小作者比较准确地表达了自己的观点。

做生活的守望者
——读《麦田里的守望者》有感

乐昌市第一中学　范佳祥

　　最漆黑的时候，光才是最闪耀的；极冷的岁月，火才是最温暖的；最艰苦的你，才是最具魅力的。——题记

　　《麦田里的守望者》由美国J.D.塞林格著，由施咸荣译，流传各地。此书是青春的史诗、反抗的宣言。书中任性的主角考尔菲德12岁，是潘西贵族学院的学生。面对青春，他反抗科目，对老师的警告无动于衷，因此，他被潘西开除了。因为开除通知书要三天后到家，所以害怕父亲的他离家出走了。三天后，考尔菲德回到家中，零零细语，他呆呆地回忆：他告别老斯宾塞，与室友老斯特拉德莱塔打了架，又告别阿克莱……在离家想远走高飞时，不

忘偷入家门看望妹妹老菲苾，俩人游荡中在街上欢快地淋了一场大雨，生了一场病，那三日之中，他出入酒吧，与女士在列车上谈话，和妓女的奇遇等等，这些画面深入他的脑子。父母以为考尔菲德患了精神病，于是请精神病医生给他治疗，用各个诱惑的方法逼迫他返回学校。父母和哥哥D.B.询问考尔菲德的感想，用他们的花言巧语讲述放弃学校的不利后果，只有重返学校一切才有希望，而他们根本不知道考尔菲德需要的是什么。哥哥D.B.明明知道父母的思想是错误的，但面对父亲的压力，只能一步步配合父母演戏。他们用所谓的"正确的"方式扼杀考尔菲德原本的天性。

此书于1951年出版以来给世界无数彷徨的年轻人带来心灵的慰藉，考尔菲德成为时代英雄，崇尚自由的亲切语言受到欢迎。《麦田里的守望者》再现了"二战"后美国青少年的矛盾的人生观与道德观，反映了一部分真实的思想与困境，考尔菲德无目的的反抗，是当时学生中青少年的典例。此书的影响远不止于此，家长与教师认为它是人生必读之物，是理解者青少年的钥匙。同时，它又领导了一时文学创作的潮流。最重要的是考尔由憎恨虚伪回归现实正中一代花季少年的孤寂与痛苦。

黑暗中的考尔菲德不断奔跑，想驱散暗淡，寻求光明如我在迷茫中寻找方向。年少的考尔菲德无所顾忌地离开学校，曾经，狂傲的我也如考尔菲德一样，毫不犹豫地放弃了学校。

在过去的两年，面对多重的精神压力，我向校长申请休学。当时的我，心灰意冷，见识了生活中那些暗淡与虚伪。逃离校园南下广州，在酒楼做服务生，从迎宾到桌礼摆设，微笑、鞠躬、拉宾座、上菜到收台（擦桌、拖地、洗杯），可谓全能杂工，数十小时的站立，腰弯到腿麻，手上菜上到发软，我们几个服务员脸上洒落豆大的汗珠，即使是冬天，我们的背也是湿透的。我并没有因为这些辛苦而退缩，它让我的校园厌恶症暂时性地消失。

家人、老师的劝说从未间断，只是我不为之所动。就像考尔菲德一样，虽然只身在外，待在孤寂的列车上，进入陌生的酒店和无法带来安全感的旅店，可他终究没有想回潘西贵族学院的念头，一直跟着感觉走。工作上的感觉，很充实、简单，身体的劳累让我躺上床就是第二天的到来。随着工作时间的推移，我在工作中学习到广东餐桌礼仪。不仅菜式讲究，吃法也很讲究，让我大开眼界。可它更让我亲身体验到了人生的不平等。西装革履体现的是设计者的技术，然而内在却依人而论。在这里，有些所谓的上流社会的人偏用粗暴与劣词显示他们的地位身份，"人不可貌相，海水不可斗量"这句话形容得恰到好处。不巧，我撞上了。一位气势凌人、身着唐装的先生要求我找经理陪聊，我再三质疑他粤语中的"欢"姐与"凤"姐。不知他是否听懂我的普通话："您确定是凤姐？""是。"他用粤语回答。"不好意思，我们凤姐不在。"他怒视道："宾果哇给、×××？""确实不在！"我弯腰答。他亲自去经理室找到欢姐到我面前，立刻勃然大怒，指着我用粤语大骂，面目极其狰狞，额头上的血管都凸起来了，我只能低着头不说话。经理更是高声数落。全场的目光都聚集在我身上，但我没有丝毫恐惧，工作还要继续。被狠狠批评后我又要接待下一位来宾。至今为止那狰狞的面孔，加上污辱性的词汇，深深扎在我心中，我无力辩解，这就是社会的不平等。充斥着丑恶，却用华丽的着装掩盖。还没有结束，我之后还被经理批评，经理一副凶神恶煞的样子对我指手画脚，专让我干没人干的活……我暗下决心，终有一日，我会打破这虚伪的壁垒。这段经历也让我对文化有了全新的看法。

结束这段工作后，我更想去一线城市见识更多的人间烟火，表哥却让我上了回家的火车。列车上，我回忆着每个人，分析了表哥的话，顿时燃起了希望。我只有拥有更高的教育、更深的人生理解，方可打破这种不平等。再回到校园，即使我的学途不是一帆风顺，也没有丝毫放弃的念头，我在迷途中找到了光芒。

这段经历即使是一个遗憾，也是一种难能可贵的历练，更是我独有的财富。

曾经我彷徨过，与考尔菲德一起离家出走，现在我很欣慰，如考尔菲德一样回到校园。与《麦田里的守望者》的他，一起释放灵动，得到内心的救赎，在黑暗的天空，找到我们的流星。

感恩生活的磨难，让我们变得更坚强，做一个麦田里的守望者。

（指导老师：杨杰）

点 评

作者通过阅读作品，联系实际，写出自己的真实故事，情真意切。

解忧之信，传的是情

汕头市实验学校 江瑞龙

　　高中生活，投身于书海之中，将目光于其中解放出来，望见城市中弥漫的雾与彷徨，心中不禁与千余年前的太白共叹："抽刀断水水更流，举杯消愁愁更愁。人生在世不称意，明朝散发弄扁舟。"蓦然眼光停驻于一本书之上——《解忧杂货店》，"解忧"二字映入眼帘，开卷而恍然——解忧之信，传的是情。

　　我一开始就被书下方一段小小的文字所吸引："这里不仅销售杂货，还提供烦恼咨询。无论你挣扎犹豫，还是绝望痛苦，欢迎来信！"小说篇幅并不是很长，分五章，故事内容不复杂，我用了三天时间就将它阅读完毕。书中讲述的七十多岁的浪矢雄治独自一人在勉强维持浪矢杂货店的同时也帮人解答烦恼。一开始都是调皮的小孩子们前来咨询玩笑式的问题，虽然无奈，但雄治爷爷都一一认真对待，用心回答不含糊。时间长了以后，越来越多的人光顾杂货店，就为了找他解忧。他的解答也使很多人获得了内心的安稳和幸福，改变了他们的命运，例如单亲妈妈川边绿的女儿、鱼店音乐人松岗克朗、知名歌手水原芹、逃离父母的孩子禾久浩介、从夜店小姐到成功人士的武藤晴美等等，数不胜数。

　　小说中最让我印象深刻的是那张"白纸"的投递。这本是一个无聊至极的恶作剧，里面什么内容都没有，可令人意外的是，雄治爷爷就跟平常一样，对它进行了细致犀利的解忧，这次解忧和平常不一样，哲学味道很浓："不妨换一个角度思考，正因为是白纸，所以可以画任何地图和图画，一切都掌握在你自己手上。你很自由，充满了无限的可能。这是很棒的事。我衷心祈祷你可以相信自己，无悔地燃烧自己的人生。这可能是我最后一次针对烦恼咨询进行回答，谢谢你在最后提供了我这么出色的难题。"这一段话让我感触很深。要知道，在现今社会，我们青少年在人生道路上举步维艰，我们总是很迷茫与彷徨，不知道前方有什么"洪水猛兽"在等着我们，我们渴望着提示，寻找着指引之光，可是这条路没有提示也没有回头路，就好像一张白纸。但这并不意味着我们的人生就是空白的，不是吗？正如雄治爷爷所说的："正因为是白纸，我们才能在上面画图画，画地图。我们很自由，我们充满了无限可能。"我想，正是因为有许多如雄治爷爷这样的解忧人，才让我们和文中那三个迷失方向的年轻人一样拨开迷雾，看清楚我们未来的纯白世界。正是因为有许多如雄治爷爷这样的解忧人，我们对生活的热情才有了无限的释放空间，我们才更有勇气去打开未来之门，去涂满梦的色彩，去给属于自己的人生图画命名。

这本书被人津津乐道的还有它的多线叙事和时间轴变化设置。东野圭吾对小说架构的设置巧妙绝伦。但个人认为这些技巧的精妙并不是它打动读者的主要原因，其文字中蕴含的丝丝绵绵的温情，才是其无与伦比的魅力之所在。东野圭吾笔风优雅端庄，同时又自然简洁，温暖的笔触也扣动着我早已不淡定的心弦，不论是"回答在牛奶箱里"的悬疑，还是"来自天上的祈祷"的感动，都让我感受到了一种说不出的温情氤氲。小说欧·亨利式的结尾更是富有哲理地于我心中留下无尽的温暖。阅读完最后一段文字后，合上书，内心一暖，眼角已有些湿润。

文中的忧愁者都有自己的忧愁，也许他们都明白该如何解决忧愁，可他们更想要的是此时能有一位知己能够听他们诉说自己的不易与不幸。一切琐事不过是时间问题，我们的忧愁真的解决不了吗？不是的，浪矢雄治所解的不仅仅是忧，解的更是人与人之间的真情。无论是表面上好或坏的人，都会慢慢展现出人性的美好，小说中人们的真诚与爱是最美的救赎与感动，往往让沉浮于乱世的人们找回自己，获得自己的归宿，让我们在岔路口处选择方向时不再犹豫而是果断，我们所寻找的不只是雄治爷爷这样的解忧人，我们所寻找的更是尘世间人和人之间美好而又简单的真情。

真情可贵，但它从不缺席。大家相互交流，相互协助，彼此在意，彼此珍惜，这何尝不是一种圆满？解忧更解人，解忧更解情。

（指导老师：张丽曼）

点 评

作者能认真解读作品，采用叙议结合的方式，一面复述书本内容，简析写作技巧，一面写出自己的体会，并悟出真情可贵，"解忧更解人，解忧更解情"，认知上已达到成熟水平。

民主、专制与极权的拷问

——读《动物农场》有感

佛山市顺德区第一中学高二　刘学思

有一本书，让我忍不住在48小时内连读三次。第一次读，我觉得它是讽刺苏联和斯大林的独裁；第二次读，我看见它在揭示政治和历史的规律；而第三次读，我发现它指向了人类社会的终极命题之一——独裁与民主的纠缠，又隐秘地指向了另一命题：教育，并且拷问每个人内心的自由意识和独立意识。这本书，就是乔治·奥威尔以苏联1917年到1943年主要历史进程为蓝本写的《动物农场》。

故事以令人心悸的笔调描述了一场"动物主义"革命的酝酿、兴起和最终蜕变——

一个农庄的动物不堪人类主人琼斯的剥削和虐待，在猪的带领下起来反抗，赶走了琼斯。牲畜们实现了"当家做主"的愿望，农场更名为"动物庄园"，主张"所有动物一律平等"。后来，两只处于领导地位的猪——拿破仑和雪球为了权力而互相倾轧，胜利者拿破仑一方宣布雪球是叛徒、内奸。此后，获取了领导权的拿破仑拥有了越来越大的独裁权力和"军事实力"——九条忠心耿耿的、凶残的大猎狗，而它的追随者（其他一些猪）成为了新的特权阶级。被统治的动物们稍有不满，便会招致血腥的清洗。最可悲的是，代表着农庄的理想、体现自由民主平等的"七大纪律"，到后来被修正为唯一的一条："所有动物都是平等的，但是有的动物较之其他动物更为平等。"动物们又恢复到从前的悲惨状况……

虽然故事的历史主体是苏联，但放眼整个20世纪的国际共产主义运动，我们可在很多国家身上看到动物农场的影子。作者在书中借动物庄园的发展变化，对共产主义运动命运所作的预言，也被东欧剧变、苏联解体和后来的历史所印证。

不过，《动物农场》的意义远远不止对历史的预言。这部寓言体小说以文学的语言指出了一个深刻且发人深省的政治问题：由于统治集团的根本利益在于维系自身的绝对统治地位，以此制定的制度，无论其在政治初衷上有着怎样的追求，实施的最终结果都难免与人民的基本诉求背道而驰。

可能大家会迷惑，民主和专制、极权之间到底是什么关系呢？私以为，三者之间其实存在着循环发展的关系。

历史是一个循环与发展并存的过程，这三者实质上都是人类历史需要的产物。普遍的规律中，人类社会先经历专制。专制往往是古代社会政治文明的产物，延续时间较长。专制是什么？如果说平等有两层含义——经济地位的平等和社会身份的平等，以此为依据解读专制，那么，其根源是经济上的不公平，这进而导致了身份上的不平等。个人以为，此乃由人类社会的组织形式——人类社会的分工制决定。哪怕是在原始社会中，分工不同，报酬也不同，社会地位也就相应有高低之别。如此看来，平等是被判了"死刑"的。

而诸多矛盾、积怨促使人们斗争以至推翻封建专制，之后，社会形成了一个巨大的权力真空。那么，谁最有能力接下它？是革命的领导者。这时历史走上一个岔路，经历封建时期越长的国家越可能走上极权主义之路。因为封建阻力越大，打败它就越困难，也就需要巨大的权力。这种趋势下，在革命中一个有魄力的领导者产生及走上极权之路就容易得多。从克伦威尔独裁到斯大林，再到近代中国，无一不是例证。而这就使得革命成了"换汤不换药"的权力转移。现代极权国家的政治，从本质上来说，也还是人治，而非法治。政治好的时候，也并非制度好，只是幸运，极权者能力还过得去。极权社会中，个人自由被压缩到最低限度，社会秩序凭借国家政治权力达成。此时，思想教育上的愚民政策就成为必需品。愚民不在于不让你识字，它变成了新形式的——让人们看不清字背后的真相。这就是为什么我认为此书也指向教育问题。而且它在拷问每一个人，我们应该怎样去接受思想？应该如何学习、思考和信仰？它呼唤人民去思考：什么是真正的民主？如何去追求民主？

"成功的"愚民让人民安于现状，深陷不知反抗和不知如何、为何反抗的泥潭。真正的民主社会，要求的是拥有高素质和独立意识的公民，但毫无疑问，极权与专制不可能广泛地将这些要素赋予公民。

谈及民主，也许我们很容易联想到西方的繁荣，而民主最大弊病在于低效、秩序混乱和政治权力过渡的不稳定性。（当然，极权的可怕也在于它的权力继承形式过于稳定，但却又无法保证领导者的能力稳定）千年以前的苏格拉底之死早已为我们揭示了"民主陷阱"的可怕，同样的悲剧至今还在不断上演。"畅所欲言""各执己见"固然不错，但试想，社会如果没有一个有力的政府会怎么样？迫在眉睫或十分重要的社会事务，因为民众的不满、不解或利益集团的分歧而被搁置，并造成了严重损失时，怎么办？人们会发现，他们需要一个权力和能力更大的人来领导，使社会机器有效运转。于是，领导者肩负改革重任，获得了超越大部分甚至所有人的权力——极权将在事实上产生。

在看过更多事件之后，我们往往会发现，历史常走入恶性循环的怪圈。小说中动物们为了平等的梦想起义，但是最后却深陷新的被压迫状态。这也让不少同学看完这本书后觉得很压抑。但我想，奥威尔写这本书并非为了让人迷茫，而是希望大众清醒；不是为了让人对一切失望，而是让人保持理性。他是自由平等的守望者，终生为了心中的民主社会主义写作，被世人称赞为"世界上多一个人读奥威尔，人类的自由就多一分保障"。我相信，我们作为未来的创造者，完全可以做得更好，重要的是反思与创新，将极权的高效率、秩序井然与民主的自由氛围取长补短，为人类创造更光明的未来。

看完这本书，经历这些思考，我更加坚定了从小的志向——从政。我坚信，当人类更理性地剖析极权之时，也是建立一个高效而民主的社会的开始。

（指导老师：林柔莹）

点评

经典是常读常新的，本文作者48小时内三读《动物农场》，阅读感悟一次比一次深刻，最终读出了新意，也读出了深度。本文以大历史的视野来阅读这本寓言体小说，从中读出了民主、专制和极权三者之间存在着的循环发展的关系，最后指出了奥威尔写作《动物农场》的终极意义——希望大众清醒并让人保持理性。这篇读后感写得深刻大气，语言准确流畅，可读性强。

足够炽热的灵魂

——读《飘》有感

广州市执信中学　蒙彦伶

"毕竟，明天又是新的一天了。"

我仍旧清晰记得，当我第一次读完这整一本书，合上它的那一刻，久久萦绕在心头上的那种怅然若失的感觉。

作为一本外国经典名著，我想每个人对《飘》，都并不陌生。初读这本书还是在我上小学的时候，那会儿，对这些外国文学有着近乎狂热的迷恋。读过的书倒也不算少，但神奇的是，《飘》，似乎有种独特的魅力，将我拉向它，这么多年了，我对这本书的感情，已经不能用简单的"喜爱"二字来概括。

倒像是……执念。

然而我所执的，究竟是什么呢？

这种念头，随着我年岁的增长，愈加地深刻。起初我对这个问题，恐怕做不出什么回答，不过是当饭后读物，聊以充实我无趣的日子。但时间久了，总有那么些时候，一种冲动支配着我从书海之中翻出这本书，从头到尾再好好地咀嚼一回。这文字每品一次，带给我的直观感受也随之变化一次。我想现在，大概是可以回答这个问题了。

我不知有多少人，只是把它当做一个简单的爱情故事，再往深一点，可能只认为，是一个有着战争背景的爱情故事。这是最初的我，仅仅看到了它浮于表面的悲欢离合、人情冷暖。或许也是因为当时年岁尚小，对于故事里的情节，无法透彻地理解。我一直以为，这本书会被我遗忘在一旁，被尘灰掩盖。然而没过一段时间，我再次将书翻开。

"斯嘉丽长得并不算美，但魅力四射……"是的，这是《飘》的第一句话，开篇就是对女主角斯嘉丽最直观的描写。第一印象往往重要，无论是我第一次读，还是之后的每一次，仅仅从第一段十来行的叙述，我就能看到，斯嘉丽，一个光彩照人的年轻女性形象跃然纸上。我总能想起对她的描写，"一对绿色的眸子躁动不安，活泼任性"，于我而言，如同看到盛夏时分的树影斑驳，充满朝气与生机。

斯嘉丽并不同于以往文学作品里传统意义上的女性主角，读过书的人都知道，优雅、温柔、文静等等这些词语，全都不能放在她的身上。相反，她充满活力，不拘形迹，继承了父亲的豪爽洒脱，甚至有些带着烂漫意味的傲气，几种风格交杂在一起，构成了斯嘉丽独有的气质。在小说的开头，那时斯嘉丽16岁，正值一个女子最灿烂青春的年华，而她也完完全全地展现出了她独特的风情，青涩与妩媚并存，我不知用怎样的语言才能描绘出她的魅力，是"似午后炽烈的阳光"，还是"生长在灰暗地里的最艳丽的花"？但我想，她足够吸引我的地方，不仅仅是这些，更在于，她有一个炽热而自由的灵魂。

南北战争的侵袭打乱了斯嘉丽所有的生活轨迹。再没有以前在塔拉庄园自在享乐的时光，生活将她逼上一条狭长而艰涩的道路，一个又一个足以压垮她的重击砸在她身上。在当时，女性大多是被动而温吞的，正如书中"梅兰妮"这个角色。放在当今的这个社会，梅兰妮或许比斯嘉丽更为大众喜欢。她的包容善良，温柔体贴，几乎让人挑不出毛病。可毕竟故事发生在南北战争时期，这样的好性子，可以安抚人心，却不能养家糊口。而斯嘉丽却不同，这场战争，掘出了她埋在骨子里的倔强与欲望。

诚然，她是自私的，有时任性自我得足以令人生厌，然而正是这份别样的私欲，让她拥有着不同于寻常女子的果敢，她敢于追求自己真实渴望的，又不甘被战争所带来的苦难击垮，在颠沛流离之中寻得了一寸立足之地，得以手握一份坚定生活下去的信念。

这样的斯嘉丽，是耀眼的。

她的灵魂足够炽热，透过一张张纸，灼烧入我的内心深处。

她有着我所怯于表达的几近所有情感，那样鲜明的、直白的欲望，那种人格乃至精神上的独立，足以令我为此深深震撼。如同深埋在内心里的另一个自我，她好似就在那里，默默地，给我以面对挫折的底气。

我的执念原来在此，心甘情愿折服于她这样的灵魂之下。

我仿佛从字里行间看到那个绿眸少女，提着不再华丽的裙摆，骄傲地站在田野之上。背后，是她一砖一石亲手重建好的塔拉庄园，仍旧是以前那个美好安逸的模样。

微风拂过她的卷发，空气中有着战后淡淡的硝烟气息。

她肆意地微笑着，灵动而张扬。

一切都会随风而逝，飘散在过去。

是的，这又是新的一天了。

是新的开始。

（指导老师：王琨）

点 评

　　作者欣赏女主人公有一个炽热而自由的灵魂，并感受到每天都是一个新的开始。

　　"新的开始"不仅是《飘》的故事主线，更体现了作者的深刻思想。文章以此为线首尾呼应，巧妙地运用一本名著表达了自己的人生体会，在夹叙夹议中充分发表自己的感受，视角独特，态度鲜明。（杨建国）

读《追风筝的人》有感

广东肇庆中学高一　　余思韵

　　天上的风筝安静地飘着，地上的人驻足仰望看着那缥缈、彷徨却又自由的风筝。《追风筝的人》，一本融入了快乐与悲伤、深情与绝望的小说。很美丽的开始，跌宕起伏的经历，一个充满希望的结局。故事很完美，一场残忍而美丽的人性救赎。

　　阿米尔是阿富汗的一位富家少爷，哈桑是他的仆人和童年伙伴，两人从小形影不离，手足情深。在追风筝的比赛中，他们获得了冠军，哈桑去追回落下的风筝，却遭到欺负甚至强暴。目睹了一切的阿米尔因懦弱恐惧没有挺身而出，这成为他童年一份痛彻心腑的罪恶，这也最终逼走了哈桑。因为战争，阿米尔和父亲逃亡至美国。阿米尔成年后决定要赎罪，重新回到了家乡，命途多舛。他还发现了惊人的秘密：哈桑是他的亲兄弟。最终得知哈桑去世，阿米尔决定抚养哈桑的儿子，完成了一个男人的赎罪与成长。

　　童年是甜的，有很多美好的回忆，一起玩弹弓，摘柿子……童年是难以忘却的萦绕于心的。可是阿米尔的懦弱彻彻底底地撕裂了这一切美好的生活。他的懦弱锁上了哈桑的心窗，虽然悲伤难过，但哈桑始终还是惦记着阿米尔，可是阿米尔却无法打开内心的枷锁去面对他。人，生来是软弱的，懦弱其实本不是一种错，可是在阿富汗，这个纷乱的国家里，无法克服懦弱却成为每一个悲惨人生的开始。其实阿米尔很善良，他很珍惜和哈桑的感情，但罪恶感几乎充斥了阿米尔从此以后的人生，像是风筝被剪断了线。

哈桑和阿米尔的交情深厚，却也折射出阿富汗的不平等观念，因为种族不同，因为身份迥异，他们有了高低贵贱之分，他们之间有了隔阂。虽然他们是密不可分的挚友，但是在阿富汗，这种观念是潜移默化的，他们之间隔着一道透明的高墙，虽然看不见触不及，但是它赫然地耸立在两人之间。

不论是从哈桑受到的精神甚至肉体的侵犯，还是从阿米尔在赎罪路上遭遇的种种暴行，都可以看出那里充满了人性的泯灭与道德的沦陷，这是我们不愿看到的情形。在我们还享受来自国家的庇护和生活的安逸时，不仅仅是阿富汗，整个中东地区，都不时狼烟四起，生灵涂炭。那是历史遗留的问题，宗教观念的冲突，导致这片地区的动荡衰败。在这个崭新的大时代里，世界需要的是和平，是平等；不仅是身份观念的平等，更是同样作为人类生活在这个世上，追求幸福的平等。

多少年夜以继日的难以入睡，使阿米尔走上赎罪的路，他要去追回当年他失去的那只"风筝"。念念不忘，必有回响。阿米尔终于获得了解脱，打开了心中的枷锁，相信那一刻他是幸福的，那是一场持久暴风雨之后的彩虹。那只失落的"风筝"，不负追赶之苦，终于回到了阿米尔的身边。阿米尔是善良的，只是懦弱让他无法自拔。他忍受心中的折磨，努力争取救赎的机会，这使人很欣赏。26年的折磨，让他最终蜕变为勇敢的人，从绝望中走出，接受狂风暴雨的洗礼，获得了灵魂的重生，令人慨叹。

那是一只拼命挣脱的风筝，一不小心风筝断了线，离开了放风筝的人，飞向远方；不过放风筝的人没有放弃，而是奋不顾身地追赶，向着那未知的远方，终于他抓住了，他说："为你，千千万万遍。"

（指导老师：汤文欢）

点评

这是一篇散文式的读后感，文字优美，带有淡淡的忧伤，也许是作者内心的一份感叹、一份感慨吧？

文章对《追风筝的人》的主要情节有简洁全面的概述，对人物的"懦弱"有充满理解的同情，对人物的生存环境有充满忧虑的关怀，对和平与平等有强烈的追求。一篇读后感，既展示了作者良好的写作表达能力，也流露出作者宝贵的人文情怀。（侯桂新）

心有猛虎，细嗅蔷薇

——读《百年孤独》有感

从化四中　方宇璇

　　我内心孤独之呼唤，一如奥雷里亚诺上校回想起当年在父亲带领下见识冰块的那个遥远下午，暴烈的情感在内心无声咆哮。

　　故事起源于一个落后的原始小村庄：马孔多。当吉卜赛人为这片土地带来村民从未见过的冰块和先进的文明产物时，家族的第一代人何塞带着两个儿子，惊奇地把手放在冰块上，仿佛凭圣书作证般庄严宣告："这是我们这个时代最伟大的发明。"接着他便沉迷于科学探究之路："在岸的那边，魔法机器应有尽有，而我们还像一头驴子一样生活。"在如此狂热的追求下，何塞在一个炎热的下午，高亢流利地喊着无人知晓的语言，被当做疯子绑在树下度过一生，而他留下的银版照相机一直被人使用。同时他的儿子奥雷里亚诺长大成人，投入了自由党的党派战争，他曾迷失自我，签订了与政府的战争协议。而在一次战斗中，一个被俘军官临刑前摘下眼镜，对他说："你那么憎恨军人，跟他们斗了这么久，最终却变得和他们一样，人世间没有任何理想值得以这样的沉沦作为代价。"最后奥雷里亚诺在觉悟中明白自己是为自由而战，不是为虚伪的政客，政府。最终赢得了一场比胜利更艰难血腥、代价高昂的失败。

　　何塞家族的血脉一代一代地传承下去。他们之中有对崇高理想的追求者，有荒淫无度的独裁者，他们最终迎来死亡的归宿。他们出生，死去，再出生，再死去，最后消失。"因为注定经受百年孤独的家族不会有第二次机会出现在大地上。"书的结尾这么写道。

这是一个家族的史诗，人类在历史上是多么渺小。所有对人类最高理想的疑问都化成三个最简单的问题。

我是谁？我从哪里来？要到哪里去？

《百年孤独》中每个人都有着不同的世界。就像奥雷里亚诺，一生为自由而战。他知道自己要到哪里去，清楚自己的理想目标，尽管他曾迷失过。而在他踏上这条路的那一刻，就注定和孤独为伍。所有通往理想的路都是孤独的，志同道合的人是有的，但只有自己清楚自己每一步每一个脚印里的努力。所有的风花雪月，绝美异景，只有我知。而至于自己为什么而活则就是一个令人更加迷茫的问题了，每个人的理想乃至思想程度都不一样，好比如说老大妈战战兢兢地求神拜佛和高尚者之间的信仰。梵高为艺术而生亦是为艺术而死，后来有不少仰慕梵高而狂热投身于艺术创作者，也有不少在寺庙前虔诚祈祷的苦行僧。他们信仰不同，他们生而为人的意义也不一样。

我不止一次地问："我为了什么而活着？"如果说为了读书找好工作过一个好生活而活着并为此拼搏，这不乏是一个普通而又庸俗的理想，我一边怀着这样的困惑，一边怀着对普通理想的不认同，成长并向前方走去。在这如此善变的世界里，正如书中一样，围绕着整个家族乃至每个人身上的，只有永恒的孤独，只要人还作为一种高智商有思想的生物存在于世界上，孤独就不会消失。孤独并不完全是负面情绪，孤独是理想的动力，也是懦弱者不曾拥有过的灵魂之光。孤独与寂寞是不一样的，寂寞是孤身一人对寂静的难以忍受，孤独是灵魂上思想上的独特。孤独高雅，寂寞粗俗，在大部分活在城市的钢筋水泥森林里的寂寞者渴求着约会、派对和狂欢时，我很孤独。

我是遥远黑暗中的明星，与孤独凝望。

（指导老师：利晓玲）

点评

《百年孤独》意味着"回忆没有归路，春天总是一去不返。车窗外瞬间闪过世间万象，如同将一首飞逝的长诗撕成碎片向着遗忘之乡一路抛撒"。作者谈论信仰、谈论孤独、还有自由，我愿意把作者笔下的"孤独"理解成为"慎独"，睁大眼睛端详着人世间种种繁华世相，并决定一心求索自己的那份光明。

为你，千千万万遍

——读《追风筝的人》有感

罗定中学　付淇琳

阿富汗，一个位于亚洲心脏位置的国家。在我的印象中，它混乱，它痛苦，所以当卡勒德·胡赛尼在书的前半部分将一个在风筝下追逐欢笑的美好国家呈现给我时，我猝不及防地被动接受了它。"阿富汗"这个词的本义就是普什图人聚集的地方，所有哈扎拉人在此都只能沦为奴隶，但当"为你，千千万万遍"这话一出，一切关乎"爱"的善意就在这片国土上释放，所有的黑暗压迫都变得美好。

该书围绕阿米尔与哈桑（前者是普什图人，后者是哈扎拉人）展开，打小他们就是一个屋檐下长大的"兄弟"，只不过阿米尔是社会承认的、合法的兄，而哈桑是没有名分、没有特权的弟。如有预见性一般，阿米尔说出的第一个词是"爸爸"，哈桑说出的第一个词是"阿米尔"，而后所发生的一切都早已在这些字眼里埋下根源。为了阿米尔，哈桑愿意吃泥巴来展示他的忠诚，宁愿被人殴打也不愿放弃为阿米尔追来的风筝，宁愿承认他偷了阿米尔的东西也要捍卫阿米尔的荣誉，宁愿为了守卫阿米尔家的房子而死也不愿让塔利班强占；反观阿米尔，为了赢得父亲的爱，捉弄忠诚的哈桑，看见哈桑被殴打却无所作为，栽赃哈桑偷了他的东西……

无论是普什图人与哈扎拉人之间的不公，还是塔利班、苏联、美国对阿富汗的踩躏，都在为哈桑的"为你，千千万万遍"与阿米尔的"你要让我拿你怎么办"这条主线衬托，阿米尔有罪，但"当罪行导致了善行，那就是最大的救赎"，在阿米尔将哈桑的遗子索拉博从塔利班的手中救出来时，他走上了"成为好人的路"。救赎并非不归路，故事的结局定格在阿米尔为索拉博追风筝时说的"为你，千千万万遍"，当我读到此时我忘却了他的欺骗与背叛，我想，阿米尔终于追到了哈桑早已追到的风筝，无论它代表着什么。

每个人心中都有一只风筝，它代表着世间一切与美好沾边的字眼：也许是夸父追逐的太阳，诸葛亮鞠躬尽瘁的忠诚，秦叔宝两肋插刀的义气，也许是黄香扇枕温衾的孝顺，董存瑞舍生炸碉堡的爱国，人民子弟兵冒险救灾的无私……为了所爱的人，千千万万遍。你可以想象这是一段坚如磐石的友谊，如印度电影《三傻大闹宝莱坞》；你可以想象这是一段无法割舍的亲情，如陈可辛导演的《三分钟》；你可以想象这是一段刻骨铭心的爱恋，如简·奥斯汀的代表作《傲慢与偏见》。"为你，千千万万遍"将最美好的记忆完美地浓缩起来，如同浓墨重彩的一笔，涂抹在我们的生活画布上，闪闪发亮。

如今，随着"红黄蓝"幼儿园丑闻、食品安全不达标、老人碰瓷索要赔偿费等一系列有违美好的新闻爆出，人们心中的桃花源逐渐瓦解，此刻《追风筝的人》中所弘扬的善对洗涤社会的作用就显得尤为重要了。风筝的线是那么地脆弱，因而断线是一件非常容易的事情，正如这个社会多多少少存在的阴暗面，尽管如此，风筝翱翔于天际时明净美好的样子却值得我们每一个人去追逐，追逐出越来越大的阳光面。每个人心中都有一只风筝，不管那意味着什么，都应勇敢地去追逐，哪怕千千万万遍。

"为你，千千万万遍"，蕴含着读者对听者饱满而充溢得止不住往外冒的深情。如果是你，为了那个让你同时拥有软肋与铠甲的人，你敢不敢说，又敢不敢尽全力地履行那千千万万遍？

（指导老师：黄海萍）

点评

　　作者从书中展现的价值观联想到当今社会我们的现状，联想到我们需要修正的内容。弘扬正确的、美好的价值观念跃然纸上。

塑健康人格，当时代青年

广东两阳中学附属实验学校　关淑慈

前段时间看了一本叫作《告白》的日本著名悬疑小说，刚看到它的名字时，我还以为是青春文学类的作品，作者是一个叫作凑佳苗的女生，但是当我翻了几页后，就被它迥异的文风吸引了。

小说的开头语调轻松，一位年轻老师正在和学生们说她辞职的事情，看到这里，本以为接下来会很枯燥无味，没想到女老师却说出一件惊人的事情：她的女儿被杀了，凶手竟然是班里的两位学生。

接下来她开始告白，慢悠悠地把自己调查出来的两位学生的杀人过程和盘托出，在杀人凶手和全班的恐慌中说出她已经实行的报复计划。原来，她并没有报警，而是把艾滋病病毒加到了牛奶中并让两位凶手喝了下去，借此让他们在所剩不多的时间里感悟生命的可贵。

故事就这样开始了，各篇章由受害者亲人、嫌疑犯学生、嫌犯的家人及女同学等主观视角分别告白，一步步逼近犯罪动机的核心，运用罪与罚的推理手法把整个情节拼接在一起，引人入胜，使人欲罢不能。

我们已经走进了新的时代，新的时代有新的契机，也有新的问题，青少年犯罪就是一个不容忽视的新问题。小说中的少年之所以会犯罪，不外乎家庭、学校和社会的原因。艺术源于生活，生活中肯定也存在着这类关于青少年成长和犯罪的问题，我们应该对其给予关爱，避免类似的事情发生。

少年A头脑聪明，却因为缺少母爱，心理扭曲，除了对妈妈的眷恋，完全是一台没有感情的机器。冷漠和冷酷的性格使他迈出了杀人的第一步，甚至到最后想炸死全校的师生，利用震惊社会的罪行博取母亲的关注。在新时代，家庭要创造健康向上的生活环境，给青少年以潜移默化的良性熏陶，引导青少年把课余时间的旺盛精力投入到有益的正当活动中去，预防心理问题和犯罪。少年A正是因为母亲早年抛弃了他，没有得到良好的教育和家庭氛围的熏陶才导致他性格扭曲。

少年B的母亲把儿子当作手心里的宝，整天夸个不停，导致孩子的自我认知严重偏差。当他逐步发现自己的真实能力与母亲的评价不一致后，便从盲目自信走向了自闭和自卑，以至于最后为了证明自己不是一个"失败品"，将只是被少年A电昏过去的4岁女孩推下了游泳池，以此证明自己也成功做成了一件大事。

如果说少年A的母亲是教育有偏差或逃避教育责任的话，那么少年B的母亲则是完全不懂得怎样教育孩子，虽然万般呵护溺爱，却不会与孩子沟通，导致少年B性格扭曲，做出了无法弥补的错事。

故事中的少年A和少年B在人格上都是有缺陷的，他们能很好地走进新时代，肩负起时代赋予的重任吗？答案是，肯定不能。

新时代，新希望，"少年强则国强"，作为祖国初升的太阳，我们应该注重自身修养，才能与时代接轨，做时代的栋梁。应做到师生亲子关系有效沟通，预防犯罪，避免犯罪和拒绝个别化人格。

我们应该保持健康心态，养成高尚品德，努力提高自身的科学文化知识水平和道德修养，要有良好的道德标准和底线，珍惜亲情和友谊，常存感恩之心，常怀敬畏之感，争做新时代的好少年。

（指导老师：罗承业）

---- 点 评 ----

本文试图揭示青少年犯罪与家庭教育的关系，对小说中具体的人物形象有着具体的分析。文章关注的这个话题在今天有着特殊的意义。如果作者能够从小说中跳出来，结合社会现实分析问题、解决问题，本文的价值会更大些。（郑文富）

文章从小说故事引出，读得细致，感悟至深，直面青少年犯罪这个敏感却不容忽视的社会热点问题。少年强则国强，走进新时代的少年应该怎样做，作者给了明确的答案。文章既有现实的意义，又有思想的深度。

《百年孤独》读后感

开平市长师中学　何欣仪

有这样一句歌词，"孤单是一群人的狂欢，狂欢是一个人的孤单"，最初看到这句话的时候，总不能明白其含义。后来反复琢磨设身处地去考虑，倒是有些懂了的苗头。

正是因为孤单，一群不甘寂寞的人儿才聚在一起，彼此消磨着对方的时间，去宽慰自己的颤抖的心灵。而与此对立的，纵使这群孤单的人聚集在了一起，在纸醉金迷中沉沦，自己内心的墙依旧把自己圈存在那只有自己的密闭的空间内，所以他们注定孤单。

《百年孤独》写的是布恩地亚一家七代人充满神奇色彩的坎坷经历和马贡多这个小镇一百多年来从兴建、发展、鼎盛及至消亡的历史。

其实看完这部小说，我也不太清楚它讲的是什么，它并没有将"孤独"表现于外，而是将沉闷的"活着"娓娓道来。

《百年孤独》写出每一种人的孤独，却从不让任何一个人走出这种孤独。最后的拥有家族所有优点的人在出生时也被蚂蚁吃掉，不得不说，这是一篇充斥着悲伤气氛的小说。

看完之后，我的心情也是压抑的。一个人，孤独，忘记……

在现在这个灯红酒绿、科学技术日益发达的时代，差不多每个人都拥有一部手机，而现在的年轻人，似乎也已经离不开手机了。吃饭的时候看，聚会的时候看，睡觉的时候看……已经忘记了人与人之间最原始的交往。

可能我自己本身也是一个孤独的人吧，所以我才会在周围热闹的环境下发呆。有的时候，我常常在想，人，是不是一生下来就是孤单的。但我又仔细想了想，答案是否定的。

你孤独地来到这个世上，可是你出生之后就有了家人的陪伴，成长路上有朋友的陪伴，长大之后还有自己的爱人陪自己度过余生。这样，真的孤独吗？

其实真正的孤独，来自于自己的内心，你把自己的心封闭起来，不让别人靠近，而自己也不去与别人相处，那么，你注定是一个人。

每个人都是害怕孤独的吧，每个人都渴望自己能够开心地活着，谁不想每天嘻嘻哈哈开开心心的。

《百年孤独》里有一句话，令我记忆深刻。

"生命中曾经有过的所有灿烂，原来终究，都需要用寂寞来偿还。"

我希望，我们能够好好的，不被任何人、任何事物所影响。一直在这个喧嚣的世界里，快乐、有爱地生活着。

这大概就是《百年孤独》带给我的感受吧。

（指导老师：黄斌）

点评

由《百年孤独》一书中的"孤独"，引出了"孤独"这一话题，然后结合社会现实立论于人不应该把自己的心封闭起来，给人以启示。整篇文章的优点是娓娓而谈，观点水到渠成，缺点在于对于自己的观点，结合现实的论述还不够充分。

从歌词切入，巧妙引出"孤独"一词，再结合作品的内容来谈"孤独"，最后联系个人实际来反思"孤独"，有自己的思考。（郑文富）

读《解忧杂货店》有感

广州市第六十五中学　江芷莹

在寒假期间，我读了一本书——《解忧杂货店》，不仅仅看了这本书，还把它的电影版看了，它使我受益匪浅。

在看这本书之前，让我想到了汪峰老师的一首歌："多少人走着却困在原地，多少人活着却如同死去，谁知道我们该去向何处，谁明白生命已变为何物……"——《存在》。这首歌曾经带给我深深的震撼，当我们在人生的岔路口需要做出选择的时候，我们应该如何去面对呢？这个问题看起来好像很简单，但它并没有你想象的那么简单。这么困难的一个问题其实正活生生地在我们的生活中上演，与《解忧杂货店》所描述的情形一样，一个不期然的相遇，拨开了我们心灵上的迷雾。

也许这是内心中长期的困扰，当《解忧杂货店》出现在我眼前的时候，我是完全不设防备地翻开了第一页，深深地沉醉于其中。一开始，它就出其不意，给了我一个很大的惊喜。让我几乎想要一口气把构成一本这么有意义的一本书的所有故事情节看完，但是，在看的过程中以及每看完一个故事之后，都会产生一种失落感，以至变得焦虑。当然，看完这本书之后，这一整晚我都睡得提心吊胆的，因为那种无法解开烦恼的无奈以及忧伤一直在我的脑海中萦绕，久久不能散去。

故事的开头，三个因为偷的车抛锚，只能在天亮之前暂避到废弃的杂货店里的无业青年，无意中在店里的牛奶箱里接到了一封来自于过去的咨询信。原来这个杂货店在三十多年前，是一家能够解决任何烦恼的杂货店，晚年丧偶的店主因为一封封求助的来信，重新找到了被需要的感觉。而这一种被需要的感觉就是他们所需要的，因此他们开始以"浪矢杂货店"的名义给需要帮助的人回信，尽管有许许多多的错别字，语气也不怎么温柔，但他们和浪矢爷爷一样，用心对待每一封信。

这本书的名字叫作《解忧杂货店》，明明书名都已经写得很清楚了——"解忧"，可是不知道为什么，当我一翻开这本书的时候，我就心事重重的。最后那一封回复给白纸的信，对于我来说，特别像一条刺激线，一下子触碰到了我的底线，在自己还很忧虑的时候，不知道何时，泪水已经像潮水一样在眼眶中涌了出来。

这本书是我看过的最能打动我的书，让我回忆起初中时所有被感动的时刻。比起电影，被书中的文字打动更让我感到幸福感爆棚，那种只能自己感受到的，没有色彩的渲染，没有音效的影响，只给你情景，剩下的可以让你自己填充，可以尽情地想象，这种感觉真好。任何一个人都不知道过去的自己和未来的自己会是一个怎么样的人，是否和其他人的命运有着紧密的联系，每一个认真回答第一个问题的人，其实都是在向自己提出第二个问题。在最后，杂货店在夜晚中消失光芒时，人们就会踏出这个房子的门口。

人们会承认自己在过去所犯下的错误，完善自己的未来，努力为实现梦想而奋斗，为不留下遗憾而勇敢地活着。每个人都会遵守诺言，会互相帮助，这样，社会就会充满爱。

点评

作者写出了自己看这本书的情绪变化以及真情实感，并呼吁社会要充满爱。

《解忧杂货店》的故事从倒叙开始，三个小偷误撞进一家名叫浪矢的杂货店。他们无意中发现外面有人往门口的信箱里投了一封信，是一封求助信。他们看到的竟然是一封来自过去的信，旧杂货店竟然有一个秘密的时间通道。作品的五个章节采用了截然不同的角度来分别讲述了五个跨越时间的故事。小作者记录了自己在阅读《解忧杂货店》时的心路历程。小作者采用了夹叙夹议的写作形式，表达了自己的阅读体验和感受，形成了比较深刻的阅读感悟。

读《老人与海》有感

广州市铁一中学　李梓坤

《老人与海》讲述了一位古巴的老渔夫桑地亚哥独自一人出海打鱼，在一无所获的84天之后钓到了一条硕大无比的马林鱼，这条马林鱼甚至比老渔夫的船还要长两英尺。这条鱼拖着老渔夫和他的小船在大海上挣扎了两天两夜，终于还是被老人刺死。

然而，这时却遇到了更可怕的鲨鱼，老人不甘向命运低头，与鲨鱼搏斗，保护自己两天两夜的成果，但最终大马林鱼还是被鲨鱼啃得只剩下光秃秃的骨架。文章塑造了一个可怜却不甘于向命运屈服的老人，赋予了老人坚韧执着的形象。

尽管老渔夫最终只带着马林鱼的巨大骨架回到岸上，但在我的心里，老渔夫是个不折不扣的成功者，因为老人没有屈从于命运，虽然明知自己斗不过鲨鱼，他还是尽力与鲨鱼搏斗，保护自己两天两夜的劳动成果。尽管最终失败了，马林鱼被鲨鱼夺走了，但老人为了自己的理想追求过、努力过，谁还能说他是个失败者？他仍然是一个胜利者，因为他不屈服于大海、马林鱼和鲨鱼。

从《老人与海》中提炼出四个字，那就是永不言败。人生的道路仿佛就是老人捕鱼的过程，有欣喜、有挫折、有惊恐、有失望。这条道路漫长、艰难，充满坎坷和挑战，但只要我们奋斗的过程充实，以一颗永不言败的心与它抗争，迎接挑战，就将是一个真正的胜利者。做任何事不能轻易放弃，无论最终的结果是否完美，是否符合自己的期望，那都是一次历练、一段不可磨灭的记忆。即使失败了也不要紧，因为我们有一颗永不言败的心、我们依旧是胜利者。

最让我感动，也最让我记忆深刻的，是在老渔夫与鲨鱼搏斗时，鱼叉被鲨鱼带走了，老人就用小刀绑在桨上，刀子折断了，老人用短棍，短棍坏掉了，老人干脆就用舵把。在我们的人生中，正是需要这种锲而不舍的精神，正是需要这种充满信心的意志。无论遇到多大困难、多大风雨、多少艰难、多少险阻，我们都不可以轻言放弃，那种持之以恒、坚持不懈，只会将我们生活变得更加丰富多彩、充实。

在《老人与海》里，我真切地体会到一位老渔夫是如何在茫茫大海中被大马林鱼牵引着漂泊，又是如何将大马林鱼拖拽上船，如何在摇摇欲坠的小船上用鱼叉刺向鲨鱼，又必须小心地维持自己的平衡。我真的钦佩老渔夫那种敢于拼搏、敢于抗争的气魄。当遇到十分珍贵、来之不易的东西时，我们应付出百分之百的汗水与努力，去争取我们想要的东西。

老人的精神长留我心，老人的气魄震撼我心，老人以一颗永不言败的心激励着我前进。

本文的最大特点是观点鲜明，层层深入论述，夹叙夹议，一气呵成。

作者从《老人与海》中提炼出"永不言败"的精神，对故事的复述和所思所感都紧紧围绕这四个字展开，中心突出，表达流畅，结构完整。

（侯桂新）

走向平凡中的伟大

——读《月亮与六便士》有感

东莞市第十高级中学　梁玉

在世俗的裹挟下，人们在惊慌中四处逃窜，有的人卑躬屈膝，慌忙地捡拾遍地的六便士；而有的人却选择在辉煌而圣洁的月光下追寻自我的理想与价值。在毛姆以高更为原型创作的小说《月亮与六便士》中，所讲述的不仅仅是那一份对理想追逐的伟大，而更多的是伟大中的平凡。

小说中的主人公查尔斯一生都在践行一个叫"伟大"的词。他39岁时，抛弃了现代文明生活中的一切，选择以一个画家的身份去拥抱原始古朴而又充满浪漫的热带丛林。为了追寻心中的月亮，他不在意道德的谴责，不在意生活的困顿，不在意精神的孤独，甚至连最后全身溃烂，双目失明，病死在边陲之地也在所不惜。他投身于苦难之中，在画作中燃烧自我，最后灵魂与画作一起化作灰烬。查尔斯看似离经叛道的行径，恰是艺术家对艺术坦荡、纯净、毫无功利性的伟大追求。

也许对于查尔斯的成就，一般人难以望其项背，但即便是微小如尘埃的平凡人，也能通过艰苦的奋斗在平凡的生活中成就不平凡的自我。书中的施特略夫就是一个如书中所言"平凡与伟大互不排斥且同时存在于同一颗心里"的人。他有点绘画的才能，却无真正的艺术天赋，只能画一些简单的风景画勉强度日；他言行诚挚，心地善良，却无时不给人以荒诞滑稽感；他崇敬查尔斯伟大的追求，而自己的理想却只是退休后能够回到老家荷兰颐养天年。但是另一方面如此平凡的他，却是第一个能够欣赏查尔斯那当时并不被主流画派所认同的画的人。

毛姆借他之口说出的一段话也显得别有一番深意。他说："美是一种美妙、奇异的东西，艺术家只有通过灵魂的痛苦折磨才能从宇宙的混沌中塑造出来。在美被创造出以后，它也不是为了叫每个人都能认出来的。要想认识它，一个人必须重复艺术家经历过的灵魂的痛苦折磨。"施特略夫正是通过感受"艺术家灵魂的痛苦折磨"来提升自己，使其拥有不群的艺术鉴赏能力以及审美，证明了自己的价值。

同样，在平凡中造就伟大的还有前段时间热议的第三季《中国诗词大会》的草根冠军雷海为。其貌不扬的外表、稳重寡言的性格以及平凡的职业，都让人难以把他与他获得的成绩联系在一起。但正是如此平凡的他却能在高手云集的舞台上拔得头筹，在最后与北大才子彭敏对决中获得冠军。我想这离不开他十三年如一日的积累与本身对诗词的热爱。不管是施特略夫还是雷海为，他们都通过后天自身努力成就了小人物的伟大——平凡中的伟大。

王尔德曾言："即使身处沟渠，也要仰望星空。"也许跟查尔斯相比，雷海为与施特略夫身处沟渠，但他们都能仰望同一片伟大的星空。

（指导老师：张建华）

点 评

弗吉尼亚·伍尔夫认为，读《月亮与六便士》就像一头撞在了高耸的冰山上，令平庸的日常生活彻底解体！但是作者独辟蹊径，将重点放在了施特略夫身上，结合《中国诗词大会》雷海为一例来阐述"平凡与伟大互不排斥且同时存在于同一颗心里"的内涵，阳春白雪并非高处不胜寒，下里巴人其实和它本质同源。个人认为，这样的见解比颂扬追求艺术的绝对纯粹更有包容度，也更有普世价值。作者笔力老道，文风稳健，难能可贵。

你我都是追风筝的人

潮州市松昌中学高一　杨婉莹

　　"为你，千千万万遍。"我们是否能为了生活而尝试千万次或甘或苦的经历而成为更好的自己？

　　《追风筝的人》是卡勒德·胡塞尼的著名小说。故事前半部分主要讲述主人公之一的阿米尔在风筝比赛中，因为懦弱和胆怯，对为阿米尔追逐胜利的风筝的另一主人公哈桑受到其他孩子的侮辱袖手旁观。事后为了逃避内心的愧疚，阿米尔选择了更残酷的方式——污蔑哈桑偷了他的手机，来对待哈桑，并开始疏远他。昔日的感情渐渐淡化，哈桑和他的父亲最后离开了阿米尔一家。故事的后半部分则是写了多年后因战乱从阿富汗逃到美国的阿米尔意外得知自己和哈桑是同父异母的兄弟。为了赎罪，阿米尔踏上回家的路程，寻找哈桑之子并开始一场心灵的自我救赎。

　　现实中，我们都是那个追逐着心目中最想得到风筝的人。我们竭尽全力地朝着它的方向奔跑，自以为能得到最想要的东西就是最幸福的。结果却往往截然相反。那些默默陪伴在你身边的，无论是亲情还是友情，这些看似平淡如水的感情其实才是你真正要把握好的财富。在这个生活节奏不断加快、充满枯燥和存在各种诱惑的时代，我们更应该学会取舍，珍惜眼前所拥有的一切。就像书中说的那样：我们是否知道我们心中的风筝到底在什么地方，人生错过就不会再得到，也许我们会忏悔，会救赎，但这样似乎都已经晚了，每当天空放飞起风筝的那一刻，我们是不是应该问自己，我们是否真的珍惜我们所拥有的一切？

　　人性是令人捉摸不透的东西。尽管阿米尔费尽心思忘记当年对哈桑做过的错事，但心底最深处的正直和对哈桑的真情一天天开始流露。最终冲破了逃避和懦弱的束缚，开始了自己的救赎之旅。阿米尔深切地说着："许多年过去了，人们说陈年旧事可以被埋葬，然而我终于明白这是错的，因为往事会自行爬上来。"当罪恶引出了善行的出现，那就是最大的救赎。每个人都会犯错，但一味地躲避和自欺欺人并不会让人获得真正的解脱。同样的道理，我们都会在成长路上遇到各种各样的困难和挫折，但只有鼓起勇气面对，在失败后告诉自己要坚持下去，努力克服困难，才会取得成功。如果我们都能在心中好好牵引着属于自己的风筝，选择正确的方法让它飞得更高更远，那么理想也就越来越近了。

每个人心中都有一只属于自己的风筝，它联系着梦想，又寄托了我们的美好期望。在它翱翔蓝天之际，背后更凝聚了我们不懈的奋斗。人生路上，你我都是追风筝的人。

（指导老师：陈锟）

点评

小作者由主人公的心灵自我救赎之旅联想到现实中大家都是"追风筝的人"，并提出"应该在心中好好牵引着自己的风筝，选择正确的方法让它飞得更高更远"的观点。全文语言流畅自然。

既要等待，也要奋进

——读《等待戈多》有感

化州市第二中学高二　钟佩如

《等待戈多》是西方现代荒诞派的代表作之一，初次接触荒诞类文本时完全是丈二和尚摸不着头脑，完全不懂得它要表达的是什么含义。但是只要慢慢地再细读一次、两次，甚至更多次，便可慢慢体会其中的韵味了。

在人生这趟列车中，时间走得很快并且没有退格键。这无疑是在向我们示意，时间是一去不复返的光阴。可在《等待戈多》当中，弗拉季米尔和爱斯特拉冈却是一天又一天地在等待戈多的到来，对于他们而言，这样的日子是百无聊赖的，在我看来，他们的日子过得却是百般奢侈的，因为在这没有答案的等待中，宝贵的岁月就这样流逝，不留痕迹。时光的不可挽回就像指缝间的细沙，是抓不住的，况且这样子等待，看不到希望也看不到尽头，不禁令人心生灰暗。

有一则寓言故事的道理是浅显而又深刻的。《守株待兔》的主人公在耕作时捡到一只从林子里闯出来、撞到树桩上而死的兔子，此后他就每天都在树桩旁等待着下一只兔子的出现，任由田里的庄稼荒废了。这则寓言与《等待戈多》所表达的是同样的道理：在等待中虚度那宝贵的时间。并不是说等待是完全错误的，但是无结果的等待，只醉心于等待的过程就是一个愚蠢的行为。

人生只有走出来的美丽，没有等待出来的辉煌。林书豪就是这样一个深谙等待与奋进真谛的人，当未得到机会时，他在等待中坚持自己的训练和信念，蛰伏于这样平静的等待时光中，默默地积蓄自己的力量，提升自己的能力；当时机来临，他奋进向前冲去，展示高超的球技，华丽蜕变。最终，他进入NBA。这样的精神榜样还不足以令我们去深思吗？梦想的实现往往青睐于在没有尽头的等待中仍然坚持自我修炼的有准备的人。

回顾我们现在的生活，正处于韶华青春的我们，时间紧迫得要以秒来计算也不为过，因为高考离我们看似遥远但其实倏忽即至。可某些同学却一点居安思危的意识都没有。每天都在游手好闲，无所事事地度日子，还能够振振有词地美其名曰："正在等待一展抱负的机会。"

等待机会本身是没有错的，但在等待的过程中又是如何作为的呢？在机会还没有降临之前，静心努力地学习，储备好知识，当机会来临时才能从容不迫地面对。在等待机会的时间里，用奋斗去诠释时间的意义，用汗水去感悟时间的真谛。

一株生长在沙漠的仙人掌，干旱时节踏踏实实地生长，不言弃也不忧虑，但只要遇见一场大雨，它就尽可能多地去储存水，因为它在意的是日常的积蓄和机会来临时的奋然一击。现在的我们不就相当于一株株仙人掌吗？是在沙漠中沉沦还是要在沙漠中坚挺生长，取决于我们对于在等待机遇的时间里的所作所为。

我们无法控制时间的流逝，但我们不可以虚度它。光阴匆匆而又脆弱，不应辜负这美好的时光。我们要做的，仅仅是怀着希望去努力，静待花开。

（指导老师：全新）

点 评

《等待戈多》的主题和核心是等待希望，是一出表现人类永恒地在无望中寻找希望的现代悲剧。小作者敏锐地意识到"等待"的积极意义与消极意义，并结合自身丰富的阅读经历、身边的具体事例，提出了"既要等待，也要奋进"的观点，有理有据，可赞可叹。

踏上哲性的旅途

——读《旅行的艺术》有感

广东省陆丰市林启恩纪念中学绿之梦文学社　庄昂奋

　　《旅行的艺术》是英国作家阿兰·德波顿创作的随笔集。在《旅行的艺术》里，阿兰·德波顿揭示了旅行的深层意义，他认为旅行以及对旅行的研究可以加深人们对幸福的体验，这样的体验更主要体现为让自己发现并获取生活的价值。英国《星期日泰晤士报》评论说，这部书就像一场完美的旅程，教人们如何好奇和观察，让人们重新对生命充满热情。

　　对于目的地的取向，对于事物的取向，其本质与价值是内在必要的因素，但在现实世界里，许多艺术品及名人的点缀与渲染，有时则会使一个地方由不为人知到多人慕名而去。名人有意或无意地"倾向"，也容易为缺乏主观的大众提供"客观"的指导，人们以此为标准，不由自主地走入别人预设的审美框架。

　　在梵高绘出普罗旺斯的柏树之前，也许人们只是将普罗旺斯的柏树当作普通物种对待，也许已有人发现其树叶的尖硬与挺拔。但后来人们慕名而去的普罗旺斯大抵都张贴着"梵高"的标签，向人们提起时，便可傲气地说出："那是梵高去过的地方啊！"也许有人还会拿出其画作的仿品，或拿出自己拍摄的照片，以此表示自己见识之广和品位之高。

　　名人艺术固然可贵，它展现出我们生存世界里最显著，抑或是不为人知的特点，但一件艺术品并不意味着所有，就如尼采所言"世界乃无穷"一样，一幅画作并不能完全包含所绘对象在现实中的细节与所有。艺术家之可贵，正在于从无穷之物中找出最显著、最具有象征性的特征，即是其智慧所在。旅客以艺术为标签，得以满足欲求，却少人究其价值。艺术家的价值固然不是一处美景的所有，也不是目的地的所有，尚可借鉴于其中的价值，切莫以虚假来粉饰自己的内心。

　　大多数人对于目的地的选择是群体心理所致，走马观花式的旅行带来的也许是一时的情绪高涨，之后是毫无收获。在一处景点人潮拥挤过后，依旧赞叹旅途的愉快，实为单纯而又麻木的表现。

　　人们对于一种美景的喜爱，会由群体暗示心理催生对美的拥有，有人会在景区留下显赫的名字，以此示意后人来满足心理需求；有人也许会透过手机屏幕去拥有，以此证明自己的阅历得到充实。在英国作家和美术评论家罗斯金眼中，这都太过庸俗，是低级的拥有。对于自然的分析和观察，收获的不仅是对喜爱之物更深一层的拥有，更能在探索过程中发现出普通外表下奇妙的、且为少数人所知的美。也许对于单纯以放松身心为目的的旅客来说，罗斯金式对美的拥有未免过于苛刻，但旅行的意义实为丰富自身且拥有新的抑或更深刻的感受。走马观花式的旅行换来的只是一时的心理满足，过后便索然无味。

阿兰·德波顿在其《旅行的艺术》一书中，通过艺术家以及自身对旅行的见解，予以读者一种全新的态度与感受：旅行不必追随大众，对目的地的选择、自身需求更应是一种细致而微的态度。于当今渐被智能和名利腐化的社会中，人们追求一件事物、享用一件物件时似乎已附上要向朋友、向世界分享的使命。在这种欲望的驱使下，人们所追求之事物、所享用之物件便会大大失去其价值。久而久之体现的将不再是分享，而会成为一种无聊且乏味的竞争。虽智能予我们以便利，而人的心智却不应随其发展而逐渐变得麻木。阿兰·德波顿《旅行的艺术》和梭罗的《瓦尔登湖》便是在证实，在提醒人们这一逐渐被人遗忘的现实。

"一个人能放下的东西越多，他越是富有。"梭罗在简陋的自制木屋中，感受着自然更加纯真的美，获得的更得以充实自己。洪堡在美洲的历程中以执着的追求去拥有美，福楼拜在埃及的历程中感受当地文化，塞维尔在卧室的探索中逐渐发现新奇，伯克在高山冰川下感受壮阔之美……阿兰·德波顿在自由的探索中予我们以慰藉，让我们踏上哲性的旅途，在一路哲思和自我发现中领悟旅行的意义。

（指导老师：蔡赞生）

点 评

文章入题自然，论述条理清晰，联系内容丰富。（卓细弟）

附录　三等奖获奖名单

中国名著篇

小学组

《小屁孩日记——聪明反被聪明误》读后感

　　肇庆市高要区回龙镇侨光小学　蔡梓欣

《草房子》读后感

　　广州市番禺区富豪山庄小学　陈震川

《金色的鱼钩》读后感

　　肇庆市封开县杏花镇中心小学　陈钟

我准备好了——读《米兰的秘密花园》有感

　　东莞市麻涌镇大步小学　陈籽宏

读《植物观察指南》有感

　　东莞市石碣袁崇焕小学　邓怡彤

爱与梦想同在——读《狼王梦》有感

　　潮州市湘桥区城南小学　丁奕锴

读《樱花卷的秘密》有感

　　揭阳市普宁流沙第二小学　方立婷

读《亲爱的陌生人》有感

　　东莞市大朗镇第一小学　房雨洁

读《时光老人与流浪汉》有感

　　惠州市龙门县龙江镇中心小学　甘恬

请呵护纯真善良的幼苗——《樱花巷的秘密》读后感

　　佛山市顺德区本原小学　龚鑫悦

幸福是什么——读《咸也好，淡也好》有感

　　惠州市惠阳区淡水第一小学　郭馨怡

巾帼英雄——读《红岩》有感

　　东莞市南城中心小学　何喆

读《自信的我，真棒！》有感

　　茂名市桥北小学　侯刚东

读《三毛流浪记》有感

　　梅州市平远县仁居中心小学　黄心怡

爱与忧

　　东莞市师范学校附属小学　黄驿婷

发现手绘广州之美——观《老广新游之广州新中轴线》有感

　　广州市南沙区长莫小学　黄子倪

做自己就好——读《活着》有感

　　东莞市莞城步步高小学　黄子彤

执着——《根鸟》读书心得

　　潮州市潮安区实验学校　赖贝贝

别让急功近利冲昏了头——读《樱花巷的秘密》有感

　　云浮市新兴县西街小学　黎欣欣

《最短科幻小说》读后感

　　云浮市郁南都城镇锦江小学　李海权

读《樱花巷的秘密》有感

　　揭阳市岐山学校　李佳涵

只有真实的，才是最美的

　　东莞市长安塸头小学　李棕秀

坚持就是胜利——《狼国女王》读后感

　　云浮市郁南县连滩镇中心小学　林柳谚

《毛毛虫的天空》读后感

　　广州市天河区银河小学　林宣墨

感受被爱，懂得爱人——读《爱如茉莉》有感

　　广州市海珠区宝玉直实验小学　刘睿弘

英雄虽已逝，精神永不朽 ——读《长征的故事》有感

　　罗静　东莞市高埗镇东联小学

真诚的微笑，最美的微笑

　　江门市开平市三埠港口小学　罗婉瑜

《草房子》读后感

　　东莞市莞城英文实验学校　吕如蒙

《生命流泪的样子》读后感

　　云浮市新兴县稔村镇中心小学　麦滢滢

读《骆驼的脚印》有感

　　东莞市光明小学　彭佳怡

《不做小马虎》读后感

　　云浮市新兴县新城镇中心小学　彭振兴

《雄狮去流浪》读后感

　　江门市开平市三埠祥龙小学　邱子墨

《三国演义》读后感

　　广州市增城区增江街第一小学　阮美琦

如果爱我，请尊重我——读《樱花巷的秘密》有感

　　江门市谭宏帙纪念小学　沈心怡

心里真正想才能走出病院——读《你有史上最好的对手》有感

　　东莞市石龙镇中心小学　苏贝妮

谦虚驶得万年船 ——读《三国演义》有感

　　广州市增城市荔城街第二小学　隋晓婷

《习近平的七年知青岁月》读后感

　　广州市大沙头小学　孙杨

守护你的爱——读《我的妈妈是精灵》有感

　　茂名市文东街小学　吴品立

古人圣训　流传至今——读《弟子规》有感

　　梅州市平远县上举中心小学　肖洁莹

想帮助别人，光有善良的心不够——读《稻草人》有感

　　广州市增城区石滩镇石湖小学　萧瑞儿

热爱生活，努力奔跑——读《心的菩提》有感

　　东莞市高埗镇中心小学　熊瑞容

言谈举止讲礼仪——读《礼仪传承》有感

　　广州市番禺区南村镇里仁洞小学　叶滢

读《城南旧事》有感

　　潮州市绵德小学　游馥齐

初中组

迈向科技和人性——读刘慈欣《2018》有感

　　阳江市实验学校　敖立华

精神的食粮——读《窃读记》有感

　　肇庆市广宁县江屯中学　曾玉婷

读《绅士与男孩》有感

　　广州市铁一中学番禺校区　陈锐昕

不朽的红岩

　　肇庆市德庆县香山初级中学　陈烨婷

《骆驼祥子》读后感

　　佛山市三水区西南中学　邓芳仪

柔软的地，柔软的事——读《草房子》有感

　　韶关市乐昌市新时代学校　邓霖馨

《狼图腾》读后感

　　江门市金山中学　方咏恩

人生在拼搏中成长

　　江门市开平市金山中学　冯梓源

从《三体》看人类和平发展

　　广州市执信中学　关凯文

《撒哈拉的故事》读后感

> 广州市执信中学　韩天睿

一本《老子》

> 江门市蓬江区荷塘中学　胡晓彤

阳光照我心，呐喊唤梦想——读鲁迅的《呐喊》有感

> 江门市新会区沙堆镇梅阁学校　蒋春萍

读《目送》有感

> 江门市开平市港口中学　赖学华

在苦难的土壤中开出灿烂的花朵

> 广州市增城市小楼中学　赖煜斌

《红岩》传递的是一种精神

> 广东实验中学　梁怡倩

《你是最好的自己》读后感

> 广州市铁一中学　林诗童

读《骆驼祥子》有感

> 江门市金山中学　林纾棋

读《骆驼祥子》有感

> 韶关市乐昌市关春中学　罗荣婷

爱在味道中延续——《冰糖芋泥》读后感

> 广东顺德德胜学校　罗颖楠

个人主义的悲剧——读《骆驼祥子》有感

> 江门市开平市金山中学　莫伊蕾

万物皆有情——读《萤王》有感

> 佛山市三水区西南中学　欧宗航

没有谁永远站在山顶

> 广州市铁一中学　彭心琦

让明天更美好——读《走进新时代·十九大精神学生读本》有感

> 阳江市职业技术学院附属学校　阮秋烨

无悔——读《李太白全集》有感

> 东莞市桥头华立学校　孙家钰

遏制欲望

> 惠州市惠阳区第一中学　唐羽莎

一个遗失的梦——读《骆驼祥子》有感

> 韶关市乐昌县第三中学　谢梓彤

三品西游——三读《西游记》有感

> 东莞市东华初级中学（生态园校区）
> 杨程媛

读《给亲爱的安德烈》有感

> 惠州市惠阳区第一中学　姚湘荧

历史与文化之不幸——读《李鸿章传》有感

> 广州市执信中学　张钰晴

进与退——读《围城》有感

> 江门市开平市新获中学　甄秋萍

妒忌心使人走向灭亡——读《三国演义》有感

> 茂名市化州市第二中学　周凤岐

自信的"藏宝图"——读《我最自信》有感

> 河源市和平县实验初级中学　邹佳颖

高中组

高举辉煌旗帜，走向美好的未来——读《辉煌的旗帜》有感

> 江门市恩平市职业技术教育中心　岑欣琪

奏响人性之歌——读《看见》，品书香

> 佛山市南海区第一中学　陈春辉

读《中国哲学简史》有感

> 广州市铁一中学　陈宏怿

疾风当能辨劲草——读《为了诗和远方，你不知道别人有多拼》有感

> 韶关市乐昌市第二中学　陈靖荣

品语言之精巧，叹哲理之高深

　　广州市南武中学　陈诗妍

一念之间

　　深圳市外国语学校　龚明英

你的温柔必须有点锋芒

　　广东肇庆中学（完全中学）　何亮锟

致撒哈拉的你——读《撒哈拉沙漠》有感

　　清远市广铁一中（万科城）外国语学校
　　黄楚

何须浅碧深红色，自是花中第一流——读《平凡的世界》有感

　　广州市南武中学　黄健

读《文化苦旅》有感

　　惠州市第三中学　黄琦

《三国演义》读后感

　　广州市南武中学　孔怡馨

读《青鸟》有感

　　广东肇庆中学　黎淑欣

"狼"的生存之道——读《狼图腾》有感

　　茂名市化州市实验中学　李鸿鹏

三十年——为《斗破苍穹》正名

　　佛山市顺德区东乐路李兆基中学　李晋

深爱若梦浮生——读《春夜宴从弟桃花园序》有感

　　茂名市化州市第二中学　李奕谊

寄一纸思念到你手上

　　云浮市郁南县蔡朝焜纪念中学　李迎

接住你的真诚与拥抱

　　东莞市信息技术学校　梁琼月

勇敢地活着，执着地活着——读《活着》有感

　　东莞市第十高级中学　林静雯

敬畏——读《三体》有感

　　广州市执信中学　林茗

梦回大唐——读《唐诗三百首》有感

　　潮州市华侨中学　林锐

见风者

　　清远市广铁一中（万科城）外国语学校
　　刘雅晴

人是为活着本身而活着——《活着》读后感

　　肇庆市德庆县香山中学　莫锦欣

勿忘初心——读《骆驼祥子》有感

　　肇庆市肇庆中学　彭舒琪

文人与怨妇——读《唐诗百话》（闺怨诗专题）有感

　　广州市铁一中学　彭韵茹

鲁迅《伤逝》与亦舒《我的前半生》的对比

　　惠州市华罗庚中学　邱丽

大观园里的女儿们

　　肇庆市肇庆中学　区嘉珩

读中华优秀传统文化名篇《道德经》有感

　　肇庆市高要区新桥中学　唐绍祥

活着的意义

　　东莞市光正实验学校　魏子汉

论孙少平——读《平凡的世界》有感

　　广州市南武中学　吴钰琪

词苑一枝秀，怎奈风雨折——读《李清照集》有感

　　茂名市化州市第二中学　伍曼秋

温柔的撒哈拉——读《撒哈拉的日子》有感

　　佛山市顺德区第一中学　徐非

《平凡的世界》读后感

　　广州市电子信息学校　许柏森

读《骆驼祥子》有感

　　江门市开平市长师中学　许健明

读《平凡的世界》有感

　　江门市开平市长师中学　赵翠萍

丰饶而又贫瘠的土地——《白鹿原》读后感

　　深圳市外国语学校　赵芳嘉懿

外国名著篇

小学组

读《王子与贫儿》有感

　　佛山市顺德区均安镇顺峰小学　蔡冰心

天真而短暂的童年——读《长袜子皮皮》有感

　　东莞市莞城中心小学　曾妍欢

《童年》读后感

　　茂名市化州市江湖镇中心小学　陈泓儒

如世界颠倒过来——读《5月35日》有感

　　东莞市厚街镇桥头小学　陈跃鑫

《绿野仙踪》读后感

　　江门市农林小学　邓玥晴

不怕长大——读《我不想长大》有感

　　东莞市茶山镇第三小学　范月婵

《窗边的小豆豆》读后感

　　揭阳市普宁流沙第二小学　方锴舟

《鲁滨孙漂流记》读后感

　　肇庆市广宁县实验学校　冯俊豪

读《窗边的小豆豆》有感

　　江门市农林小学　关淑庭

大自然的馈赠——读《昆虫记》有感

　　肇庆市高要区第一小学　黄枫晴

《窗边的小豆豆》读后感

　　佛山市三水区芦苞镇实验小学　黄睿智

读《鲁滨孙漂流记》有感

　　云浮市罗定市泗纶镇中心小学　赖燕

自尊自爱、自强不息乃立身之本——读《简·爱》有感

　　惠州市中建麦绍棠学校　兰晨星

读《老人与海》有感

　　肇庆市鼎湖逸夫小学　李嘉莹

读《鲁滨孙漂流记》有感

　　云浮市新兴县新城镇昌桥小学　梁妙贤

做一枚生活中的开心果——读《绿山墙的安妮》有感

　　云浮市罗定市实验小学　梁雅婧

有种幸福叫慢慢长大——《小飞侠彼得潘》读后感

　　东莞市长安镇乌沙小学　廖皓微

热爱读书——读《爱上读书的妖怪》有感

　　东莞市莞城英文实验学校　林语铃

自己的事情自己干——《妈妈不是我的佣人》读后感

　　深圳市天健小学　刘昱彤

读《不老泉》有感

　　江门市开平港口小学　马镱淇

读《八十天环球旅行》有感

　　肇庆市广宁县南街第二小学　莫海婵

281

幸福是什么——读《青鸟》有感

> 华南师范大学附属小学　潘锦江

谁言寸草心，报得三春晖——读《爱心树》有感

> 广州市白云区京溪小学　屈圣扬

自信发掘无限潜能——《原来我这么棒》读后感

> 梅州市梅江区龙坪小学　饶珂楠

"绿水青山就是金山银山"——读《寂静的春天》有感

> 华南师范大学附属小学　王楚菡

善良乐观是心灵良药——读《童年》有感

> 梅州市平远县第一小学　谢梓航

读《照耀我们成才的明灯》有感

> 梅州市梅江区长沙镇中心小学　叶小瑜

假如我失去一天光明和剩下一天光明

> 东莞市莞城中心小学　叶子盈

读《葛莉娅的鹦鹉》有感

> 潮州市绵德小学　张柏仪

读《小王子》有感

> 梅州市梅江区长沙镇中心小学　张飞洋

读《妈妈不是我的佣人》有感

> 东莞市桥头镇第四小学　张紫怡

众人皆醉我独醒——读《国王的新衣》有感

> 东莞市莞城步步高小学　郑叠瑜

随着问题的变化而变化——读《谁动了我的奶酪》有感

> 梅州市梅江区龙坪小学　郑祺瑜

令人又爱又恨的狐狸——《列那狐的故事》读后感

> 广州市荔湾区环市西路小学　钟泽铭

《绿山墙的安妮》读后感

> 江门市开平市长沙谭宏帙纪念小学　周耀华

在逆境中成长——读《培根·论逆境》有感

> 潮州市潮安区江东镇上庄小学　庄杭琛

阿帆提的读后感

> 东莞市大朗镇崇文小学　庄佩珊

初中组

让梦想能够自由扬帆起帆航——《海底两万里》读后感

> 潮州市湘桥区城南中学　蔡家歆

《钢铁是怎样炼成的》读后感

> 清远市广铁一中(万科城)外国语学校　陈嘉怡

友谊可贵，且行且珍惜——读《萤火虫小巷》有感

> 佛山市实验学校　陈文欣

拨的云开见月明——读《鲁滨孙漂流记》有感

> 肇庆市封开县长安镇新地学校　陈永感

名人轶事——读《假如给我三天光明》有感

> 肇庆市德庆县高良中学　冯越金

读《鲁滨孙漂流记》有感

> 惠州市惠阳区第一中学　黄颖

读《爱的教育》有感

> 韶关市乐昌市梅花镇中学　将淑婷

读《昆虫记》有感

> 江门市恩平市大田中学　孔巧玲

让这个世界生意盎然起来吧——读《昆虫记》有感

> 江门市新会葵城中学　李晓雪

当肤浅遇见深刻——读《傲慢与偏见》有感

　　韶关市翁源县六里学校　廖斯祺

我存在，因为你需要我

　　阳江市实验学校　林黛诺

读《追风筝的人》有感

　　广州市广园中学　刘洁莹

读《昆虫记》有感

　　广州市铁一中学　刘缘

读《钢铁是怎样炼成的》有感

　　江门市开平市金山中学　马钰珊

我·她——读《假如给我三天光明》有感

　　东莞市樟木头中学　倪秀

读《木偶奇遇记》有感

　　韶关市乐昌市中英文学校　丘佳育

用坚毅打造闪光的青春——读《老人与海》有感

　　梅州市平远县田家炳中学　邱诗琳

心中的桃花源 ——读《格列佛游记之慧骃国》有感

　　江门市荷塘中学　容嘉贤

梦在前方，路在脚下——读《牧羊少年奇幻之旅》有感

　　佛山市澜石中学　陶嘉怡

生如夏花——读《假如给我三天光明》有感

　　梅州市平远县石正中学　王碧琪

读《假如给我三天光明》有感

　　惠州市惠阳区第一中学　肖力维

《老人与海》读后感

　　湛江市湛江一中培才学校　肖衔

《摆渡人》读后感

　　广州市铁一中学　杨霄

心灵的花园——读《秘密花园》有感

　　河源市和平县实验初级中学　叶嘉君

爱的世界不悲惨

　　韶关市翁源县龙仙中学　张文敏

阴影前方必有阳光——读《牧羊少年奇幻之旅》有感

　　珠海市九洲中学　张宇曦

嗨，偷影子的男孩

　　江门市新会葵城中学　郑佩怡

读《简·爱》有感

　　广州市铁一中学　周予晴

高中组

有人在偷偷爱着你——读《外婆的道歉信》有感

　　梅州市梅县区高级中学　曾云舒

《人类群星闪耀时》读后感

　　广州市电子信息学校　陈思林

执着而善良的人不会被这个世界抛弃——读《一个叫欧维的男人决定去死》有感

　　东莞市大朗中学　邓雄天

不幸？幸运！——读《项链》有感

　　广州市南武中学　冯子盈

珍惜所拥有的——读《偷影子的人》有感

　　佛山市南海区黄岐高级中学　黄玉婷

读《病毒来袭》有感

　　广州市铁一中学　金麟儿

没有谁是一座孤岛——读《岛上书店》有感

　　肇庆市肇庆中学　李霆钧

《假如给我三天光明》读后感

　　江门市开平市长师中学　李詠琳